高等院校经济管理类核心课程教材

国家级一流本科专业建设点配套教材

成本管理会计

主　编◎彭胜平

副主编◎侯　默

立信会计出版社
LIXIN ACCOUNTING PUBLISHING HOUSE

图书在版编目(CIP)数据

成本管理会计 / 彭胜平主编. --上海：立信会计
出版社，2025.8. -- ISBN 978-7-5429-7994-0

Ⅰ. F234.2

中国国家版本馆 CIP 数据核字第 2025H5L889 号

策划编辑　　孙　勇　战小雨
责任编辑　　孙　勇
助理编辑　　战小雨
美术编辑　　北京任燕飞工作室

成本管理会计
CHENGBEN GUANLI KUAIJI

出版发行	立信会计出版社		
地　　址	上海市中山西路 2230 号	邮政编码	200235
电　　话	(021)64411389	传　真	(021)64411325
网　　址	www.lixinaph.com	电子邮箱	lixinaph2019@126.com
网上书店	http://lixin.jd.com		http://lxkjcbs.tmall.com
经　　销	各地新华书店		

印　　刷	浙江临安曙光印务有限公司
开　　本	787 毫米×1092 毫米　　1/16
印　　张	16
字　　数	382 千字
版　　次	2025 年 8 月第 1 版
印　　次	2025 年 8 月第 1 次
书　　号	ISBN 978-7-5429-7994-0/F
定　　价	52.00 元

前言

PREFACE

"成本管理会计"是经济管理类专业的核心课程,承上启下于财务会计与管理决策之间。在高质量发展背景下,成本管控能力直接决定企业竞争力。"成本管理会计"课程从微观层面助力读者运用成本信息优化资源配置、支持经营决策,提升企业价值创造效率;从宏观层面帮助读者理解成本管理在产业链升级、资源节约型社会建设中的战略意义,强化社会责任意识。

本书旨在构建全面、系统的知识框架,通过融合中国企业管理实践与思政理念,培养学生"业财融合"思维,使其具备服务企业精益管理与国家经济建设的专业能力与职业担当。

本书从成本的基本概念和分类出发,系统阐述成本核算、经营预测、经营决策、全面预算、责任会计等内容,力求做到理论与实践相结合,既注重理论的系统性,又强调实践的可操作性。成本核算是基础,预测决策是应用,预算考评是管控。本书共10章,第1章为总论,简要概述成本会计与管理会计的发展历程及基本理论,第2章至第4章深入探讨成本会计的核心内容,第5章至第10章详细阐述传统管理会计的精髓。

本书的特点主要表现为以下几点。

1. 理论与实践相结合

本书注重理论联系实际,通过剖析典型例题、引入行业数据、配套习题,将成本管理会计的核心概念与方法融入企业实践场景,引导读者理解相关分析工具在运营优化与价值创造中的具体应用,培养其解决实际管理问题的能力。

2. 聚焦核心内容

本书系统阐述成本管理会计核心模块(成本核算基础、经营预测方法、经营决策分析、全面预算编制和业绩考核),构建从成本归集、效益预测到资源配置与绩效评估的闭环管理逻辑,提升读者运用会计信息支持企业价值创造与管控决策的综合能力。

3. 融入思政元素

本书在讲授成本核算、预测与决策等专业知识时,有机融入职业道德、资源节约与社会责任等思政元素,旨在培养既能精于"算",更能明于"理"、恪守"义"的复合型人才,使其具备服务企业可持续发展和国家经济建设的责任感与使命感。

本书由三峡大学彭胜平老师担任主编,侯默担任副主编。

本书既可作为高等院校会计学、财务管理等专业的教学用书,又可作为从事会计、审计、财务管理、成本管理、工商管理等专业人员的业务参考书。

新时代,我国会计体系在不断发展与变革,成本管理会计的相关理论与实践也在不断丰富和创新,加之编者水平有限,本书难免存在不足之处,欢迎广大读者批评指正。

编　者

2025 年 8 月

目
录

CONTENTS

第1章　总　论

学习目标

1. 理解成本会计和管理会计的内涵和意义,并明确其产生的背景和发展的原因。
2. 了解我国成本管理会计的发展现状。
3. 掌握管理会计的特点,区分其与财务会计的主要差异。
4. 在理解成本管理会计基本理论的基础上,全面地明确成本会计的职能和任务。
5. 理解与探索现代管理会计新领域。

第1节　成本管理会计的产生与发展

1.1.1　成本会计的产生与发展

早期,成本会计的核心职能是向外部报告,提供销货成本和存货成本等数据。因此,它主要被纳入财务会计体系。近年来,随着市场竞争的日益激烈和企业管理的不断优化,企业内部对于成本信息的需求显著增加,成本会计逐渐更多地支持内部管理。当前,现代成本会计已成为会计领域内一个既相对独立又与整体框架紧密相连的部分,既服务于财务会计又服务于管理会计,并呈现出更加倾向于服务管理会计的发展趋势。

1. 成本会计的产生

在资本主义初级阶段,手工制造业作坊的业主为了确定其所生产产品的交换价格,以便在交换中覆盖此前所投入的各种劳动成本,并且能够实现期望利润,就需要确定产品的生产成本。彼时,由于生产技术尚不发达、缺乏复杂设备,成本计算比较简单、相对直接,主要包括材料费用和人工费用的计算,而且业主多凭经验进行估算,独立于账簿之外。

进入 19 世纪,英国工业革命蓬勃发展,企业数量激增,规模扩大。同时,股份有限公司这一企业组织形式可以筹集巨额资金,兴办大规模企业,使企业可将大量资金用在昂贵的生产设备上,从而引起间接费用在产品成本中所占比重越来越大,再加上产品品种日益多样化,间接费用的分配及使之对象化于各种特定产品成为难题。为满足获取成本数据的需求,企业需采用全面的会计方法,这就促使会计人员将原来在账外进行的成本记录和计算,与复式记账、会计科目设置等方法紧密结合,实现了成本记录与会计账簿的统一。成本会计应运而生,并迅速传播至欧洲其他国家及美国。成本会计体系以产品成本计算为核心,旨在控制、管理成本并分析成本产生的原因。

1880—1920 年,这 40 年是成本会计的迅速发展时期,被西方会计史学家称为"成本会计的繁荣发展时期"。这一时期正值工业革命和科学管理运动的兴起,成本会计解决了成本记录与会计账簿整合、间接费用分摊及标准成本应用等关键问题。当时,对间接制造费用和销售费用、管理费用的划分众说纷纭,学者经过激烈的讨论才达成最终共识。对于间接费用分摊如何确定分配率的问题,分摊基准也经历了从早期倾向于使用材料成本、人工成本等主要成本,到主张使用人工小时,最后再到机器小时的转变。在此期间,英国会计学家创新性地提出了订单成本计算和分步成本计算方法,这些方法起初主要应用于工业企业,后来被引入美国及其他国家。

2. 成本会计的发展

1921—1950 年,成本会计进入近代阶段,其中标志性的发展是美国会计学家提出的标准成本会计制度。在此阶段,成本会计的职责超越了单纯计算产品的生产与销售成本,还包括成本标准的预先设定、日常成本控制以及定期的成本分析。

自 1951 年起,成本会计迈入现代阶段。为在激烈的市场竞争中保持优势,企业管理层不再仅依赖节约和提高效率来降低成本,而是开始将成本预测、决策与日常控制相结合,使成本计算服务于成本控制与成本管理。从现代成本会计视角来看,成本会计与成本管理紧密相连,后者是企业高层及管理者为满足客户需求,同时持续降低和控制成本而采取的举措。在此背景下,以美国为代表的西方国家会计学家吸纳了管理会计的专门方法,促进了管理会计与成本会计的融合,形成了以管理为导向的新型成本会计。这种新型成本会计的核心在于构建预算管理体系,如设定目标成本、责任预算,并对大额费用(如广告费、研发费用等)进行预算编制与严格控制。同时,这种新型成本会计以责任预算为基础,对责任成本进行日常监管、考核与评价。

成本会计在不同阶段的发展历程揭示了其重心已从单纯的产品成本计算转移到利用多样化成本信息加强企业内部经营管理,其涵盖了成本预测、决策、控制、分析和考核等方面。

1.1.2 管理会计的产生与发展

管理会计的起源经历了一个在传统会计体系内部逐渐酝酿、发展并最终成形的长期过程。20 世纪初,随着"泰勒制"即科学管理原理的广泛推行,标准成本会计应运而生。其作为成本会计向管理会计转变的桥梁,标志着以服务企业内部管理为主要目标的管理会计初步形态的形成。管理会计的演进历程可以划分为以下两个主要阶段。

1. 传统管理会计阶段

传统管理会计起源于泰勒的科学管理理论,是在此基础上构建的会计信息系统。企业管理实践先后应用了以确定定额为目的的动作与时间研究技术、差别工资制,以计划职能与执行职能相分离为主要特征的预算管理和差异分析,以及日常成本控制等一系列标准化、制度化的新技术、新方法。这些变革给传统会计的事后被动反应模式带来了严峻挑战,迫使其必须转型。在这种情况下,企业会计必须突破单一事后核算的格局,采取对经营过程实施事前规划和事中控制的技术方法,更好地促进经营目标的实现。因此,在 20 世纪初的美国企业会计实务中,出现了以差异分析为核心的"标准成本计算制度"和"预算控制"。1922 年,美国会计学者奎因坦斯在其著作《管理会计:财务管理入门》中首次提及"管理会计"这一概念。此后,管理会计的内容逐渐丰富,多部专著相继出版,这标志着管理会计的初步形态已经形成。

在传统管理会计阶段(20 世纪初至 20 世纪 50 年代),管理会计的核心内容主要围绕预算和控制展开。尽管后来加入了成本性态分析、本量利分析、变动成本计算法等基础理论和方法,但在实践中,管理会计的行为仍停留在个别或分散的层面,主要关注既定决策方案的实施和经营计划的执行,其职能也主要集中在控制方面。因此,传统管理会计阶段的特点可以概括为以会计控制为核心。

2. 现代管理会计阶段

1) 20 世纪 50 年代至 80 年代

20 世纪 50 年代,随着第二次世界大战的结束,资本主义世界步入战后恢复期。此时期的资本主义经济展现出诸多新特性,现代科技迅速进步并广泛应用于生产领域,从而极大地推动了生产力的发展。企业规模持续扩大,跨国公司层出不穷,生产经营活动日益复杂化。同时,企业面临的市场环境瞬息万变,产品迭代加速,市场竞争愈发白热化。为增强竞争力,企业不再满足于传统会计的事后核算模式,而是迫切需要拓展和深化传统会计的职能,以便为企业经营预测和决策提供关键信息,加速实现企业管理现代化。因此,泰勒的科学管理理论已难以适应资本主义经济的新形势和需求,现代管理科学应运而生,逐步取代了其地位。

针对现代经济环境,泰勒的科学管理理论存在以下两大局限性:

第一,该方法主要聚焦于生产过程的科学管理,而对企业的整体运营策略及外部环境因素缺乏充分考虑。在当前经济形势下,企业兴衰存亡的关键在于其决策是否正确,以及目标是否与外部环境相匹配。现代管理科学强调,企业在优化生产经营各环节管理时,必须将正确的战略决策置于核心地位,这是顺应生产力高速发展的企业管理指导原则。

第二,泰勒的科学管理理论倾向于将员工视为机器的附属品,推行严格的、单调且高效的劳动模式,导致员工处于被动和高度紧张的工作状态。这种管理方法忽视了员工的主体性和创造性,是一种将员工置于技术和生产设备之下的指令式管理模式。

为了满足战后资本主义经济快速发展的需要,从 20 世纪 50 年代起,企业在管理中广泛采纳并有效运用了现代管理科学的两大核心——运筹学和行为科学。运筹学侧重于运用现代数学和数理统计学的理论,开发出多种量化管理工具和技术,助力管理者对复杂的企业运营活动进行精确预测、决策、规划和调控,从而优化企业运营,显著提升企业管理的科学化与现代化水平。行为科学主要是一门利用心理学、社会学等原理,研究人们的行为及其背后客观原因和主观动机的科学。行为科学的产生标志着资本主义经济开始研究如何调动人的主观能动性以促进生产的发展。行为科学通过调整和改善人与人之间的关系,激励职工为企业出谋划策,并把这种积极性与企业的奋斗目标结合起来,以争取最大的经济效益。

现代管理科学的发展为管理会计的理论构建提供了坚实的基础和指导,管理会计融合了现代管理学、经济学等多学科的研究成果。在方法论上,管理会计也吸纳了现代管理科学的专门技术和方法,逐步建立起与管理现代化相匹配的管理会计体系。进入现代管理会计时代,其实践内容与特征发生了显著变化,应用范围持续扩大,影响力日益增强,其理论体系和方法论也变得更加系统和完善。人们对管理会计本质的理解更加全面深刻,专业管理会计组织应运而生,管理会计师职业也逐渐得到认可。1952 年,在伦敦举行的会计师国际代表大会首次正式提出了"管理会计"的概念。

专业管理会计组织的成立,标志着现代管理会计进入一个重要的发展阶段。早在 20 世纪 30 年代,美国会计学会就已设立管理会计委员会。1972 年,美国全国会计师联合会进一步成立了独立的管理会计师协会,该协会于 1991 年更名为执业管理会计师协会,并发行全球性的专业杂志《管理会计》月刊。

2) 20 世纪 80 年代至今

20 世纪 80 年代之后,全球经济迈入高新技术迅猛发展的新时期,其显著标志是在电子技术革命的推动下,生产流程实现了高度的计算机化与自动化,具体体现在计算机一体化先进制造系统的广泛应用上。该系统贯穿从产品订单接收到设计、制造、销售等所有环节,将各类自动化系统整合为一个由计算机中心统一调控的整体。这一变革预示着社会经济从工业经济时代向信息经济时代的转型,为生产经营管理的革命性调整提供了技术支持,并激发了管理会计领域的新一轮观念革新。

管理会计的持续发展催生了众多新兴领域,如为了顺应信息化生产与管理趋势的适时生产制(just-in-time,JIT),服务于战略绩效评估的平衡计分卡(balanced score card,BSC)体系,深入作业层面的作业成本计算与管理系统,体现以人为本管理理念的行为会计,关注全社会价值链优化的战略管理会计,适应世界经济一体化需求的跨国公司管理会计,以及伴随知识经济深化发展的人力资本管理会计等极大地丰富了其内涵与层次。这些新兴领域有的已相对成熟并逐步定型,有的则仍处于成长和完善阶段,有待进一步探索与优化。

自 20 世纪 80 年代引入管理会计以来,中国经历了消化、吸收、应用的过程,并在进入21 世纪后加速了其应用步伐。2016 年 6 月,财政部发布了《管理会计基本指引》,随后又陆续推出了包括战略管理、预算管理、作业成本法在内的 20 余项应用指引。此举彰显了我国在加强企业管理会计应用指导方面的决心,对于提升我国企业管理水平具有重要的现实意义。

第2节 成本管理会计的基本理论

成本管理会计以达成价值的最大增值为目标,通过优化使用价值的生产以及交换过程,运用特有的概念与方法,借助计量、估值等方式,为管理及决策提供相应的信息,进而参与企业的经营管理活动。

1.2.1 成本管理会计的对象

从本质上来说,成本管理会计的对象是各种产生价值的生产活动。

基于管理追求经济效益的角度,成本管理会计的核心在于企业生产经营中的价值运动。在商品经济环境下,企业的生产经营活动涵盖使用价值的生产和交换以及价值的形成和增值。成本管理会计以这些价值活动为研究对象,通过优化使用价值的生产和交换过程,提供决策信息,旨在实现价值的最大化增值。

基于实践层面,成本管理会计的对象具有复合特性。一方面,它致力于优化使用价值的生产和交换,加强作业和流程管理,以提高生产和工作效率。这要求区分有用作业与无用作业,并努力消除无用作业,同时根据生产经营的内在联系设计作业环节和作业链。另一方面,在价值形成和增值过程中,成本管理会计强调价值管理,关注资源耗费对价值的贡献,以提高经济效益,实现价值最大化。因此,价值管理需重视价值转移、损耗与增值之间的关系,其中价值转移是增值的前提,减少损耗是增值的手段。为此,需根据价值转移和增值的环节,设计相应的价值环节和价值链。

从根本上来看,成本管理会计聚焦于企业的经济活动,特别是那些基于使用价值的活动。尽管这些经济活动也是管理学各门课程共同的研究对象,但成本管理会计之所以能够作为一门独立学科,是因为它基于特定目的,从不同视角,运用独特方法,在不同层面探讨这些问题。例如,财务会计侧重于外部信息使用者的需求,通过一系列会计流程,如凭证填制、账簿登记、报表编制等,对已发生的经济活动进行核算,为管理提供所需财务信息。而财务管理则更关注内部使用者的视角,通过筹资、投资、营运和分配等活动,规划和控制当前及未来的现金流,以优化资金使用效率。

1.2.2 成本管理会计的目标

成本管理会计的诞生与发展,源于企业强化内部经营管理、提升自身竞争力的需求。其最终目标在于实现价值的最大化增值,同时涵盖了以下两个分目标。

1. 精准计算成本,为管理及决策提供成本信息

成本管理会计需要向各级管理人员提供经过筛选和加工的成本信息,具体如下:

(1)涵盖与计划、评价以及控制企业生产经营活动相关的各类成本信息,其中既有历史成本信息,也包含未来可能产生的成本信息。这类成本信息有助于各级管理者强化对生产经营过程的把控,助力企业达成最佳经营状态。

(2)包含与维护企业资产安全、完整以及资源有效利用相关的各类成本信息。

(3)涉及与股东、债权人及其他企业外部利益相关者的决策相关的成本信息。这些信息对投资、借贷以及相关法规的施行是有积极作用的。

2. 科学开展评价与估值工作,参与企业经营管理

在现代企业里,成本管理会计正凭借会计所特有的计量、估值思维与方法,积极投身于企业的经营管理,推动会计核算向会计管理转变,这对业财技融合背景下定量管理的推进有着积极意义。

从实践层面来讲,成本管理会计还会积极参与制定战略、进行经营预测与决策、协调并组织企业的各项工作,如此一来,其不但有利于各项决策方案的有效落实,还能帮助企业兼顾长、中、短期利益,进而实现企业的最优运行。

第 3 节 **成本管理会计的意义与内容**

在现代会计的实际操作中,人们通常会把成本会计与管理会计关联起来,将其统称为成本管理会计。了解成本会计和管理会计的产生与发展历程可知,成本会计是管理会计产生的根基,而管理会计则是成本会计的拓展与深化。成本会计更着重于对成本展开核算与分析工作,管理会计则借助成本会计、财务会计所提供的信息,侧重于进行预测、决策、控制以及评价等活动。本部分从剖析成本会计的职能和任务、我国企业在实践成本会计时的现状以及发展走向入手,对管理会计的意义和特点予以阐述。

1.3.1 成本会计的职能

成本会计的职能是指其在经济管理中所具备的功能。作为会计的重要分支,成本会计的基本职能与会计一样,包含反映和监督这两项基本内容。从成本会计产生与发展的历史来看,随着生产过程的日益复杂,生产、经营管理对它不断有了新要求,其反映和监督的内涵也在持续发展。

1. 反映职能

反映职能是成本会计的首要职能。该职能从价值补偿角度出发,对生产经营过程中各类费用支出,以及生产经营业务成本和期间费用等的形成情况予以反映,为经营管理提供成本信息。就其最基本的方面而言,其是以已发生的各种费用为依据,为经营管理提供真实且可验证的成本信息,让成本分析、考核等工作有客观依据作支撑。

随着社会生产的不断进步和企业经营规模的日益扩大,经济活动复杂度显著增加,这对成本管理提出了更高的计划性和预见性要求。因此,成本会计的角色也变得更加重要,不再局限于提供反映当前成本状况的核算资料,而是需要进一步提供能够预测未来经济活动成本的信息,以辅助决策制定和措施实施,确保企业能够达成既定目标。这一转变表明,成本会计的反映职能已经超越单纯的事后反馈,扩展到对未来趋势的分析和预测上。这对于满足经营管理需求、提升管理效能至关重要。

值得一提的是,成本预测与反映历史成本水平之间存在紧密关联。为了进行有效的成本预测,深入理解那些能够体现当前及历史成本水平的各项指标及其相互关系至关重要。这样的理解有助于我们分析未来成本状况,并明确达成预期成本管理目标所需具体条件和应采取的策略。因此,成本会计提供成本信息的基础在于准确反映生产经营过程中实际发生的各项耗费,并据此提供详实的实际成本资料。

2. 监督职能

成本会计的监督职能旨在根据既定目标和要求,通过实施控制、调节、指导和考核等措施,确保生产经营耗费在合理性、合法性和有效性方面符合标准,从而达成预期的成本管理目标。在社会主义市场经济大背景下,企业要实现经营目标,不仅需要规划、资源配置和计划执行,还必须进行有效的监督,以保障经济活动的合规性。值得注意的是,财会监督已被习近平总书记在十九届中央纪委四次全会上列为九大监督体系之一,这凸显了其在监督工作中的重要性。而成本会计监督作为会计监督的核心组成部分,对于经济活动的监督发挥着至关重要的作用。

成本会计的监督活动覆盖了经济活动全过程,包括事前监督、事中监督及事后监督三个环节。第一,在事前监督环节,成本会计基于降低成本、提升经济效益的经济管理需求,对企业的未来经济活动计划或方案进行审慎评估,并提出改进建议,以此对经济活动起到前瞻性的指导作用。同时,成本会计依据国家法律法规、企业规章制度及预算计划等,对经济活动的合规性、合理性和有效性进行审查,及时制止违规行为,鼓励并支持有利于经济效益提升的经济活动。第二,在事中及事后监督环节,成本会计利用成本信息的反馈机制,通过检查分析成本数据,对经济活动进行实时控制和考核,总结成功经验,识别潜在问题,并提出针对性建议,推动相关部门及时采取措施,调整经济活动方向,确保其符合既定要求和预期目标。

成本会计的反映与监督职能相互依存、相互促进。缺乏准确及时的反映,监督将失去其赖以存在的基础,难以在成本管理中有效发挥约束、调控、指导和评估的作用。同样,没有有效的监督,成本会计提供的信息就可能缺乏真实性和可靠性,进而影响反映职能的充分发挥。因此,只有将反映与监督两大职能紧密结合,才能最大化地提升成本会计在企业管理中的效能。

1.3.2　成本会计的任务

成本会计的任务是对其职能的具体展现,反映了人们对成本会计的预期目标和要求。具体而言,这些任务涵盖以下几个方面。

1. 实施成本预测与决策,编制成本计划

在社会主义市场经济大背景下,企业在严格遵守国家政策法规的同时,也需切实遵循市场运行的内在规律,以确保生产经营活动的有序开展。为此,企业必须具备高度的前瞻性和周密的计划性,不仅要科学预见未来的发展态势,还要精心规划各项经济活动。鉴于成本管理工作具有高度综合性和广泛影响性,它需要企业内多个部门的协同努力,而成本会计作为价值管理的核心角色,在其中发挥着至关重要的作用。

成本会计通过与生产、技术、财务等关键部门的紧密合作,充分利用历史成本数据、市场调研结果等多元信息,运用先进的科学方法精准预测成本水平及未来趋势。在此基础上,企业制定出一系列切实可行的降本方案,并深入进行成本决策分析,以筛选出最优策略,明确成本目标。紧接着,企业依据这些既定目标,精心编制成本计划,明确成本控制的具体标准和关键的降本措施,从而为成本管理的有效实施、责任制的建立健全、经济核算的精准开展以及费用控制的严格把关奠定坚实基础。

2. 把控各项费用支出,优化开支管理

企业作为独立经营、自负盈亏的商品生产及经营者,应积极响应社会主义市场经济的要求,坚持增产节约原则、强化经济核算,持续提升经济效益。在此过程中,成本会计承担着至关重要的职责。为了达成这一目标,成本会计需严格依据国家规定的成本费用开支范围和标准,以及企业内部的相关计划、预算、制度和定额,对各项费用开支实施严密监控。同时,成本会计需督促企业内部各部门严格执行计划、预算和相关制度,并积极探寻节约开支、降本增效的有效途径和方法，以不断推动企业经济效益的稳步增长。

3. 确保成本核算的时效性和准确性，为企业经营管理提供关键信息

遵循国家相关法律法规及企业内部管理需求，成本会计的核心职责在于确保成本核算的时效性和准确性，提供真实可靠的成本数据。这些成本信息是企业准确评估存货价值、合理确定利润水平、科学制定产品价格的基石，同时也是企业实施成本管理的核心参考。在成本管理流程中，对各项费用的监控主要依赖于成本核算过程中获取的相关数据；此外，成本预测、决策制定、计划编排、绩效考核及成本分析等关键环节，也均以成本核算提供的成本信息作为基本出发点。

4. 评估成本计划执行效果，深化成本分析

在企业运营管理中，成本是衡量业绩的关键经济指标，能够综合体现企业及内部各部门的工作成效。因此，成本会计需依据成本计划等标准，对成本执行情况进行考核，表彰成绩、识别差距，激励先进、促进后进。成本作为一个高度综合性的指标，其计划的达成是多因素协同作用的结果。故而，在成本管理实践中，企业必须全面且深入地开展成本分析。成本分析旨在揭示影响成本波动的各种因素及其影响力，从而准确评估企业及内部各部门在成本管理方面的表现，发现存在的问题，进而推动成本管理工作的优化，提升企业经济效益。

综上所述，成本会计的职责涵盖成本预测、决策、规划、控制、核算、评估与分析等方面，其中，成本核算提供真实、有价值的核算数据，是成本会计的基础任务和核心环节。

1.3.3 我国企业成本会计的现状

1. 重视产品生产环节的成本，忽略供应链及销售流程中的成本控制

自1993年起，我国采用制造成本法进行成本核算，并沿用至今。这种方法的特点是把企业全部成本费用划分为制造成本和期间费用两部分，企业产品成本核算到制造成本为止，把与产品生产没有直接联系的管理费用、销售费用和财务费用，都视为期间费用直接作为当期收益的减项。这种方法的优点是简化了成本核算，同时便于对期间费用进行管理与控制。但是在实际执行中，部分企业的管理层及财务人员对成本核算与管理的重要性认识不足，处理方式相对粗放。他们对期间费用的管控力度不足，核算范围仅局限于生产成本，且侧重于事后核算。这不利于事前预测、事中成本控制及企业全面成本管理，导致时效性和控制力欠缺。现代企业管理会计需服务于管理决策，对成本信息时效性和控制性的要求日益提高。而制造成本法功能单一，主要服务于利润计算，难以满足企业多样化管理需求。制造成本计算法的核算功能单一，其主要目的是为计算利润服务，无法充分满足企业生产经营管理的多元需求。

在市场经济条件下，企业自主决定资金筹集、设备采购、原材料购买及劳动力使用等。因此，加强材料供应管理是成本管理的首要任务。如果忽视供应成本管理而盲目采购，则将增加生产要素成本，阻碍产品制造成本的降低。从企业销售过程来看，销售领域、销售对象的定位，采取什么销售手段等都是企业经营管理的重要部分，也是销售过程费用支出的重要内容。随着科学技术的发展，企业生产组织和流程发生深刻变革，产品由生产制造作业引起的成本比重会下降，而由管理作业引起的成本比重会大幅上升。如果继续沿用传统成本核算方法，则必然会引起产品成本核算和管理与实践需要发生脱节，误导企业经营管理决策。

2. 强调投产后的成本控制，轻视投产前产品设计与开发的成本管理

在产品进入生产阶段后，通过减少损耗和提升生产效率来降低成本无疑是有效的。然而，若产品设计之初就存在不合理之处，如功能过剩导致的资源与人力的无效投入，这将构成一种内在的成本劣势，给后续的成本管理平添障碍。实际上，产品的设计环节从根本上决定了生产流程的构成、各工序的资源消耗预估，以及产品最终能为消费者提供的价值。据估计，产品成本的 60%～80% 在设计阶段便已锁定。因此，企业的成本管理应当侧重于持续优化产品设计流程、研发新品，以提升生产效率和产品质量。面对当前市场竞争的加剧、产品迭代速度的加快以及生命周期的缩短，产品开发研究费用及设计阶段的成本管理更应被视为企业成本管理的核心要点。

3. 片面关注成本数额的高低，忽视成本效益的评估

传统成本核算管理常常仅将成本的增减视为衡量成本管理成效的唯一标尺，这种做法忽视了成本与产出之间的内在联系。单纯从成本数额的高低来评价资源（如原材料、劳动力）的投入效果是片面的，因为投入的最终目的是生产出有价值的产品。因此，企业应当结合投入与产出的综合考量来评估成本，提升投入产出比率，进而增强经济效益。诚然，降低成本是成本管理不可或缺的一环，但它绝非企业的终极追求。成本升降背后的动因复杂多样，涉及多个层面。因此，企业需要拓宽成本控制与管理的视野，从战略成本管理角度出发，全面审视企业经营管理中的成本投入所带来的效益与成果。例如，作业成本系统便是一种着眼于企业整个价值链的成本管理方法，它通过分析每项成本的动因来实施成本控制，力求在源头上消除不增加价值的活动，从而实现成本效益的最大化。

1.3.4　管理会计的意义、特点及发展

1. 管理会计的意义

管理会计相较于财务会计属于较为年轻的新兴学科，诞生于 20 世纪 50 年代，是从传统财务会计里分离出来的，在理论研究方法体系以及内容构成等方面尚不完善。

管理会计侧重于服务企业内部管理，对于管理所需信息，能够通过多种方法灵活地进行分析与论证，因此国内外学者对其概念有着不同的见解。

1958 年，美国会计学会管理会计委员会对管理会计给出的定义是："管理会计是运用适当的技术和概念来处理某个主体历史的和预期的数据，帮助管理当局制定具有适当经济目标的计划，并以实现这些目标、做出合理的决策为目的。"

1991 年，美国会计学会管理会计委员会在颁布的公告中指出："管理会计是向管理层提供用于企业内部计划、评价、归集、分析、编报、解释以及传递信息的过程。同时，管理会计还涵盖为股东、债权人、规章制定机构以及税务部门等非管理集团编制财务报告。"这一概念促使管理会计从微观层面延伸到宏观层面，有效拓宽了其适用范围。

1988 年，国际会计师联合会（international federation of accountants，IFAC）所属财务和管理会计委员会将管理会计阐释为："在一个组织中，管理部门用于计划、评价和控制的（财务和经营）信息的确认、计量、收集、分析、编报、解释和传输的过程，以确保其资源的合理使用并履行相应的经营责任。"

我国会计学者在解读管理会计定义时，也有一些主要观点。比如，管理会计是指将现代

化管理与会计有机融合,为企业领导者和管理人员提供管理信息的会计。它既是企业管理信息系统的一个子系统,也是决策支持系统的重要构成部分。还有观点认为,管理会计借助一系列专门方法,对财务会计、统计及其他相关资料进行整理、计算、对比和分析,为企业内部各级管理人员提供信息,使其能够据此对各责任单位及整个企业日常和预期的经济活动进行规划、控制、评价和考核,助力企业管理层对保证资源合理配置与使用做出最优决策。它是一整套信息系统。

结合现代经济发展以及企业生产经营管理的需求,管理会计的定义应当立足在不仅要强化内部经营管理,还要秉持动态的战略性视角上。从管理会计的发展历程来讲,其职能是在财务会计的基础上拓展延伸而来的,并且和科学管理联系紧密、不可分割。综合上述对管理会计的诸多描述,我们把管理会计定义为:"管理会计是向企业管理层提供信息以辅助其进行经营管理的会计分支,是会计与管理的直接结合,其重点是利用会计资料及其他信息资料对企业未来进行预测和决策(规划未来),对当下发生的业务进行控制(控制现在)。"我们可以从以下三个方面进一步认识其意义。

1)管理会计主要利用会计资料做决策

管理会计不仅会借助财务会计收集的数据资料开展预测、决策、控制以及考核工作,还会运用劳动人事、工程技术等非财务性资料。在具体决策场景中,短期决策需参考产品相关成本资料、贡献毛益数据,长期决策则依赖有关设备购建成本、使用成本数据,以此为企业管理提供全面信息支持。例如,部分存货费用和存货水平的数据可通过财务会计的记录与报表体现出来,而且在目标管理过程中,目标成本、目标利润的完成情况、投资项目的实施结果等带来的经济效益是否符合要求,最终均需通过财务会计反映,借助其账簿记录与相关报表呈现出来。不过,管理会计在数据内容选择及整理方法上较为灵活,既可以采用会计方法,也可以运用统计或者数学方法。只要能够为管理人员进行生产经营管理提供正确依据,哪种方法能解决问题,就选用哪种方法。

2)管理会计主要内容

管理会计的内容与其职能相适配。现代企业管理包含计划、组织协调、指挥与控制等诸多职能,所以管理会计的基本内容围绕这些职能展开,可概括为规划未来、控制现在与评价过去。这具体涵盖以下五个方面:

第一,预测职能。预测即运用科学方法,对客观事物未来发展的必然性或可能性进行预计、推测的行为。管理会计在发挥该职能时,会依据企业未来总目标与经营方针,充分考量经济规律的作用以及经济条件的限制,选用合理科学的方法,有针对性地预计和推测企业未来销售、利润、成本及资金的变动趋势与水平,为企业经营决策提供基础信息资料。

第二,决策职能。要提高经济效益,关键在于事前做出正确决策。决策是在充分考虑各种可能性的基础上,遵循客观规律要求,通过特定程序对未来实践的方向、目标、原则和方法做出决定的过程。它既是企业经营管理的核心,也是各级各类管理人员的主要工作内容。鉴于决策工作贯穿企业管理各方面与全过程,作为管理有机组成部分的管理会计自然具备决策职能。在企业进行重大决策时,会计部门应当参与决策制定过程。管理会计发挥参与经济决策的职能,主要体现为依照企业决策目标搜集、整理相关信息资料,运用科学方法计算长短期决策方案的评价指标,权衡利弊后选出最优方案。

第三,规划职能。管理会计借助编制各类计划和预算实现规划职能。它以最终决策方案为依据,把决策方案确定的目标分解并落实到各相关计划和预算中,以此合理有效地组织协调企业各项资源,也为过程控制和责任考核评价筑牢基础。

第四,控制职能。控制旨在让实际经营活动按预期计划开展,以最终达成或超越预期目标。管理会计的控制职能是将经营过程的事前控制与事中控制有效结合,依照事前制定的可行标准,分析执行过程中实际与计划出现的偏差,促使相关方面及时采取对应措施进行调整、改进工作,保障企业经营目标得以实现。

第五,考核评价职能。现代管理会计倡导"人本管理",极为重视员工工作,引导、激励员工在生产经营中充分发挥主动性与积极性。管理会计履行这一职能可通过建立责任会计制度来实现,也就是在明确企业各级责任层次的基础上,逐级考核责任指标的执行情况,为奖惩制度实施以及后续工作改进措施的制定提供必要依据。

3) 管理会计的实质

管理会计因满足企业内部管理中预测、决策、控制和考核等需求而产生。它将会计和管理相融合,旨在助力企业强化管理、提升经济效益,其既是实现企业管理现代化的途径,也是企业现代化管理的重要内容之一。

会计与管理的结合能够借助企业管理循环和管理会计循环的关系(图 1-1)予以体现。

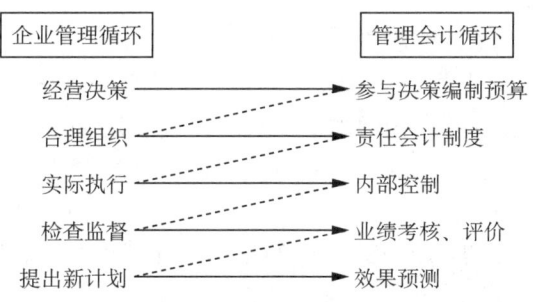

图 1-1 企业管理循环与管理会计循环的关系

管理会计致力于企业内部管理,需与企业管理流程的各阶段紧密衔接,从而构成管理会计流程。在企业管理层制定经营决策,确立年度生产经营目标(如目标利润及相关目标体系)时,管理会计需参与其中,并负责编制全面预算计划。为实现既定目标,企业管理层将目标分解至各部门并有效执行,此时管理会计通过建立责任会计制度,将责任预算作为衡量与控制的标准。

在执行责任预算的过程中,企业管理层进行相关管理活动,而管理会计则需实施严格的过程监控,并定期或按需提供有价值的信息反馈。在企业管理层审查预算执行情况时,管理会计依据责任预算进行绩效评估。在企业管理层总结预算执行情况并提出新计划后,管理会计需分析评价过往预算执行效果,同时预测新计划方案的潜在影响,从而为来年经营决策提供数据支持。

2. 管理会计的特点

管理会计与财务会计作为现代会计的两大分支,有着紧密联系,同时也各具特点。通过阐述管理会计的特点来分析它与财务会计的关系,有助于我们在实际工作中更好地发挥两者的作用。

1）管理会计的核心功能在于服务企业内部管理

管理会计围绕企业经营管理中的实际问题进行深入分析，向企业内部各级管理人员提供有价值的信息，如预测、决策、控制及考核等。如此一来，管理人员便能基于这些信息设定经营目标、制定决策方案、优化资源配置，进而实现经济效益最大化。其主要目标是提升企业经济效益和管理水平。相比之下，财务会计的工作侧重点有所不同，其工作重心在于记录日常业务，编制财务报表，并向企业外部利益相关者，如投资者、债权人、银行和税务机构等，报告企业财务状况和经营成果，以保护这些外部利益相关者的经济利益，其主要目标是为企业外部服务。

2）管理会计强调对未来的规划、当下的控制及成果的考核

管理会计的时效性并不仅限于对过去的评价，它更侧重于利用财务会计资料预测和规划未来，同时控制当前情况，涵盖了过去、现在和未来三个时间段。虽然分析过去是为了更好地控制现在和指导未来，但管理会计的重点在于对未来的规划。为了协助管理人员做出明智的决策，管理会计需要对日常经营决策、长期投资决策以及特定业务决策等方案可能产生的经济效益进行预先的科学预测和分析，为选择最佳方案提供关键信息。而财务会计则主要反映过去的情况，侧重于对企业生产经营活动进行事后的反映和监督，并强调全面性、系统性、连续性、真实性和准确性。

3）管理会计的方法手段灵活多变

管理会计主要服务于企业内部管理，因此在很多方面无须严格遵守公认会计原则的限制。在实际操作中，它能够灵活运用预测学、控制论、信息论、决策科学以及行为科学等现代管理理论作为指导，展现出多样化的方法手段。与财务会计相比，管理会计方法手段的多样性具体体现在以下几个方面：

第一，在工作范围上，管理会计的工作范围具有多层次性。它既可以以整个企业为对象，也可以针对企业内部某个区域、部门或责任人（如车间、班组、个人）进行核算和管理。这种灵活性使得管理会计能够根据需要确定工作范围，更好地突出以人为本的管理理念。相比之下，财务会计的工作范围通常以整个企业为主，以满足全面反映和监督企业经营过程的需求。

第二，在信息特性上，管理会计提供的信息是为了满足内部管理特定需求、经精心筛选的部分性、非定期管理信息，包括定量和定性分析。其计量单位不仅限于货币单位，还可以采用实物量单位、时间量单位等。对于涉及到的未来信息，管理会计并不追求过高的精确性（因为既无必要也难以实现），只要满足及时性和相关性即可。这些信息通常不公开发布，仅供内部参考，不具有法律效力。而财务会计则需要定期向与企业有利害关系的各方提供全面、系统、连续且综合的财务信息，这些信息以货币为主要计量单位，对精确度和真实性有严格要求，并公开发布，具有一定的法律效力。

第三，在会计报告方面，管理会计报告的编制时间和内容均不固定，根据管理需求进行定量和定性分析。管理会计报告主要面向企业内部管理部门，因此没有统一的格式，可以根据需要自行设计。而财务会计报告则需要定期编制，格式统一、内容确定，数据必须准确。

综上所述，管理会计与财务会计在多个方面存在显著差异。然而，这些差异并非绝对。财务会计提供的会计信息（如生产成本、资产、负债、利润等）同样服务于企业管理需求，而管理会计的某些报告（如长期投资可行性分析报告）也可能作为向外部机构（如银行）提供的资料。管理会计所需资料多来源于财务会计，并对其信息进行深加工和再利用。因此，管理会

计与财务会计紧密相关,共同构成现代企业会计体系的重要组成部分。

3. 管理会计的发展

随着高新技术与网络技术日新月异的进步,科学与经济已深度融合,形成了一个不可分割的整体。在信息化时代背景下,管理会计与财务会计均面临升级与革新的挑战。尤其是管理会计,作为一门新兴的学科领域,其正处于持续丰富与成熟的进程中。现代计算机技术,特别是电子计算机的发展,已经超越了单纯的信息处理范畴,致力于将管理的核心要素,如内容、标准和特性等,深度融入各类软件应用,如企业资源规划系统。因此,利用计算机技术搜集、加工、存储、传输和报告会计信息,并依据现代管理原则实施会计管埋,已成为会计信息系统发展的必然趋势。

普遍观点认为,企业管理信息化的不断推进,正促使管理会计与财务会计之间的界限趋于模糊。同时,随着企业投资主体的多元化,外部利益相关者(如投资者、股东等)不仅关注财务会计信息,还越来越重视管理会计信息。为了降低投资风险,投资者不仅需要客观评价企业过去的财务状况和经营业绩,而且更加关注企业未来的盈利能力、偿债能力等信息。这就要求管理会计能够提供具有前瞻性的预测性财务信息,以及涵盖产品、销售、人力资源等方面的全面信息,从而为投资者的科学决策提供有力支持。

将管理会计、财务会计与计算机技术紧密结合,构建一个集成化的会计信息系统,已成为现代会计发展的主流方向。该系统能够全面记录并存储企业日常经营活动的数据资料,经过会计人员的专业处理,形成既满足内部管理需求又符合外部报告阅读者和使用者要求的会计资料。这将推动管理会计向全新、综合的会计学科方向发展。

当前,互联网、人工智能等信息技术正以前所未有的速度蓬勃发展。设计能够支持人机协同的管理控制系统,已成为管理会计研究的新焦点,也是现代会计发展的重要趋势。

1.3.5　成本管理会计的内容框架

在国外教育体系中,成本会计与管理会计的内容常融合于同一教材中。近年来,我国学术界就"成本会计"与"管理会计"两门课程的课程设置展开了热烈讨论,为避免教学内容重复并满足会计实践需求,存在两种主要观点:一是将两者合并为"成本管理会计"一门课程;二是分别设置。然而,无论采取哪种方式,都无法否认成本会计与管理会计之间的紧密联系。

成本会计的兴起与发展,与工业革命和科学管理运动的推动密不可分。其工作重心已从最初的成本核算,转变为提供企业经营管理所需预测、决策、控制及评价等成本信息。这一转变不仅奠定了管理会计这一新兴学科的基础,还促进了其内容的丰富与发展。从这一角度看,成本会计是管理会计的基石,而管理会计则是成本会计内容的拓展与深化。现代管理会计的预测、决策、规划、控制、分析和评价等职能以及其理论框架,均与成本会计紧密相连。这也是本书主张将两者的教学内容整合为一门课程的重要原因。

结合我国实际情况,本书力求避免两门课程内容的重复,提供与管理需求高度相关且可靠的信息,并将成本会计与管理会计的创新内容有机融合。本书的内容框架如下:第 1 章为总论,概述成本会计与管理会计的发展历程及基本理论,为后续学习奠定基础;第 2 章至第 4 章深入讲解成本会计的核心内容;第 5 章至第 10 章则详细阐述传统管理会计的精髓。

思政小课堂

"国之大者"铸就专业使命:成本管理会计人的战略坐标

成本管理会计不仅是企业微观运营的"精密仪表盘",更是国家宏观经济战略落地与企业社会责任践行的"战略指挥棒"。在百年变局与民族复兴的交汇点上,其价值早已超越传统"控本增效"范畴,成为大国博弈中产业链突围的"算力引擎"和生态文明建设中资源优化的"绿色密钥"。在我国企业的实践中,成本管理会计人用行动与成果诠释了自身的家国情怀、职业信仰与创新担当。

在国产大飞机C919的研发征途上,中国商飞集团将成本管理会计升维为"国家产业安全"的攻坚利器。面对波音、空客的专利壁垒与成本封锁,商飞团队创新应用目标成本法(target costing)与全生命周期成本(LCC)管理,将单机目标成本较国际同类机型压缩18%,通过跨部门价值工程(VE)协同,在国产航电系统、碳纤维复合材料等关键领域实现成本与性能的双重突破。C919正式投入商业运营,标志着我国打破欧美百年垄断。成本管理会计人以数据为矛,为"大飞机梦"筑牢了经济可行性根基。

在"双碳"战略主战场,宁德时代通过动态成本标杆管理重构全球电池产业版图。其研发团队将"每瓦时成本降低0.1元"作为技术攻坚的硬指标,运用大数据成本模拟系统,对10万组材料配方进行"成本—能量密度—安全性"的三维建模,推动磷酸铁锂电池成本5年间下降70%,助力我国新能源汽车渗透率从5%跃升至35%。这一实践证明,成本管理会计不仅是企业利润的"守门人",更是国家能源革命的"算力先锋"。

思考题

1. 泰勒的科学管理理论对成本管理会计有什么重要影响? 这些影响在成本管理会计的不同发展阶段又是如何体现的?

2. 企业经营和价值管理的关联对掌握成本管理会计有何帮助?

3. 请举例说明成本管理会计和财务会计能否在管理中结合运用。

4. 请说明成本控制、成本计算、成本规划和业绩考核之间的关系。

练习题

请详细论述成本会计与管理会计之间的关系,以及它们在现代企业管理中的重要性。结合本章内容,分析为什么有些学者主张将成本会计与管理会计的教学内容合并为一门课程,而另一些学者则坚持它们的教学内容应分别设置课程。在论述过程中,请给出具体的理由和例证来支持你的观点。

要求:

(1)清晰阐述成本会计与管理会计的基本概念及其在企业中的应用。

(2)深入分析成本会计与管理会计之间的关系,包括它们的联系和区别。

(3)论述在现代企业管理中,成本会计与管理会计的重要性及其对企业决策的影响。

（4）结合本章的内容,探讨成本会计与管理会计合并或分别设置的利弊,并给出你的观点。

（5）提供具体的例证来支持你的论述,如企业实践案例、学术研究或相关政策法规等。

本章练习题

第2章　成本的概念、作用和分类

第1节　成本的概念

何为成本？不同学科对成本的定义见仁见智，众多学者在经济学与管理学门类中对成本概念的探索从未停止，延伸至会计学的分支财务会计和管理会计也对成本的理解各不相同。梳理各学科门类下成本的概念对学习成本管理会计的意义不言而喻。

2.1.1　经济学中的成本

1. 西方新古典经济学中的成本概念

在西方新古典经济学的视角下，成本的概念融入了"正常利润"的元素。

对于某种产品或劳务的成本，若从稀缺生产资源有效配置的角度分析，那么生产 X 产品所付出的成本，即意味着为了该产品而放弃生产另一种最佳替代产品 Y 的机会成本。简而言之，X 产品的成本即为其机会成本。

经济学中，生产成本与机会成本被视为同一概念，并细分为显性成本和隐性成本。

（1）显性成本。显性成本是指企业会计账目中明确列出的费用，涵盖员工薪资、原材料、燃料、动力、运输费用及借款利息等。

（2）隐性成本。隐性成本是指企业为自身提供资源所需支付的费用，包括固定资产折旧费、企业所有者资本的利息及业主的劳动报酬。其中，业主的劳动报酬又被称为"正常利润"。将"正常利润"纳入生产成本,是因为需考虑企业所有者的资本成本。若资本所有者无法获得必要回报,他们可能会将资本投向其他行业。

此外,随着西方经济学的发展,交易费用、代理成本、信息成本等新概念不断涌现。

2. 马克思政治经济学中的成本本质

成本是商品生产中活劳动与物化劳动的货币体现。在资本主义制度下,其构成主要包含转移的生产资料价值与劳动力价格两部分。而劳动者在生产活动中所创造的剩余价值,即资本家的资本增值部分,并不被纳入成本范畴。

在马克思政治经济学中,"生产成本"与"成本价格"不是一回事。"生产成本"包含"成本价格"。企业从事工业性生产,必然会投入料、工、费,而投入的这些料、工、费就构成了"生产成本"。

生产成本也称制造成本,是指生产活动的成本,即企业为生产产品而发生的成本。生产成本是生产过程中各种资源利用情况的货币表示,是衡量企业技术和管理水平的重要指标。生产成本是生产单位为生产产品或提供劳务而发生的各项生产费用,包括直接支出和制造费用。

直接支出包括直接材料(原材料、辅助材料、备品备件、燃料及动力等)、直接工资(生产人员的工资、补贴)和其他直接支出(如福利费);制造费用是指企业内的分厂、车间为组织和管理生产所发生的各项费用,包括分厂、车间管理人员工资、折旧费、维修费、修理费及其他制造费用(办公费、差旅费、劳保费等)。成本价格是指生产商品所费的不变资本和可变资本之和。

马克思认为,成本是耗费与补偿的有机结合。因此,资本耗费的价值部分应作为成本计量研究的理论基础。同时,成本价值的补偿尺度也应成为实际研究的出发点。

2.1.2　管理学中的成本

管理学中的成本是指企业经营活动中因付出或减少而造成的损失或代价,可通俗理解为企业运作生产的费用支出。管理学中,成本不仅包括企业的财务成本,还包含了一些其他成本,如经济资源的使用成本、环境保护成本、政府税收、社会成本等。在企业经营中,成本被分为直接成本和间接成本两种。直接成本是指生产和销售过程中直接消耗和支出的费用,如原材料成本、加工成本、销售成本等。间接成本则指那些不能直接归集到特定产品或服务,但又对生产或服务提供有支持作用的成本,如水费、电费、管理和行政费用等。企业管理之所以重视成本这一手段,是因为它能有效组织和推动企业的各项工作。相较于经济学,管理学在探讨成本时,不那么聚焦于其经济本质,而是更倾向于从成本的发生过程及原因入手进行分析。

这种侧重点的不同源于两者的研究领域和目标差异:管理学专注于如何高效地计划、组织、领导和控制组织资源,以实现既定组织目标,因此更关注成本的形成因素及其潜在影响。而经济学则主要研究在资源稀缺的条件下经济的运行规律,故而更加重视揭示成本背后的深层次经济含义。

2.1.3　会计学中的成本

会计学中的成本是指企业为生产产品、提供劳务而发生的各项耗费,如材料耗费、薪金支出、折旧费用等。本书将会计学中的成本从财务成本和管理成本范畴展开。

1. 财务成本

财务成本属于财务会计领域中的一个费用概念。费用与成本紧密相连,美国会计学会名词术语委员会(committee on terminology)在成本归属理论中阐述了已耗成本与未耗成本的区别,将已消耗的历史成本界定为费用,而将未消耗的部分归类为资产。财务成本是指企业在筹集和使用资金过程中产生的费用,主要包括利息成本、发行成本、管理成本、汇兑损失、信用风险损失和资本成本。

财务成本管理是企业财务管理的重要内容。企业可以通过优化资本结构、提高财务管理效率、降低信用风险等方式降低财务成本,并可利用金融衍生工具管理风险。利息成本是企业借款所产生的成本,包括银行贷款利息、债券利息等,是最直接、最明显的一部分财务成本。发行成本是指企业在发行股票、债券等筹集资金时,需要支付的各种费用,如印刷费、广告费、中介费等。管理成本是企业在筹集和使用资金过程中,因设立专门的财务部门进行管理而产生的人员工资、办公费等。汇兑损失是在国际贸易中,由于外汇汇率的变动而产生的损失。信用风险损失是企业在筹集和使用资金过程中,因遭遇债权人破产、违约等信用风险而产生的损失。资本成本是企业在筹集资金时,需要向投资者承诺或实际支付的一定回报,包括股权资本成本和债务资本成本。

在此定义框架下,费用特指企业为赚取营业收入所发生的支出。相反,不产生营业收入的资产消耗或减损,如自然灾害导致的资产损失,从本质上讲不属于费用,即狭义上的成本,而应被视为损失。明确区分费用与损失,能够提升会计报告对使用者的信息价值和实用性。

2. 管理成本

管理成本是指企业在日常经营活动中,为实现企业目标而投入的各种资源,具体包括人力资源成本、物资采购成本、资金筹集成本、技术研发成本等。管理成本的概念涵盖了企业经营的各环节,是企业经营过程中不可或缺的一部分。

美国会计学会(AAA)所属的成本与标准委员会1951年将成本定义为:为达成特定目标而已经或可能付出的、以货币衡量的价值牺牲。这一定义不再局限于具体的成本计算对象,而是着重于目标导向。其特点包括:第一,强调"以货币衡量的价值牺牲",凸显了会计计量中的货币属性;第二,指出"为达成特定目标而已经或可能付出",旨在体现财务会计的收入与成本配比原则,并引入可能付出的成本概念,试图将财务会计与成本管理会计对成本的理解融合。

在成本管理会计中,成本被视为为实现特定管理目标而放弃或损失的、可用货币衡量的所有耗费。这一观念拓宽了成本的内涵与外延,使产品成本、项目成本、责任成本、质量成本、资金成本、机会成本、沉没成本、变动成本、固定成本等概念不断涌现。

成本概念已成为成本管理会计理论与方法中发展最为迅速的概念之一,其定义也因此变得复杂多样。

在管理成本核算目的上,它不是为计算实际产品成本,也不是为制定价格、确定正常利润和税金提供依据,而是为了完成特定的成本管理目的,如成本预测、成本决策、成本计划、成本控制、成本分析和成本考核等,提供具有管理价值的成本信息。

在管理成本核算对象上,管理成本核算的对象不是单一产品,而是适应特定成本管理要求的多样化对象。这些对象可以是实在的,也可以是抽象的;可以是整体的,也可以是局部的。

此外,管理成本的核算资料可以是实际的会计资料和统计资料,也可以是各项业务资料及比较、预测和决策资料等。同时,此类成本核算并不要求必须以会计凭证为依据,也无须进行账户处理。其核算和报表的编制可以是定时的,也可以是不定时的,一般视管理和决策要求而定。

此类成本核算办法的另一特点是所确定的成本可以是过去的、现行的,也可以是未来的。总之,管理成本的核算灵活多样,一切视管理要求而定。

在成本管理会计实践中,成本概念具有明确的目的性:计量成本旨在满足不同信息使用者的决策需求。因此,本书基于"不同目的,不同成本"的原则,构建了多维度的成本概念体系。

第 2 节　成 本 的 作 用

探究成本的作用是为了深入理解成本在企业运营中的多重功能,进而为企业的决策和管理提供指导,助力企业实现可持续发展和创造价值。

2.2.1　财务会计成本局限

财务会计的成本信息聚焦于企业主体和产品对象,旨在反映企业经营者的业绩,并最终形成资产负债表和利润表等对外公开报告。然而,当前财务会计的成本信息存在以下显著问题。

1. 对外报告的管理相关性减弱

财务会计报告主要服务于外部需求,导致其与企业内部管理的关联性逐渐降低。这一趋势引发了学术界和使用者的广泛批评,他们呼吁改进或彻底改革财务会计报告体系。例如,《基本会计理论》(1966)和《财务呈报:会计革命》(1998)等著作均对传统的财务会计报告提出了尖锐的批评。

传统财务会计报告的基础在于收益确认理论和资产计量理论,这两者分别基于历史成本、收入与成本配比、稳健原则以及历史成本计量。然而,这种以历史成本计量为核心、注重收入与成本配比、强调成本归属和流转的财务成本计量模式,忽视了增值未实现收益、现金流量以及与未来利益相关的成本信息,导致资产计量不准确、收益确认不及时和完整,进而影响了对外披露信息的质量。

2. 难以满足现代管理的需求

随着需求的多样化和经营环境的快速变化,企业需加强对业务流程的管理,以适应多变的市场。然而,现有的成本计量模式依附于财务会计账簿体系,难以及时、准确和真实地提供管理决策所需相关成本信息。

多位管理专家指出,传统成本会计已无法满足现代管理的需求。例如,彼得·德鲁克在《21 世纪的管理挑战》(1999)中提到,传统成本会计无法提供过程成本控制信息;卡普兰和诺顿在《综合计分卡：一种革命性的评估和管理系统》(1996)中也指出，传统成本会计难以提供管理过程所需相关成本信息。

在企业管理过程中，传统成本计量模式存在诸多不足：

（1）成本重心前移导致成本信息出现时滞，如制造业产品 75％ 的成本在研发阶段已确定，但传统模式只注重生产过程的成本核算和控制。

（2）忽视质量和核心竞争等因素，与现代管理思想相悖。

（3）以短期为基准点，反映企业短期的成本信息，导致大量战略信息被淹没。

（4）对间接费用处理简单，未能揭示业务活动背后的真正成本动因。

2.2.2　成本管理会计的成本作用

考虑到财务成本计量模式难以全面应对多元化目标的需求，约翰逊与卡普兰在 1987 年出版的《相关性已消失：管理会计的兴衰》中阐述道，当前的成本会计体系旨在达成三大目标：一是将特定期间内的成本合理分配给各产品，确保财务报表的及时编制；二是为成本中心的管理者提供必要的过程控制信息；三是向产品及经营管理层提供产品成本的估算数据。然而，企业在实践中常用一个成本系统来兼顾这三个截然不同的目标，由于财务会计理念的主导地位，仅第一个目标得到了较好的实现。特别是在成本分配服务于定期财务报告和税收目的时，成本系统往往需遵循外部审计及税务部门的明确指导。但这样的成本系统，若仅以满足外部财务报告需求为导向，将难以强化成本中心的过程控制，进而可能导致产品成本的失真与误差。

综上所述，针对过程控制、产品成本核算及财务报告这三项职能，它们在报告周期、变动成本与固定成本的分类、追踪与分配程度、相关成本结构以及关注对象等方面均存在显著差异。因此，我们的目标并非构建一个全能系统，而是设计多个专门系统，更有效地服务于各自的职能。

此外，查尔斯·T.霍恩格伦在 1997 年出版的《成本会计学：以管理为重心》(第 9 版)中，进一步扩展了成本会计的目标范畴，提出了五大目标：整体战略规划、资源及定价决策、成本计划与控制、人员绩效评估以及满足外部监管要求。

无论是三目标论还是五目标论，其核心观点均指出：其一，传统的财务成本会计系统因其根植于财务会计账户体系，存在固有的结构性缺陷，难以圆满达成多元化目标；其二，为了满足不同的管理需求和目的，成本会计系统应当能够提供多样化的成本信息。

2.2.3　成本的作用

成本，在传统观念中，通常被视为企业所消耗资源的货币量化体现。传统的成本研究主要聚焦于损益计算、价值确定以及与之相关的价值补偿与分配问题。这种视角往往导致对成本的片面理解和应用。例如，它更多地服务于以企业为主体的对外财务报告需求，将降低成本、节约费用直接与增加利润挂钩。

然而，从管理的角度来看，成本的概念得到了更为全面和深入的诠释。成本被理解为企业为获取未来经济利益而消耗的各类资源的货币表现。这些资源既包括物质资源（如资产、负债和所有者权益），也涵盖非物质资源（如作业、流程和时间）。这一观念转变促使成本研究深入价值决策领域，如成本效益分析，从而能够更灵活地适应"不同目的，不同成本"的过程控制和多目标管理需求。更重要的是，它推动了现代成本管理体系（图 2-1）的完善与效能提升，使该体系在支持企业决策、优化资源配置方面发挥更加积极的作用。

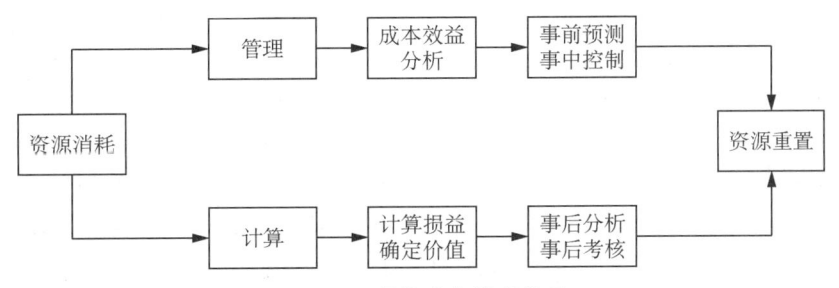

图 2-1　现代成本管理体系

资源的有效利用在为企业创造收入或收益的同时，也不可避免地带来了相应的成本或费用支出（图 2-2）。这一双重效应表明在审视企业财务状况时，对于成本或费用的理解不能仅停留在其作为资金消耗的直观层面上；更为关键的是，深入分析这些成本或费用的支出是否真正促进了

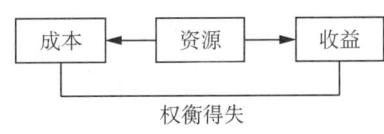

图 2-2　资源与成本、收益

企业的价值增长，是否为企业带来了长远的利益。换言之，应当将成本或费用的考量融入企业的整体价值创造过程，通过优化资源配置、提高资源利用效率等手段，确保每一笔支出都能为企业带来最大化的价值回报。

因此，在当下的商业环境中，现代成本管理理念主张所有部门架构的设置、各项经营活动的开展以及员工人数的增减调整，都应当严格遵循成本效益原则。这意味着任何功能或活动的实施，其预期收益必须超过所投入的成本，确保资源的有效利用。此原则的核心在于促进价值增值，即通过精准的成本控制和高效的资源配置，最大化企业的经济效益，实现长期可持续发展。简而言之，现代成本管理鼓励企业在每一项决策中，都要细致权衡成本与收益，确保每一分投入都能带来超出成本的回报，从而推动企业价值的持续增长。

从这个视角来看，单纯地将焦点放在成本的削减和费用的节约上，并不能完全满足现代成本管理的全方位需求。现代成本管理更强调一种综合性策略，它不仅关注直接的成本缩减，还涉及资源的优化配置、效率的提升以及价值的最大化。这意味着在追求成本效益的同时，企业还需考虑如何通过创新、流程优化、产品质量提升等方式增加收入或提升整体价值，从而确保企业的长期竞争力和盈利能力。因此，现代成本管理要求在成本控制与价值创造之间找到平衡点，实现两者的和谐共生。

第 3 节　成 本 的 分 类

为了适应日益复杂的成本计算和精准的成本控制需求，更有效地提升成本在企业运营中的价值贡献,会计人员需要对成本实施多层次、多角度的细致分类。这种分类工作不仅是对成本管理对象的深入细化,更是为了满足不同管理层面和维度的特定要求。科学的成本分类可以更加精确地把握成本的构成和流向,为制定有效的成本控制策略、优化资源配置以及提升整体运营效率提供坚实的基础。

2.3.1 财务成本的基本分类

1. 根据经济用途分类

经济用途是指资源消耗的具体应用领域。从经济用途的角度出发,成本可以划分为制造成本和非制造成本两大类,这是财务会计领域最为基础和核心的分类方式。此类分类主要用于确定存货成本及期间损益,以满足对外财务报告的编制需求。

1)制造成本

制造成本涵盖了一个生产单位在生产产品过程中产生的全部费用,它主要由直接材料、直接人工和制造费用三大板块构成。这些成本通过不同的路径流转,最终可能体现在利润表中作为已销售产品的成本或资产负债表中作为未销售产品、在制品及原材料的存货成本。

(1)直接材料。直接材料是指在制造流程中直接构成产品主体的各类材料成本。这里的"材料"不仅涵盖原始的、未经加工的物资,还包括外购的半成品。例如,在汽车制造过程中,轮胎对橡胶厂来说是产成品,但对汽车制造厂来说,它只是构成汽车这一最终产品的一个直接材料。

(2)直接人工。直接人工是指在生产过程中直接作用于产品,从而改变其性质或形态所消耗的人力成本。在财务核算上,这主要表现为生产工人的薪资支出。直接人工和直接材料的共同特点在于,它们的成本可以直接且明确地归属于某一特定产品,这充分体现了成本的对象性特征。

(3)制造费用。制造费用是指为生产产品或提供服务而发生的间接费用。从核算的角度来看,制造费用囊括了除直接材料和直接人工之外的所有支出。由于制造费用的内容较为繁杂,人们通常将其进一步细分为以下三类:

一是间接材料。这类费用指的是在产品制造过程中被消耗,但不易或无须单独分配至某一特定产品的材料成本,如工具、物料的消耗。

二是间接人工。这指的是为生产提供辅助服务但不直接参与产品制造的人工成本,如设备维护人员的薪资。

三是其他制造费用。这包括除直接人工和直接材料之外的其他费用支出,如固定资产的折旧、维修、保险费用,以及车间使用的动力费、照明费等。

值得强调的是,生产方式的变革或优化会直接影响上述直接材料、直接人工和制造费用的划分与构成比例。举例来说,随着生产自动化水平的不断提升,制造费用在生产成本总额中所占比例往往会增加。这是因为自动化设备的引入和维护等费用会显著增加,而这些费用通常归类于制造费用。另外,生产专业化分工的日益细化也可能促使制造费用在形式上展现出更为直接的特征,即某些原本被视为间接的费用可能因分工明确而能够更直接地追溯至特定产品。

制造费用依据科学合理的标准在各受益对象之间进行合理分配后,制造成本便转化为我们通常所说的产品成本。这种转化是基于产品品种来识别和计量的,它使企业能够更清晰地了解每种产品的成本构成,从而为成本控制、定价策略以及利润分析等关键管理决策提供有力支持。因此,生产方式的持续改进与优化不仅是提升生产效率和质量的关键,而且是优化成本结构、提高经济效益的重要途径。

2)非制造成本

非制造成本涵盖了企业在组织与管理活动中产生的多项开支,具体包括销售费用、管理费用、财务费用和研发费用等。这些费用在会计期末会统一纳入当期的利润表进行核算。

销售费用、管理费用、财务费用和研发费用虽然各自承担着不同的职能、发挥着不同的作用,但它们之间存在一个共同点,即这些费用的支出能够为企业整体带来益处,然而在实际操作中,企业却很难准确地将这些支出与某一特定产品建立起直接的联系。正因如此,在财务会计的处理上,这些费用被归类为期间成本。也就是说,它们会被直接计入当期损益,而不是像制造成本那样,可以按照一定的方法分摊到各产品上。

这种处理方式体现了财务会计的谨慎性原则和配比原则。谨慎性原则要求企业在确认和计量收入、费用时,应当保持应有的谨慎,不应高估资产或收益、低估负债或费用。而配比原则则要求企业在确认收入的同时,应当将与之相关的成本或费用进行配比,以正确计算各期损益。在非制造成本的处理上,这些费用与特定产品之间的关系难以明确,因此将他们作为期间成本直接计入当期损益,更符合财务会计的这两项基本原则。

2. 根据成本计算对象的反映结果分类

成本依据其反映成本计算对象的结果,可以划分为总成本和单位成本,这样的分类旨在满足对外财务报告及内部管理的需求。

总成本代表了企业在生产某一产品过程中所涉及的所有费用之和。通过计算和分析总成本,企业能够清晰地了解在特定计算期内为生产该产品所支出的总金额。在此基础上,将总成本与总收入进行对比,可以确定企业的盈利或亏损状况。此外,将成本与收入、利润、净利润等财务指标相结合进行分析,能够为企业提供全面、系统的经营评价。

单位成本则是指企业生产单个产品所平均消耗的成本,通常通过总成本除以总产量来计算得出。单位成本能够反映同类产品的平均费用水平。将其与同行业或国际先进企业的单位成本数据进行比较,有助于企业发现自身差距,为制定竞争战略提供重要参考。同时,单位成本也是衡量企业生产水平、技术装备和管理水平高低的重要指标,对于分析企业的成本管理能力具有重要意义。此外,单位成本还是制定产品价格时不可或缺的依据之一。

这些分类最终将体现在资产负债表中的存货价值以及利润表中的成本和费用数额上,从而满足对外财务报告和业绩评价的需求。

3. 依据与特定成本计算对象的关联性分类

成本依据其与特定成本计算对象的关联性,可以细分为直接成本和间接成本。这里的特定成本计算对象可以是产品、生产步骤、产品批别,也可以是项目、责任中心或作业单元。这种分类方式的核心目的在于准确确定各成本计算对象的成本,进而满足对外财务报告的准确性和内部经营管理的需求。

直接成本是指能够直接归属于某一成本计算对象的费用,这些费用在发生时即可清晰地确认其归属,是一种具有可追溯性的成本。在制造企业中,直接成本通常包括直接材料和直接人工。例如,生产一件产品所需原材料和直接参与该产品生产的工人工资,都属于直接成本。此外,在责任成本制度中,可控成本也属于直接成本的一种,它是指责任中心能够控制并对其负责的成本。

与直接成本相比,间接成本则无法直接归属于某一特定的成本计算对象。这些费用在发生时,无法清晰地确定其归属,而需要按照一定的标准或方法,在多个成本计算对象之间进行分配。例如,制造费用就是典型的间接成本,它包括工厂租金、水电费、设备折旧等。这些费用无法直接归属于某一具体的产品,而需要根据产品的生产数量、生产工时或其他相关标准,在多个产品之间进行分配。

为了更好地理解直接成本和间接成本的区别,我们可以举一个简单的例子。假设小张和小赵一同前往购买电子设备,他们共同支付了 80 元的打车费用。小张选购了一部价值 8 000 元的智能手机,小赵购买了一台价值 9 000 元的笔记本电脑。在这个例子中,小张和小赵各自购买的电子设备费用显然属于直接成本,因为这些费用可以直接与他们所购买的商品相对应。然而,打车费用则构成了间接成本,因为它无法直接归属于小张或小赵所购买的任何一件商品。为了公平起见,他们决定平均分摊这笔打车费用。因此,小张购买智能手机的成本将增加 40 元,达到 8 040 元;同样,小赵购买笔记本电脑的成本也将增加 40 元,变为 9 040 元。

直接成本和间接成本的分类对于准确计算成本计算对象的成本至关重要。企业需要根据实际情况,合理确定直接成本和间接成本的划分标准,以确保成本计算的准确性和合理性。

4. 依据成本与收入匹配的时间维度分类

成本依据其与收入相匹配的时间点,可以划分为产品成本和期间费用两大类。这种分类方式的核心目的在于满足对外财务报告的准确性和透明度要求,帮助信息使用者更好地理解企业的财务状况和经营成果。

产品成本是指与产品生产活动直接相关,但与特定会计期间无直接关联的成本。这些成本通常包括直接材料、直接人工和制造费用等,它们随着产品的生产流程而逐渐累积,并在产品完工时体现为产成品成本。对于尚未完工的产品,其成本则表现为在产品成本。随着产品的销售,产品成本会转化为销售成本,而未销售部分则继续以期末库存产品成本的形式存在。这种成本分类方式有助于企业准确核算产品的生产成本,进而制定合理的定价策略和成本控制措施。

与产品成本不同,期间费用则是指与特定会计期间直接相关,但与产品生产活动无直接联系的成本。这些费用通常包括销售费用、管理费用、财务费用和研发费用等,它们在财务会计上被直接计入当期损益,而不与特定的产品或生产批次相关联。期间费用的发生通常与企业日常运营和管理活动有关,如市场推广、行政管理、资金运作和技术研发等。这些费用的合理控制对于提高企业的运营效率和管理水平具有重要意义。

为了更好地理解产品成本和期间费用的区别,我们可以举一个具体的例子。假设一家汽车制造公司采购了一批钢材,这批钢材主要有两个用途:一是生产汽车的车身框架;二是改造装修公司前台。在这种情况下,用于生产汽车车身框架的钢材成本应当被归类为产品成本。这是因为这部分钢材直接参与了汽车的生产过程,是构成汽车产品实体的重要组成部分,与汽车的生产活动直接相关。相反,用于改造装修公司前台的钢材成本则应当被归类为期间费用。这是因为这部分钢材的使用与汽车的生产活动没有直接联系,而是用于改善公司的办公环境,提升企业形象,属于企业日常运营和管理活动范畴。这部分费用在发生时,应直接计入当期损益,而不与特定的汽车产品或生产批次相关联。

通过这个例子,我们可以更加清晰地看到产品成本与期间费用之间的区别。产品成本是与产品生产活动直接相关的成本,而期间费用则是与特定会计期间直接相关,但与产品生产活动无直接联系的成本。这种分类方式有助于企业更加准确地核算成本,制定合理的成本控制策略,并为外部信息使用者提供更加透明、准确的财务报告。同时,这种分类方式也有助于信息使用者更好地理解企业的财务状况和经营成果,从而做出更加明智的投资决策。

2.3.2　管理成本的基本分类

1. 根据成本性态分类

成本性态也称成本习性,描述的是成本总额与业务总量(包括产量或销售量)之间的依赖关系。这种关系对于企业的成本管理和决策至关重要。基于成本性态,成本可以被细分为固定成本、变动成本和混合成本三大类,每类都有其独特的性质和应用场景。

1)固定成本

(1)固定成本的定义。固定成本是指在某一特定期间和一定业务量范围内,其总额不会因业务量的增减而发生变化,始终保持稳定的成本类型。这些成本通常与企业的日常运营活动无直接关联,而与企业的存在和维持有关。

固定成本的基本性质是其总额的稳定性。无论企业是生产 100 件产品还是 1 000 件产品,行政管理人员工资、办公费、财产保险费、不动产税等固定成本总额都不会发生变化。然而,虽然固定成本总额不变,但单位业务量所承担的固定成本却会随着业务量的增加而减少,反之亦然。因为固定成本被所有业务量平均分摊,所以业务量越大,单位成本越低。

固定成本包括但不限于行政管理人员工资、办公费(如文具、打印费等)、财产保险费(用于保护企业财产免受损失的费用)、不动产税(如房产税、城镇土地使用税等)以及按直线法计提的固定资产折旧费(用于反映固定资产在使用过程中逐渐损耗的价值)。此外,虽然职工教育培训费可能因培训项目的不同而有所变化,但在一定期间内,其总额也通常被视为固定成本。

例 2-1

假设某软件公司每年投入 10 000 元用于管理其旗舰产品"智慧办公套件"的开发线。在短时间内,对于"智慧办公套件"项目而言,管理开发线的成本是相对稳定的,不会发生显著变化。可以通过表 2-1 来观察管理该公司生产线的成本情况。

表 2-1　固定成本与产品产量的关系

固定成本(元)	产品产量(套)	每套产品所负担的固定成本(元)
10 000	100	100
10 000	200	50
10 000	500	20

需要注意的是,固定成本之所以"固定"是就其总额而言的,而且是在"一定时期和一定

业务范围内"的前提下。只有这样,固定成本才保持不变。从单位固定成本来看,它与业务量的增减成反比例变动,固定成本性态模型和单位固定成本性态模型如图 2-3 和图 2-4 所示。

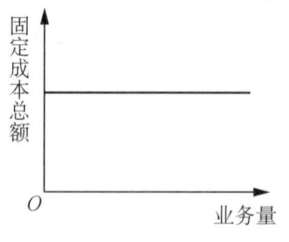

图 2-3　固定成本性态模型

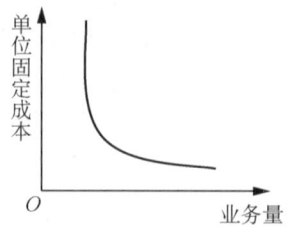

图 2-4　单位固定成本性态模型

（2）固定成本的类别。固定成本在企业管理中,根据其支出数额能否通过管理决策进行调整,被进一步细分为酌量性固定成本和约束性固定成本两大类。

酌量性固定成本作为一类灵活可变的固定成本,其支出数额直接受到企业管理层根据企业当前经营状况和未来战略规划所做决策的影响。这类成本包括但不限于广告费用、员工教育培训经费和研发投入等。这些成本项目的特点在于,它们不仅反映了企业对未来发展的投资力度,更直接关系企业未来市场竞争力的构建与提升。因此,企业管理层在制定酌量性固定成本预算时,需深入权衡未来竞争力增强的潜在收益与当前资金支出的成本效益,确保所做出的决策既有利于企业长远发展,又能在短期内保持财务稳健。

与酌量性固定成本相对的是约束性固定成本,这是一类相对固定且不易通过管理层决策进行调整的成本。它涵盖了诸如厂房及机器设备按直线法计提的折旧费用、房屋及设备租金、不动产税、财产保险费、照明费用和行政管理人员的薪资等必要开支。约束性固定成本构成了企业维持正常生产经营活动所必需的最基本固定成本,其数额大小往往取决于企业生产经营的规模、效率和资产质量等因素。由于这些成本具有高度的刚性和不可调整性,企业管理层在当前决策中难以直接改变其数额。

鉴于约束性固定成本的这一特性,其预算周期通常较长,且更侧重于如何更加经济、合理地利用企业现有的生产经营能力。相比之下,酌量性固定成本预算则更注重从总量上进行控制,以确保企业在保证未来竞争力的同时,能够有效控制成本支出,实现财务效益最大化。

（3）固定成本的特性。固定成本展现出一种独特的性质,即其变动性的潜在性。需要着重指出的是,从长远视角审视,任何成本均展现出一定的变动性,即便是被视为相对稳定的约束性固定成本,在时间的累积下也会发生变动。对于一个处于正常发展轨道的企业而言,随着时间的推移,其经营能力在规模和品质上均会经历显著变化。例如,厂房的扩建、设备的更新换代和行政管理人员的扩充,这些因素都将不可避免地导致折旧费用、财产保险费用、不动产税和行政管理人员薪酬的增加。相应地,如果企业的经营规模出现缩减,这些费用也会随之减少。

从空间范畴来观察,固定成本在某一特定业务量范围内呈现出固定不变的特点。这是因为在这一业务量范围内,企业无须对厂房、设备或行政管理人员进行大规模的调整,故而相关费用能够保持相对稳定。然而,一旦企业的业务量突破了这一特定范围,为了满足新的生产或服务需求,企业势必要扩大厂房规模、更新生产设备、增加行政管理人员,随之而来的便是相关费用的增加。这种随业务量变化而发生的成本变动,进一步凸显了固定成本在特定条件下的相对固定性以及其在超出特定条件后的变动性。

2)变动成本

(1)变动成本的定义。变动成本是一种具有特定变动规律的成本类型。在一定时期内以及某一既定业务量范围内,其总额会随着业务量的增减变动而成正比例地发生变化。这类成本涵盖了多种费用项目,如直接材料成本、产品包装费用、基于工作量计酬的工人薪资、销售佣金以及按照加工量计算的固定资产折旧费等,它们都属于变动成本的范畴。

与固定成本相比,变动成本展现出截然不同的特性。在业务量发生变动时,固定成本的总额往往保持不变;而变动成本则不然,它的总额会随着业务量的增减而相应地增减,且这种变化呈现出正比例的关系。这意味着当企业的业务量增加时,变动成本也会相应地增加;反之,当企业的业务量减少时,变动成本也会随之减少。

值得注意的是,虽然变动成本总额会随着业务量的变化而变动,但在同一业务量水平下,单位变动成本是一个相对固定的数值。也就是说,无论业务量如何变化,每一件产品或每一次服务所对应的变动成本都是相对稳定的。这一特性使企业在制定成本控制策略时,能够更加精确地预测和计算变动成本。

例 2-2

假设例 2-1 中每套"智慧办公套件"的直接材料成本是 100 元,当产量分别为 100 套、200 套和 500 套时,材料的总成本和每套"智慧办公套件"的材料成本如表 2-2 所示。

表 2-2　变动成本与产品产量的关系

金额单位:元

材料变动成本	产品产量(套)	每套产品的材料成本
10 000	100	100
20 000	200	100
50 000	500	100

从表 2-2 可以看出,"智慧办公套件"的材料变动成本随着其产量的变化同比例发生变化,而每套"智慧办公套件"的成本是不变的。变动成本性态模型和单位变动成本性态模型如图 2-5 和图 2-6 所示。

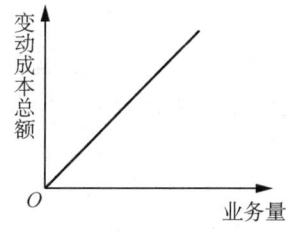

图 2-5　变动成本性态模型

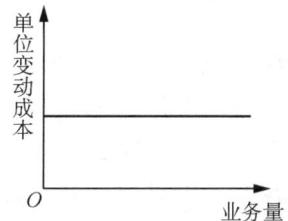

图 2-6　单位变动成本性态模型

(2)变动成本的类别。变动成本依据企业管理层决策对其支出额度的可调节性,被细分为酌量性变动成本和约束性变动成本两大类,以更精确地反映成本管理的灵活性与刚性。

酌量性变动成本,顾名思义,是指支出额度可以通过企业管理层的当前决策进行调整的变动成本。这类成本的特点在于,其支出比例或标准并非固定不变,而是会随着企业决策时的市场环境变化而相应调整。例如,企业可能会根据当前的劳动力市场状况调整按产量计酬的工人薪金,或者根据所销售产品的市场竞争态势设定销售佣金的比例。这种调整机制使企业在面对市场波动时,能够灵活调整成本结构,以适应外部环境的变化。具体而言,当劳动力市场紧张时,企业可能会提高计件工资以吸引和留住工人;而当产品销售竞争激烈时,企业则可能会增加销售佣金以激励销售人员提高销售业绩。

相比之下,约束性变动成本则是指企业管理层的当前决策无法直接改变其支出额度的变动成本。这类成本通常与企业的生产活动紧密相连,且具有一定的刚性。以直接材料成本为例,一旦企业所生产的产品定型,其所需原材料种类、数量和价格等往往就相对固定下来,这使得直接材料成本在很大程度上受到了产品特性的约束。因此,对于这类成本,企业管理层通常只能通过优化产品设计、改进生产工艺或寻找替代材料等长期策略来寻求降低成本的途径。同时,值得注意的是,这类成本的改变往往与企业的产品改型紧密相关,即只有当企业决定对产品进行重大改进或升级时,才可能对直接材料成本产生显著影响。

(3)变动成本的特性。变动成本具有一定的条件性和复杂性,其所谓正比例变动关系仅在特定的业务量区间内成立。一旦超出这个区间,变动成本与业务量之间的关系便不再保持严格的正比例变动。

在企业生产过程中,当产品产量处于较低水平时,单位产品的材料成本和人工成本可能会相对较高。这主要是因为在产量较小的情况下,材料的利用率可能不够充分,工人的作业安排也可能不够合理,从而导致单位成本的上升。然而,随着产量的逐渐增加,这些不利因素会得到改善。例如,材料的利用率会因为产量的提升而提高,工人的作业也会因为熟练度的增加而变得更加高效。这些因素共同作用,使单位产品的材料成本和人工成本逐渐降低。

然而,若产量增加到一定程度并继续上升,则可能会出现一些新的不利因素,导致变动成本项目超量上升。例如,为了满足更高的产量需求,企业可能需要支付加班工资,而这些加班工资往往高于正常工作时间的工资。此外,随着产量的增加,设备磨损、维护成本和管理难度等也可能随之增加。这些因素都可能导致单位产品的变动成本重新上升。

因此,变动成本与业务量之间的关系并非简单的正比例关系,而是受到多种因素的影响。在实际应用中,企业需要充分考虑这些因素,以便更准确地预测和控制成本。同时,企业还需要根据自身的生产特点和市场环境,制定合理的生产计划和成本控制策略,以确保在保持产量的同时,实现成本最小化。

3)混合成本

混合成本这一术语形象地描绘了融合固定成本与变动成本特性的成本类型。在复杂的经济环境中,许多成本项目并非单纯地遵循固定成本或变动成本的特性,而是表现出一种介于两者之间的混合性态。这些成本的发生额虽然与业务量有一定的关联,但并不遵循严格的比例关系,而是呈现出更为复杂的变化模式。实际上,企业的总成本就是一个典型的混合成本,它涵盖了企业运营过程中的各种费用,既有固定不变的部分,也有随业务量增减而波动的部分。

混合成本既具有固定成本的特征,又具有变动成本的特征。为了更深入地理解混合成本,可以根据其发生的具体情况将其细分为以下三类:

（1）半变动成本。此类成本的特点在于，即便在业务量为零的情况下，其成本依然保持在一个非零的固定基数水平上。一旦业务活动开始发生，此类成本便会以这个固定基数为出发点，此后随着业务量的增减而呈现出正比例的变化趋势。具体来说，企业的公用事业费用，如电费、水费和电话费等，均被归类为半变动成本。

这些公用事业费用通常都包含一个固定的基数部分，该部分不随业务量的变化而波动。然而，当业务量超出一定范围时，这些费用的超出部分便会随着业务量的增加而相应地增长。这种成本结构反映了企业在维持基本运营所需费用之外，还需根据业务量的实际增长情况承担额外的变动成本。

例如，在电力消耗方面，企业可能需要支付一定的固定电费，这部分费用与用电量无关，主要用于覆盖电网维护、电力传输等基础设施成本。然而，当企业的用电量增加时，除固定电费，其还需按照实际用电量支付额外的变动电费。这种成本结构使企业在规划预算和进行成本控制时，需要充分考虑业务量的变化对成本的影响。

水费和电话费也遵循类似的成本结构。水费可能包括一个固定的基本水费，用于覆盖供水系统的维护和管理成本，而对于超出基本用水量的部分，企业则需要按照实际用水量支付额外费用。电话费则可能包括一个固定的月租费，用于覆盖线路租赁和基本通信服务成本，而对于超出基本通话时长或产生额外通信服务的部分，企业则需要按照实际使用情况支付费用。

半变动成本包含了固定基数和随业务量变化的变动部分，其成本模型如图 2-7 所示。企业在管理这类成本时，需要综合考虑固定成本和变动成本的影响，以便更准确地预测和控制总成本。同时，对于公用事业费用等半变动成本的管理，企业还应关注业务量的变化趋势，以便及时调整预算和采取成本控制措施。

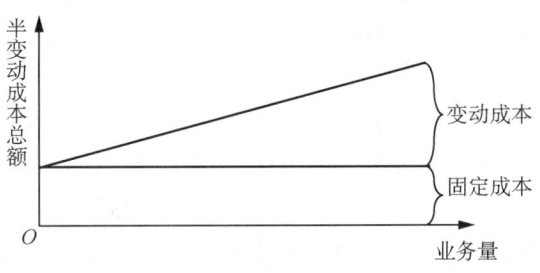

图 2-7　半变动成本模型

（2）半固定成本。半固定成本在特定的业务量区间内保持恒定，呈现出典型的固定成本特性。具体而言，在业务量未达到某一临界值之前，这些成本的发生金额维持不变，稳定地反映出固定成本的行为模式。然而，一旦业务量增长突破这一预设界限，成本会发生显著且突然的增加，跃升至一个新的成本水平。随后，在新的业务量区间或相关范围内，这些成本再次保持相对稳定，不发生变动，直至业务量的进一步增长再次触发下一次的成本跃升。

在企业运营的实际案例中，这类成本形式广泛存在。例如，化验员和质检员的薪酬并不直接随生产量的波动而变化，而是基于岗位职责和工作时间固定支付，因此在一定时期内表现出固定成本的特性。同理，受到开工班次影响的设备动力费用也遵循类似的规律：在设备稳定运行、班次未变的阶段，动力费用保持稳定；而一旦增加班次或调整生产强度，动力费用则会相应跃升。此外，按订单进行批量生产并按开机次数计算的联动设备折旧费，也属于此类成本。这类设备在每次开机生产时，都会按照既定折旧规则产生费用，而在两次开机之间，尽管生产量可能有所波动,但折旧费用却保持恒定,直至下一次开机生产引发新的折旧成本。

半固定成本在不同业务量区间内具有稳定性与跃变性,如图2-8所示。企业的多种费用,如特定岗位工资、设备动力费和联动设备折旧费等,均符合这一成本性态。

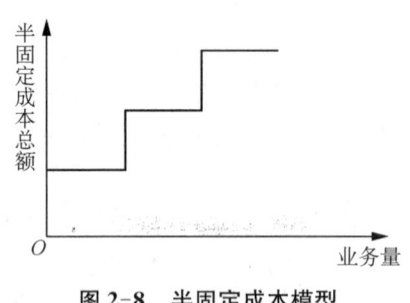

图 2-8　半固定成本模型

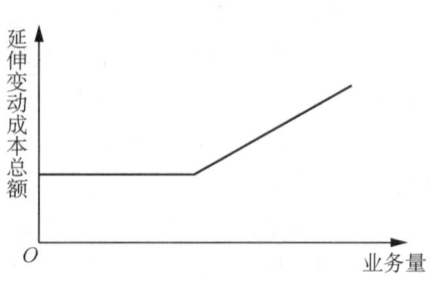

图 2-9　延伸变动成本模型

（3）延伸变动成本。此类成本的特点在于,其会根据业务量的变化而在某一特定阈值前后展现出不同的性质。具体而言,在业务量达到这一临界点之前,其表现为固定成本;而一旦超过这个临界点,其转变为变动成本。一个极具代表性的实例便是企业在实施计时工资制度时的成本构成。

在正常情况下,企业按照既定标准支付员工在正常工作时间内的工资,这部分工资总额是相对固定的,不会因业务量的微小波动而发生变化,因此可以视为固定成本。然而,当员工的工作时间超出了正常范畴,即需要加班时,情况便有所不同。此时,企业需依据相关规定向员工支付额外的加班工资,且这笔加班工资的数额与员工的加班时间成正比,即加班时间越长,所需支付的加班工资也越多。这种随着业务量增加而相应增加的成本,便呈现出变动成本的特征。延伸变动成本的模型如图2-9所示。

4）混合成本的分解

在传统的会计核算中,没有变动成本与固定成本的区分。而在管理会计中,为了掌握成本与产量之间的依存关系,便于企业经营管理和核算,实现对企业经济活动的规划和控制,适应管理会计各种方法的需要,有必要将全部成本划分为固定成本和变动成本。混合成本兼具固定成本和变动成本两种性质,为此,需要对混合成本进行分解,具体分解为"固定"与"变动"两个部分,最终将企业全部成本划分为变动成本和固定成本两类。下面介绍几种混合成本的分解方法。

（1）高低点法。高低点法是一种用于分解混合成本的有效方法。其核心理念在于通过分析某一特定期间内最高业务量与最低业务量时的混合成本差异,揭示成本的变动规律。值得注意的是,在运用高低点法时,选择高点与低点至关重要。这两个点应尽可能覆盖相关业务范围,以确保所得结果的准确性和代表性,更全面地揭示成本在不同业务量水平下的变化规律,从而为企业的成本管理和决策提供更加精准的支持。

在具体操作时,先计算高点与低点混合成本的差额,然后将这一差额除以对应业务量的差额,所得商数即为单位业务量的变动成本,也就是业务量的成本变动系数。这一步骤至关重要,因为成本变动系数量化了成本随业务量变化的敏感程度。进而利用这个系数,结合线性方程将混合成本的数学模型表示为:

$$y = a + bx$$

式中：y——总成本；

　　a——固定成本部分；

　　b——单位业务量的变动成本；

　　x——业务量。

假设 x_1、y_1 代表业务量最低点及其对应的成本；x_2、y_2 代表业务量最高点及其对应的成本。混合成本分解的关键是求出 a 和 b。采用高低点法，将最高点和最低点业务量所对应的成本之差除以最高点和最低点业务量之差所得的商，就是单位变动成本 b。

$$b = \frac{\Delta y}{\Delta x} = \frac{y_2 - y_1}{x_2 - x_1}$$

式中：Δy——高低点混合成本之差；

　　Δx——高低点业务量之差。

即：

$$单位变动成本 = \frac{高低点混合成本之差}{高低点业务量之差}$$

然后将 b 值代入高点或低点的混合成本公式，移项即可求得 a 的值。

$$a = y_2 - bx_2$$

或：

$$a = y_1 - bx_1$$

也即：

$$固定成本 = 业务量最高点的总成本 - 单位变动成本 \times 最高点业务量$$

或：

$$固定成本 = 业务量最低点的总成本 - 单位变动成本 \times 最低点业务量$$

综上所述，高低点法通过量化分析最高与最低业务量时的成本差异，结合线性方程模型，提供了一种科学、有效的混合成本分解方法。高低点法的实施流程是：第一，计算高低点成本差额与产量差额的比例，确定单位变动成本；第二，将已求得的单位变动成本代入总成本公式，进一步推算出固定成本的金额。

例 2-3

假设某新能源汽车公司最新款汽车的生产线 20×5 年 1～6 月的维修成本数据如表 2-3 所示。

表 2-3　公司维修成本数据

20×5 年

项目	月份					
	1 月	2 月	3 月	4 月	5 月	6 月
业务量（千机器/小时）	6	8	4	7	9	5
维修成本（元）	110	115	85	105	120	100

根据表 2-3 有关数据,可得出该企业维修成本在相关范围内的变动情况,其最高业务量与最低业务量实际发生的维修成本数据如表 2-4 所示。

表 2-4　高低点的维修成本数据

摘要	高点	低点	差额
业务量(千机器/小时)	9	4	5
维修成本(元)	120	85	35

$$b = \frac{\Delta y}{\Delta x} = \frac{y_2 - y_1}{x_2 - x_1} = \frac{120 - 85}{9 - 4} = 7(\text{元}/\text{千机器小时})$$

将 b 值代入高点混合成本公式,并移项:

$$a = y_2 - bx_2 = 120 - 7 \times 9 = 57(\text{元})$$

通过以上计算,可以得到该企业的混合成本(维修成本)。采用高低点法进行分解,其固定成本总额(a)为 57 元,其余部分就是变动成本总额($7x$)。

最后,把维修成本的上述关系归纳为下列混合成本公式:

$$y = 57 + 7x$$

值得关注的是,在使用高低点法选取历史成本数据时,这些数据应能准确反映业务活动的正常状态,排除任何异常成本的影响。另外,通过高低点法得出的混合成本公式,其适用范围仅限于特定的业务量区间,超出特定范围则可能不再准确。

在实际操作中,若混合成本的变动部分与业务量之间大致成正比,采用高低点法进行分解会相对简便。然而,这种方法仅基于两个极端点(最高点和最低点)来确定成本习性,因此具有一定的偶然性。通常,这种方法更适用于成本变动趋势较为稳定的情况。若各期成本波动较大,仅依赖高、低两点的成本来表征整体成本特性,而忽视其他数据,可能会导致结果产生较大偏差。

(2)散点图法。散点图法和高低点法在理解混合成本方面具有共通之处,即都认同混合成本可以用 $y = a + bx$ 的线性模型来近似表示。不过,这两种方法在确定系数 a 和 b 时采取了不同的策略。高低点法依赖于数学公式进行精确计算,而散点图法则借助图形化的手段进行直观分析。散点图法是根据历史成本数据,在坐标图上作图,绘出各期成本点,并根据目测,在各成本点之间绘出一条反映成本变动趋势的直线,其与纵轴的交点即为固定成本,再据此计算单位变动成本。

散点图法可按以下步骤分解混合成本:

首先,把过去某一期间混合成本的历史数据逐一标在坐标图上,一般以横轴代表业务量 x,纵轴代表混合成本金额 y。这样,各历史成本数据就形成若干成本点散布在坐标图上,形成散点图。

其次,通过目测,在各成本点之间画一条能反映成本平均变动趋势的直线。应尽量使画出的这条直线两侧的成本点数量相同,而且使各点到直线的距离之和最小。

再次,确定固定成本的平均值,所画出的直线与纵轴的交点即为固定成本 a。

最后,计算单位变动成本。在所画出的直线上任取一点产量,即可对应查出混合成本的值。这时单位变动成本 b 就可通过 $b=\dfrac{y-a}{x}$ 求得。

例 2-4

根据例 2-3 给出的数据（表 2-3），绘出维修成本的散点图，如图 2-10 所示。

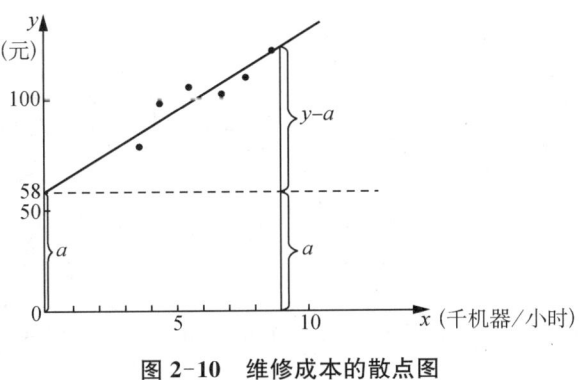

图 2-10　维修成本的散点图

在图 2-10 中，通过目测，在 6 个成本点之间画出一条能反映维修成本的平均变动趋势直线，该直线与纵轴相交之处，就是维修成本的固定成本 a。在图 2-10 中，固定成本为 58 元。

图 2-10 上所画出的混合成本平均变动趋势直线的斜率即单位变动成本 b，其计算方法为：

在直线 $y=a+bx$ 上任取一点，如令 $x=9$（千机器小时），此时 $y=120$（元），则：

$$b=\frac{y-a}{x}=\frac{120-58}{9}=6.89（元／千机器小时）$$

这样在 a 和 b 值已知的情况下，将维修成本的公式确定为：

$$y=58+6.89x$$

相较于高低点法，散点图法的核心优势在于其能够全面纳入所有已知历史成本数据进行分析，避免了仅依赖两个极端值可能导致的偶然性误差，从而使计算结果更精确。此外，散点图法通过图形直观展示成本性态，使理解和应用更便捷。然而，值得注意的是，尽管散点图法可通过目测描绘出成本平均变动趋势的直线，但这种方法仍包含一定的主观判断，因此在精确度方面可能存在一定的局限性。

（3）回归直线法。回归直线法是根据过去一定期间的业务量（x）和混合成本（y）的历史资料，应用最小平方法原理，得到最能代表 x 与 y 关系的回归直线，借以确定混合成本中固定成本和变动成本的一种成本分解方法。

回归直线法的基本原理为：先按散点图法把过去某一期间的混合成本历史数据，逐一在坐标图上标明；然后通过目测，在各成本点之间画一条能反映 x 与 y 关系的平均变动趋势直线。但如前所述，画这种直线时，往往会因人而异，难以确定哪条较为准确。从数学的观点来看，选用全部观测数据（成本点）的误差平方和最小的直线最为准确，这条直线在数理统计中被称为回归直线。正因为这种方法要求使所有成本点的误差平方和达到最小值，故其也被称最小平方法。

回归直线法运用于混合成本的分解,通常只需要采用以下简便方法。

假设混合成本的直线方程式为:

$$y = a + bx$$

式中:y——混合成本总额;

x——业务量;

a——混合成本中的固定成本;

b——混合成本中的单位变动成本。

根据上述混合成本的基本方程式及实际所采用的一组 n 个观测值,即可建立回归直线的联立方程式。

先把上述基本方程式用 n 个观测值的和的形式来反映,得:

$$\sum y = na + b\sum x \qquad\qquad 式(2\text{-}1)$$

再将式(2-1)的左右双方各项用业务量(x)加权,得:

$$\sum(xy) = a\sum x + b\sum x^2 \qquad\qquad 式(2\text{-}2)$$

将式(2-1)、式(2-2)联立方程组,即得:

$$b = \frac{n\sum(xy) - \sum x\sum y}{n\sum x^2 - (\sum x)^2} \qquad\qquad 式(2\text{-}3)$$

把式(2-1)移项化简,即得:

$$a = \frac{\sum y - b\sum x}{n} \qquad\qquad 式(2\text{-}4)$$

根据式(2-3)和式(2-4),将有关数据代入,先求 b,后求 a,最终将混合成本分解为固定成本和变动成本。

例 2-5

根据例 2-3 的资料,现采用回归直线法加以分解。

首先,对该公司汽车生产线 20×5 年 1~6 月的维修成本历史数据进行加工,x 代表业务量,y 代表维修成本,得到为求出 a 和 b 的值所需要的有关数据,如表 2-5 所示。

表 2-5　回归直线法有关数据

月份	业务量 x (千机器/小时)	维修成本 y (元)	xy	x^2
1	6	110	660	36
2	8	115	920	64
3	4	85	340	16
4	7	105	735	49
5	9	120	1 080	81

月份	业务量 x （千机器/小时）	维修成本 y （元）	xy	x^2
6	5	100	500	25
n＝6	$\sum x = 39$	$\sum y = 635$	$\sum (xy) = 4\,235$	$\sum x^2 = 271$

其次，将表 2-5 最后一行的合计数代入式（4）和式（3），分别确定 b 和 a 的值：

$$b = \frac{n \sum (xy) - \sum x \sum y}{n \sum x^2 - \left(\sum x\right)^2} = \frac{6 \times 4\,235 - 39 \times 635}{6 \times 271 - 39^2} \approx 6.14 (元/千机器小时)$$

$$a = \frac{\sum y - b \sum x}{n} = \frac{635 - 6.14 \times 39}{6} \approx 65.92 (元)$$

最后，根据 a 和 b 的值，该公司汽车生产线维修成本的混合成本公式可确定为：

$$y = 65.92 + 6.14x$$

回归直线法利用了离差平方和最小的原理，计算结果比较准确，但计算的工作量较大。在计算机上利用应用软件，如 Excel，则可以十分方便地应用这种方法。

（4）账户分析法。账户分析法是一种成本分解手段。它通过分析不同成本、费用账户（含明细账户）的内容，直接评估这些内容与业务量之间的变化关联，以此来界定成本性态。

账户分析法的核心步骤在于，依据各成本、费用账户的具体细节，判断其属性更偏向于固定成本还是变动成本，并据此直接归类。

举例来说，若"管理费用"账户中的各项开支在正常生产范围内与产量变动无显著关联，则这些费用通常被视为固定成本。同样地，"制造费用"账户中的车间管理办公费、按固定折旧年限计提的设备折旧费等，尽管与产量的关系相较于管理费用略为紧密，但其基本特性仍符合固定成本，因此其也应归类为固定成本。而"制造费用"账户中的燃料、动力费及维修费等，尽管它们与产量的变动关系不像直接材料那样严格成正比，但其开支额与产量变动之间有明显的相关性，故可被视为变动成本。

例 2-6

某酒业生产制造公司的车间 12 月成本数据如表 2-6 所示。

表 2-6　某酒业生产制造公司的车间 12 月成本数据

项目	总成本（元）
生产成本——直接材料	170 000
——直接人工	10 000
制造费用——燃料、动力	20 000
——修理费	2 000
——工资	6 000
——折旧费	10 000
——办公费	2 000
合计	220 000

如果该酒业生产制造公司的车间只生产单一品种酒类,那么12月发生的220 000元费用将全部构成该产品的成本。如果该车间生产多品种酒类,而且上述属于共同费用性质的数据是在合理分配基础上得到的,则有关成本的分解过程如表2-7所示。

表2-7　成本分解过程

项目	总成本(元)	固定成本(元)	变动成本(元)
生产成本——直接材料	170 000		170 000
——直接人工	10 000		10 000
制造费用——燃料、动力	20 000		20 000
——修理费	2 000		2 000
——工资	6 000		6 000
——折旧费	10 000	10 000	
——办公费	2 000	2 000	
合计	220 000	12 000	208 000

表2-7中成本分解的依据在于:直接材料和直接人工(归属于"生产成本"账户)通常被视为变动成本;而燃料、动力费,修理费及间接人工费,尽管不与产量严格成正比,但存在同向变动趋势,故同样被视为变动成本;相比之下,折旧费和办公费与产量变动无直接关联,因此被归类为固定成本。需注意的是,此分解过程基于特定假设:若生产工人薪酬采用计件制,直接人工即为变动成本;若采用计时制且无产量要求,则直接人工转为固定成本。类似地,当生产设备折旧非依据加工量或时间计算时,折旧费即被视作固定成本。由此可见,假设条件的差异会直接导致成本分解结果的不同。

根据表2-7,该车间的总成本被分解为固定成本和变动成本两部分,其中:

$a = 12\,000$(元)

若12月该车间生产1 000件酒,则:

$$b = \frac{208\,000}{1\,000} = 208(元/件)$$

最后,该车间的总成本公式为:

$y = 12\,000 + 208x$

账户分析法是混合成本分解的众多手段中较为简便的一种,常用于特定时间段内总成本的拆分。然而,该方法的可靠性很大程度上依赖于分析人员的专业判断,因此其结论可能存在一定的主观性和局限性,难以完全避免片面性。

(5)工程分析法。工程分析法是一种成本分解技术。它借助工业工程的研究手段,深入探究影响各成本项目数额的各项因素,并据此直接估算出固定成本和单位变动成本。

该方法的基本分解流程如下:首先,明确需要研究的成本项目;其次,对成本形成的生产过程进行细致的观察与分析;再次,确定生产过程中的最优操作方法;最后,以这一最优方法作为基准,测量并划分在标准操作下成本项目的每一项构成内容,分别界定为固定成本或变动成本。

工程分析法是一种广泛应用于成本管理与控制领域的强大工具,它特别适用于能够从客观角度进行观察、分析和精确测定的投入产出过程。这种方法不仅能够精确地测定直接材料、直接人工等典型的制造成本,还能有效地应用于仓储、运输等非制造成本的评估与管理。

在制造成本的测定方面,工程分析法通过详细分析生产流程中的各环节,能够精确地计算出每单位产品所消耗的直接材料和直接人工。例如,在机械制造行业,工程师们可以运用这种方法来测定每台机器在生产过程中所消耗的原材料数量以及所需人工工时,从而为成本控制提供准确的数据支持。

此外,工程分析法在非制造成本的测定方面也展现出巨大的潜力。仓储成本、运输成本等往往难以直接量化,但工程分析法通过分解这些成本构成的各要素,如仓储空间的占用、货物的搬运次数、运输距离等,能够实现对这些成本的精确测定。这不仅有助于企业更好地了解自身的成本结构,还能为优化仓储布局、提高运输效率等提供有力的数据支撑。

工程分析法凭借其客观、精确的特点,在成本管理与控制领域发挥着举足轻重的作用。无论是制造成本还是非制造成本,工程分析法都能够提供准确的数据支持,为企业实现成本优化和效益提升奠定坚实的基础。

2. 根据管理的需要分类

1) 机会成本

企业在制定经营决策的过程中,需要从多个可行方案中挑选出一个最优选项,这同时意味着要放弃其他次优方案。这些被舍弃的方案原本可能带来的潜在收益,即为采纳最优方案所伴随的机会成本。在决策阶段纳入机会成本的考量,有助于更全面地评估所选方案的整体经济效益,确保决策的全面性和合理性。

例如,某制造企业拥有 50 万元的资金,面临两个投资选择。第一个选择是投资快餐业,预计年收益为 3 万元。第二个选择是投资房地产,预计年收益为 10 万元。如果该企业选择投资快餐业,那么它实际上放弃了投资房地产可能带来的 10 万元年收益。在这种情况下,投资快餐业的机会成本就是所放弃的房地产投资的预期收益,即 10 万元。反之,如果企业选择投资房地产,那么它投资快餐业可能获得的 3 万元年收益就成为投资房地产的机会成本。

机会成本源于资源的多种用途选择。当资源仅限单一用途时,如公司持有的不可转让债券,其收益固定,不存在机会成本。然而,若资源具备多种用途,如可转让债券,其既能到期获取固定收益,也能提前转让以获取潜在更高收益,此时机会成本便会产生。

重要的是,机会成本是放弃选项的潜在收益,并非实际发生的费用,因此不纳入会计记录。但在实际经营决策中,鉴于资源的多用途性,机会成本应被视为一个至关重要的考量因素。

2) 边际成本

边际成本是指在一定产量水平下,增加或减少一个单位产量所引起成本总额的变动数。边际成本可以理解为一个理性的生产商在扩大生产量时所面临的实际增加的开支。边际成本是一个指标,可以用来反映生产增加相关因素对全部生产费用的影响,其可作为生产商做出成本和收益分配决策的重要参考。它可以确定生产多少才能带来最低的总成本,也可以帮助生产商在特定市场中获取最大收益。

例 2-7

假设一家制造企业生产某种产品,其生产流程包括原材料采购、生产加工、质量检测等多个环节。目前,该企业已经生产了 1 000 个单位的产品,并计划再增加生产 100 个单位的产品。在生产这额外的 100 个单位的产品时,企业需要支付额外的原材料费用、加工费用、质量检测费用等。这些新增的费用就是边际成本。

具体来说，原材料费用：假设每个单位产品需要消耗 10 元的原材料，那么生产 100 个单位产品就需要额外支付 1 000 元的原材料费用。加工费用：由于生产规模的扩大，企业可能需要增加生产线上的工人数量或延长生产时间，这将导致额外的加工费用。假设每个单位产品的加工费用为 5 元，那么生产 100 个单位产品就需要额外支付 500 元的加工费用。质量检测费用：随着生产量的增加，企业需要投入更多的资源进行质量检测，以确保产品质量。假设每个单位产品的质量检测费用为 1 元，那么生产 100 个单位产品就需要额外支付 100 元的质量检测费用。

将上述各项费用相加，得到生产 100 个额外单位产品的边际成本为 1 600 元（1 000＋500＋100）。

边际成本反映了产量变化对总成本的影响。当产量增加时，边际成本可能会先递减后递增。这主要是由规模经济效应和生产成本的变化所致。在产量较小时，由于生产设备未得到充分利用，边际成本可能较高。随着产量的增加，生产设备的利用率提高，边际成本逐渐降低。当产量增加到一定程度时，由于生产设备的容量限制、员工拥挤等因素，边际成本开始递增。边际成本曲线通常向右上方倾斜，表示随着产量的增加，边际成本递增。

3）差量成本

差量成本是指两个备选方案的预期成本之间的差异数，也称差别成本或差额成本。

差量成本是管理会计中研究短期决策时常用的一种分析方法，可供选择的不同方案之间的成本差额称为差量成本或差别成本。差量成本是一个备选方案的预期成本与另一个备选方案的预期成本的差额。如果差量收入大于差量成本，即差量损益为正数，则前一个方案是较优的；反之，如果差量收入小于差量成本，即差量损益为负数，则后一个方案是较优的。

例 2-8

某制造企业面临生产决策，需要在生产产品甲和产品乙之间做出选择。产品甲和产品乙的市场需求、销售价格、单位变动成本和预期销量等有关数据如表 2-8 所示。企业的固定成本在两种产品之间分摊，且保持不变，为 20 000 元。

表 2-8　产品甲和产品乙有关数据

金额单位：元

产品	销售价格	单位变动成本	预期销量（件）
甲	150	100	1 000
乙	120	80	800

首先，计算差量收入：

差量收入＝产品甲的销售价格×产品甲的预期销量－产品乙的销售价格×产品乙的预期销量

　　　　＝150×1 000－120×800

　　　　＝54 000（元）

其次，计算差量变动成本：

差量变动成本＝产品甲的单位变动成本×产品甲的预期销量－产品乙的单位变动成本

$×$产品乙的预期销量

$=100×1\,000-80×800$

$=36\,000$（元）

最后，计算差量损益：

差量损益＝差量收入－差量变动成本－固定成本分摊差异

$=54\,000-36\,000-0$

$=18\,000$（元）

生产产品甲相较于产品乙的差量损益为正数（18\,000 元），因此企业选择生产产品甲将能够获得更多的利润。这展示了差量成本分析在帮助企业做出生产决策中的重要作用。

差量成本的概念在多种经营决策中发挥着重要作用，不仅限于基本的生产决策，还广泛应用于诸如是否接受额外订单、闲置机器设备的处置方式（如出租或出售）等复杂情境。具体来说，差量成本是通过计算单位变动成本乘以增加的产量，再加上因增产而额外产生的全部固定成本来确定的。这一过程不仅考虑了因产量增加而导致的直接变动成本上升，还涵盖了可能因生产规模扩大而必须承担的额外固定费用，如设备维护、租金或人员成本等。

在得出差量成本的具体数额后，企业通常会将这一数据与通过增产可能获得的额外收入进行对比分析。这种对比有助于决策者全面评估增产决策的经济效果，即增产所带来的收益是否能够覆盖并超过由此产生的额外成本。如果差量收入（增产带来的额外收入）高于差量成本，那么这一增产决策在财务上通常是可行的；反之，则可能需要重新考虑。

此外，差量成本分析还鼓励企业从更广泛的角度审视经营决策，不仅关注直接的成本和收益，还应考虑因决策变化而可能引发的其他连锁反应，如客户满意度、市场份额以及长期竞争态势等。因此，差量成本不仅是一个简单的成本计算工具，更是企业制定灵活、高效经营策略的重要参考依据。

4）沉没成本与付现成本

沉没成本是指已经发生或承诺、无法回收的成本支出，如因失误而造成的不可收回的投资。

企业应当尽量避免决策失误，减少沉没成本。这有利于规避企业投资风险，有助于保障企业交易的稳定性和可靠性，为企业提供合适的经营环境。在经济学和商业决策制定过程中会用到沉没成本的概念，用于代指已经付出且不可收回的成本。沉没成本常用来与可变成本作比较，可变成本可以被改变，而沉没成本则不能被改变。在微观经济学理论中，做决策时仅需要考虑可变成本。如果同时考虑到沉没成本，则结论就不是纯粹基于事物的价值做出的。有时候沉没成本只是价格的一部分。原价和卖出价之间的差价是沉没成本。而且在这种情况下，沉没成本随时间而改变，大多数经济学家们认为，如果属于理性的人，就不该在做决策时考虑沉没成本。

假如某制造企业在过去购置了一台价值高昂的生产设备，这笔支出已经作为固定资产记录在企业的会计账簿中。然而，由于市场需求的变化和技术的进步，这台设备现在已经过时，无法再为企业带来预期的经济效益。尽管这台设备仍然具有一定的账面价值，但企业在做出是否继续使用该设备或进行更新换代的决策时，需要考虑的是这台设备的未来经济效益，而不是其过去的购置成本。

在这个例子中，已经发生的设备购置成本就是沉没成本。该成本已经支出，并且无法再通过任何方式回收。因此，在会计决策中，应该排除该沉没成本，专注于评估未来可能的收益和成本。

付现成本也称"现金支出成本",是指由未来某项决策所引起的需要在将来动用现金支付的成本。当企业资金紧张,又无应收账款可以收回,而向市场上筹措资金比较困难或借款利率较高时,企业面临如何以较低的成本进行采购的决策。决策者在此类决策分析过程中对"付现成本"的考虑,往往会比"总成本"的考虑更为重视,并会选择"付现成本"最小的方案来代替"总成本"最低的方案。非付现成本是指企业在经营期不以现金支付的成本费用。

例 2-9

某企业为了扩大生产规模,决定购买一台新设备。这台设备的总价款为 10 万元。企业有以下两种支付方案。

方案一:立即支付全部 10 万元款项。在这种情况下,企业需要动用大量现金来支付这笔费用,这笔 10 万元的支出就是付现成本。

方案二:分期付款,先支付 2 万元定金,余款在接下来的 12 个月内按月支付,每月支付一定金额。在这种情况下,企业首次支付的 2 万元定金是付现成本,而后续的分期付款则不属于付现成本,因为它们不是在购买设备时立即支付的。

从付现成本的角度来看,方案一的付现成本更高,因为它要求企业一次性支付全部款项。而方案二的付现成本较低,因为它允许企业分期支付,从而减轻了企业的现金流压力。

5)相关成本与无关成本

企业在制定经营决策时,会面临多种方案,这些方案所牵涉的成本有的与决策结果紧密相关,有的则毫无关联。

相关成本是指能够影响决策结果的各种成本形式,包括差量成本、机会成本、边际成本、付现成本、专属成本和可选择成本等。这些成本类型能够直接反映不同决策方案的经济效果差异,因此是决策过程中必须考虑的重要因素。

相对而言,无关成本是指对决策结果不产生影响的成本。这类成本通常已经发生,或者无论决策结果如何都不会改变,因此在决策过程中无须考虑。典型的无关成本包括沉没成本、联合成本和约束性成本等。沉没成本是指已经发生且无法回收的成本,联合成本是指与多种产品或服务共同相关的成本,而约束性成本是指企业为维持正常运营而必须支付的成本,它们均不会因特定决策的改变而有所变动。

6)专属成本与联合成本

专属成本是指能够清晰界定并直接归属于企业特定产品或部门的固定成本。这类成本的存在与特定产品或部门的运营直接相关,若无这些产品或部门,则不会产生相应的成本。例如,专为生产某一特定产品而购置的设备的折旧费用及保险费,即属于专属成本范畴,它们与该产品紧密相关。

相比之下,联合成本则是为生产多种产品或服务于多个部门而产生的,需由这些产品或部门共同分摊的成本。在企业生产流程中,诸如共享设备的折旧费或辅助车间的运营成本等,均属于联合成本。这些成本并非特定于某一产品或部门,而是由多个受益方共同承担。

在制定决策时,专属成本因其与特定方案或产品的直接关联性,成为必须考虑的关键因素。而联合成本,由于其分摊性质及对决策结果的非直接影响,通常被视为与决策无关的成本,因此在决策过程中可不予特别考虑。

7) 可选择成本与约束性成本

企业管理者能够自主决定是否发生的固定成本,被归类为可选择成本。这类成本涵盖广告费、培训费用(包括职工培训费)、管理人员奖金和研发支出等,它们的支出与否及支出额度,通常由企业管理层根据经营策略和需求来决定。

约束性成本是指企业经营活动中必须承担的,且难以轻易调整的固定成本。这类成本包括厂房和设备的折旧费、不动产相关的税金与保险费,以及管理人员的基本薪金等。这些成本是企业维持正常运营所必需的,且其数额相对稳定,不易受管理层短期决策的影响。

一般而言,可选择成本与特定决策紧密相关,因此被视为相关成本,在决策制定时需予以充分考虑。而约束性成本则因与企业整体运营紧密绑定,且不易改变,故通常被视为与特定决策无直接关联的无关成本,在决策过程中可能不需要特别关注其变动。

3. 根据成本可控性分类

成本依据责任中心的可控性可划分为可控成本与不可控成本。可控成本是指能被特定责任中心或责任人有效管理和控制的费用。通常,一个成本若被视为可控,需满足三项标准:首先,责任中心或责任人需能预先知晓即将产生的成本;其次,这些成本能够被准确计量;最后,责任中心或责任人能通过采取相应措施调节和控制这些成本。若成本无法同时满足上述条件,则通常被视为不可控成本。

值得注意的是,成本的可控性并非绝对,而是相对的概念,它受到多种因素的影响:①管理层级。在企业整体层面,几乎所有成本均可视为可控。然而,在企业内部各部门、车间等更低层级,则存在既有可控成本也有不可控成本的情况。②管理权限。对某一层级较高的责任中心而言可控的成本,在其下属的低层级责任中心可能被视为不可控。反之,低层级责任中心的可控成本,对其所属的更高层级责任中心而言,同样属于可控成本。③控制范围。某一责任中心可控的成本,对其他责任中心而言可能不可控。例如,材料购买价格对采购部门可控,但对生产或销售部门则可能不可控。

这种分类对于评估责任中心的工作成效至关重要。

📋 思政小课堂

成本是经济政策的"底层变量"

成本是经济活动的"基因密码",其概念与分类的演进始终与国家发展理念同频共振。从计划经济时代的"成本即消耗"到数字经济时代的"成本即资源价值映射",成本管理会计需以"国家战略解码器"的自觉,将成本的核算、分类与控制深度嵌入"双循环"新发展格局、"双碳"战略与"共同富裕"目标。成本管理会计人通过国家政策与企业实践的融合,诠释了自身的使命担当与价值追求。

我国《政府工作报告》明确提出"推动制造业高端化、智能化、绿色化发展",这一战略的落地需以成本分类为"标尺"。在新能源汽车补贴政策中,国家将动力电池全生命周期成本(LCC)纳入考核体系,要求企业申报车型需满足"电池回收成本占比≥5%""单位能量密度成本下降≥8%/年"等量化指标。比亚迪通过作业成本法(ABC)拆解电池生产、梯次利用、再生回收全流程成本,其刀片电池凭借单位 Wh 成本下降 42% 与碳足迹成本降低 35%,成为全球首个通过欧盟《新电池法》碳关税认证的中国品牌。这一实践证明,成本管理会计人需以"政策翻译官"的角色,将国家产业政策转化为可计量、可追踪、可考核的成本管控指标。

在"共同富裕"目标下,成本分类需突破企业边界,关注外部性成本的显性化。《关于加快建设全国统一大市场的意见》要求"完善垄断行业成本监审制度"。国家发改委对电网企业实施"准许成本+合理收益"定价机制,将输电损耗、设备折旧等成本按区域人口密度、负荷密度重新分类,推动东部地区向西部新能源基地支付"绿色电力输送成本补偿",使西部地区每度电收益提升 0.03 元,惠及千万牧民。这一案例揭示,成本管理会计人需以"社会成本工程师"的视角,在成本核算中纳入区域协调、城乡均衡等国家战略考量,让成本分类成为缩小贫富差距的"隐形推手"。

思考题

1. 就成本概念而言,为什么可以有不同的成本概念?
2. 成本的作用是什么?
3. 什么是固定成本?固定成本包括什么?
4. 根据成本可控性,要如何将成本分类?
5. 举例说明账户分析法的核心是什么。
6. 什么是可选择成本与约束性成本?两者各有什么特征?

练习题

1. 某企业生产甲产品,当年下半年各月的机器工作小时和制造费用资料如下表所示。

月份	7 月	8 月	9 月	10 月	11 月	12 月
机器工作小时(小时)	1 200	1 300	1 100	1 400	1 500	1 600
制造费用(元)	10 000	10 500	9 500	11 000	11 500	12 000

要求:

(1) 采用高低点法将制造费用分解为变动成本和固定成本,并写出成本性态模型。

(2) 若该企业次年 1 月份机器工作小时预计为 1 700 小时,预测 1 月份的制造费用。

2. 已知:某企业业务量和总成本资料如下表所示。

月份	1 月	2 月	3 月	4 月	5 月	6 月	7 月	8 月
指标产量(件)	18	20	19	16	22	25	28	21
总成本(元)	6 000	6 600	6 500	5 200	7 000	7 900	8 200	6 800

要求:用回归直线法进行成本性态分析。

本章练习题

第3章 成本费用的归集与分配

学习目标 ///

1. 理解生产费用在各成本计算对象间归集和分配的方法。
2. 理解辅助生产费用、制造费用、废品损失的归集和分配方法。
3. 掌握生产费用在完工产品和在产品之间进行分配的方法。
4. 理解并能够运用约当产量法、定额比例法等分配方法。

第1节 材料费用的归集与分配

生产过程中的劳动对象就是材料。对于生产过程中发生的材料费用,应先按其发生的地点和用途进行归集,随后采取合适方式进行分配。因此,材料费用的核算涵盖了材料费用的归集和分配。

3.1.1 材料费用的归集

材料费用的归集是进行材料费用分配的基础和前提,需要做好以下几个方面的工作。

1. 材料的分类

在生产流程中,直接从大自然获取的劳动对象(如各类矿石、原生棉花等)通常被称作原料;而已经历工业加工的物品作为劳动对象(如各种钢材等)则通常被定义为材料。在实际作业场合,两者有时会被合并统称为"原材料"。鉴于企业在实际操作中使用的材料种类繁多,因此,一般依据材料的用途将其划分为几个主要类别。

(1)原料及主要材料。原料及主要材料是指经过加工后能构成产品主体的基础物质,如炼铁行业中使用的矿石、纺织行业中应用的原棉和棉纱等。

(2)辅助材料。辅助材料是指在生产过程中虽不直接构成产品主体,但发挥辅助功能的各类物资。它们有的与主要产品成分结合以完成产品制造,如染料和油漆;有的则用于维护生产设备或工具,如润滑油和防锈剂,起到润滑和保护作用;有的则旨在保障劳动过程的顺利进行,如清洁工具和照明设备等。

（3）燃料。燃料是指生产过程中用来燃烧发热的各种材料，包括固体燃料、液体燃料和气体燃料，如煤、油、天然气等。燃料有的直接用于工艺技术过程，如铸造车间用的燃料；有的用于生产动力，如发电车间的燃料；有的用于一般用途，如取暖用的燃料等。

（4）修理用备件。修理用备件是指修理本企业机器设备和运输工具所专用的各种备品备件，如齿轮、轴承、阀门、轮胎等。而修理用的一般零件属于辅助材料。

（5）包装物。包装物是指为包装本企业产品，随同产品一起出售或者在销售产品时租给、借给购货单位使用的各种包装物品，如桶、瓶、坛、袋等包装容器。各种包装用材料，如纸张、绳子、铁丝等，不属于包装物，而应列入辅助材料。

（6）低值易耗品。低值易耗品是指价值低于规定限额或使用寿命不足一年的非固定资产物品，包括工具、管理工具、劳动保护装备等。这些材料还可根据其性质、技术特点及规格等进一步细分，以满足物品管理和会计核算的实际需求。

2. 材料费用归集的基础工作

（1）购入材料成本的确定。正确确定购入材料的成本是正确计算产品成本中材料成本的前提。材料费用的核算会受到企业所采用的材料计价方式的影响。具体而言，小型企业因材料种类少且交易不频繁，通常可按实际成本计价；而规模较大、材料种类繁多且交易频繁的企业，更适合采用计划成本计价方法管理材料。

（2）材料的领用凭证及其控制。在企业生产流程中，由于领用材料的种类与数量众多，为确保各责任单位的职责明确，促进材料费用的合理分配及持续降低材料消耗，企业必须严格执行材料的收发管理流程。这一流程要求所有材料的收发操作均需经过相关人员的审核签字，以确保手续完备、责任到人。

企业在领用材料时，常用的原始凭证有领料单、限额领料单及领料登记表等。车间或部门需根据实际需求及材料领用的具体情况，灵活选择适合的领料凭证类型。至月末，财务部门需汇总所有领料凭证，按车间、部门进行分类，细致计算出各单位的材料消耗量及对应金额。这一步骤完成后，通过精心编制材料费用分配表，实现对材料费用的精确核算与合理分配。

3. 消耗材料的计量

依据材料发出的相关单据，会计人员将相应的材料费用计入特定的成本计算对象。至于库存材料的数量管理，企业可以选择采用永续盘存制或实地盘存制这两种会计处理方法来进行核算。

4. 发出材料成本的确定

在材料按预定成本计价体系下，针对已发放的材料，其成本差异应及时在相应的出库凭证上予以体现。至于期末库存材料，则需在资产负债表上按照实际成本进行展示。对于采用实际成本进行日常材料核算的企业，可以通过诸如先进先出法、月末加权平均法、移动加权平均法和个别计价法等多种方式计算并确定发出材料的实际成本。值得注意的是，针对不同类型的材料，可以选择适用不同的计价方法。而一旦选定了某种材料计价方法，原则上不应当轻易做出更改。

3.1.2 材料费用的分配

在产品制造过程中，直接参与产品生产、构成产品实体的主要原材料，如冶炼所需的矿石、纺织所用的原棉以及机械制造中的钢材等,通常按照产品种类进行领取,并视其为直接费用。这类费用会依据领料凭证直接记录到对应产品基本生产成本明细账的"直接材料"成本项目中。然而,当存在多种产品共同使用某些材料,且无法明确区分每种产品具体消耗量时,则需要采取合理的方法进行分配,之后再将这些分配后的费用计入相关基本生产成本明细账的"直接材料"成本项目中。

针对多种产品共同耗用的材料费用,分配标准的选择至关重要。常见的分配标准包括产品重量、体积、产量,以及材料的定额消耗量比例或定额成本比例等。企业应当根据实际情况,选择与材料消耗密切相关且易于获取的因素作为分配标准,以确保分配的准确性和合理性。共耗材料费用的分配通常基于所选标准进行计算,以确保费用能够公平、准确地分摊至各相关产品。其计算公式如下:

$$共耗材料费用分配率 = \frac{生产车间共耗材料费用总额}{各种产品共耗材料费用分配标准之和}$$

某种产品应分配的原材料＝该种产品分配标准数额×共耗材料费用分配率

一般情况下,企业对各种产品都要制定材料消耗定额,因此通常采用定额耗用量比例法和定额成本法分配费用。下面通过例题说明采用这一方法的具体分配过程。

例 3-1

某企业车间生产领用原材料 300 千克,单价为 60 元,生产甲产品 300 件,乙产品 200件。甲产品单位消耗定额为 1 千克,乙产品单位消耗定额为 1.5 千克。采用定额耗用量比例法分配原材料费用。

$$共耗材料费用分配率 = \frac{300 \times 60}{300 \times 1 + 200 \times 1.5} = 30(元/千克)$$

甲产品应负担材料费用＝300×1×30＝9 000(元)

乙产品应负担材料费用＝200×1.5×30＝9 000(元)

例 3-2

某企业生产甲、乙两种产品,共同领用 A、B 两种主要材料,实际费用共计 61 560 元。本月生产甲产品 150 件,乙产品 120 件。甲产品单位材料消耗定额:A 材料 3 千克,B 材料 4 千克;乙产品单位材料消耗定额:A 材料 4.5 千克,B 材料 2.5 千克。A 材料单价为 10 元,B 材料单价为 8 元。采用定额成本法分配原材料费用。

甲产品材料定额成本＝150×3×10+150×4×8＝9 300(元)

乙产品材料定额成本＝120×4.5×10+120×2.5×8＝7 800(元)

$$共耗材料费用分配率 = \frac{61\ 560}{9\ 300 + 7\ 800} = 3.6(元/千克)$$

甲产品应负担材料费用＝9 300×3.6＝33 480(元)

乙产品应负担材料费用＝7 800×3.6＝28 080(元)

3.1.3　材料费用分配表的编制

材料费用的合理分配是通过精心编制材料费用分配表来实现的,这一过程确保了资源使用的透明性和准确性。材料费用分配表的编制基础,主要依赖于经过细致归类的领料凭证和其他相关的财务和业务资料,这些资料会根据不同的车间、部门和材料类别进行细致划分。

在会计分录方面,基本生产车间所消耗的直接材料会被记入"基本生产成本"账户,而辅助生产车间所消耗的直接材料则会被记入"辅助生产成本"账户。对于车间和部门所使用的间接材料,它们会被记入"制造费用"账户。此外,管理部门和销售部门所使用的材料则分别记入"管理费用"账户和"销售费用"账户。所有这些费用的贷记方都会指向"原材料"账户,从而确保了财务数据的平衡和准确性。

值得注意的是,材料费用分配表的编制还需要考虑企业日常材料核算所采用的是实际成本还是计划成本。根据核算方式的不同,材料费用分配表的编制也会有所区别。

当企业采用实际成本进行材料核算时,材料费用分配表会根据领料凭证上的实际成本进行加总并填入表中。这种方式能够直接反映材料使用的真实成本,有助于企业更准确地了解生产成本和盈利状况。而当企业采用计划成本进行材料核算时,材料费用分配表的编制就会更加复杂。此时,表中需要分别列出计划成本、成本差异和实际成本三栏。计划成本反映企业对材料成本的预期,成本差异反映实际成本与计划成本之间的偏差,实际成本则是企业实际支付的材料费用。通过这三栏的列示,企业可以更全面地了解材料成本的情况,并进行更有效的成本控制和预算管理。

1. 材料按实际成本编制费用分配表

材料费用分配表按实际成本编制的格式如表 3-1 所示。

表 3-1 材料费用分配表:按实际成本编制

金额单位:元

应借账户		成本项目	直接计入实际成本	分配计入实际成本			合计实际成本
				分配标准(千克)	分配率(元/千克)	金额	
基本生产成本	甲产品	直接材料	12 000	18 600		27 900	39 900
	乙产品	直接材料	6 000	15 600		23 400	29 400
	小计		18 000	34 200	1.5	51 300	69 300
辅助生产成本	机修车间	材料费				4 100	4 100
	运输车间	材料费				800	800
	小计					4 900	4 900
制造费用		机物料	2 700				2 700
管理费用		材料费				5 500	5 500
销售费用		材料费				4 100	4 100
合计			20 700			65 800	86 500

甲、乙产品需要分配计入的实际成本为 51 300 元,按甲、乙产品的实际消耗量比例进行分配,其中:甲产品的实际消耗量为 18 600 千克,乙产品的实际消耗量为 15 600 千克。

根据表 3-1 编制会计分录如下。

```
借：基本生产成本——甲产品                                    39 900
            ——乙产品                                    29 400
    辅助生产成本——机修车间                                 4 100
            ——运输车间                                    800
    制造费用                                              2 700
    管理费用                                              5 500
    销售费用                                              4 100
    贷：原材料                                                       86 500
```

2. 材料按计划成本编制费用分配表

材料费用分配表按计划成本编制的格式如表 3-2 所示。

表 3-2　材料费用分配表：按计划成本编制

金额单位：元

应借账户		成本项目	直接计入计划成本	分配计入计划成本			合计计划成本	成本差异（差异率 1%）	实际成本
				分配标准（千克）	分配率（元/千克）	金额			
基本生产成本	甲产品	直接材料	10 000	18 000		21 600	31 600	316	31 916
	乙产品	直接材料	5 000	13 600		16 320	21 320	213.2	21 533.2
	小计		15 000	31 600	1.2	37 920	52 920	529.2	53 449.2
辅助生产成本	机修车间	材料费				4 000	4 000	40	4 040
	运输车间	材料费				500	500	5	505
	小计					4 500	4 500	45	4 545
制造费用		机物料	2 000				2 000	20	2 020
管理费用		材料费				5 000	5 000	50	5 050
销售费用		材料费				4 400	4 400	44	4 444
合计			17 000			51 820	68 820	688.2	69 508.2

甲、乙产品需要分配计入的计划成本为 37 920 元，按甲、乙产品的定额消耗量比例进行分配，其中：甲产品的定额消耗量为 18 000 千克，乙产品的定额消耗量为 13 600 千克。

根据表 3-2 编制会计分录如下。

```
借：基本生产成本——甲产品                                    31 916
            ——乙产品                                    21 533.2
    辅助生产成本——机修车间                                 4 040
            ——运输车间                                    505
    制造费用                                              2 020
    管理费用                                              5 050
    销售费用                                              4 444
    贷：原材料                                                       68 820
        材料成本差异                                                  688.2
```

第 2 节　人工费用的归集与分配

3.2.1　人工费用的归集

人工费用是指企业在一定时期内支付给本单位职工的劳动报酬,包括计时工资、计件工资、奖金、津贴、补贴和福利费用。

在薪酬管理中,企业通常采用"后发薪"制度,即根据员工的实际劳动贡献预先核算应支付的工资金额,随后再进行实际发放。因此,人工费用的归集主要通过"应付职工薪酬"账户的贷方体现。企业核算应付工资时,必须依据合法有效的工资结算凭证,其中常见的凭证形式包括工资结算单和工资结算汇总表。

(1)工资结算单。在薪酬核算过程中,企业通常按月以车间或部门为单位编制工资结算单。该单据需根据职工的不同类别,清晰列示企业应支付给每位员工的工资金额。除了基本工资,工资结算单还可用于汇总企业发放的其他非工资性款项,如交通补贴、防暑降温费等福利费用。同时,企业从职工工资中代扣或代付的款项,如已垫付的费用或其他应扣项目,也需在结算单中详细列明。通过工资结算单,企业能够全面反映每位职工的应发工资、额外补贴及应扣款项,确保薪酬核算的准确性和透明度。具体的工资结算单格式如表 3-3 所示。

表 3-3　工资结算单

车间或部门:行政管理部门　　　　　　　　　　　　　　　　　　　　　　　　　　　　　　　单位:元

姓名	月份	岗位工资	薪级工资	保留津贴	交通补贴	卫生补贴	公积金	房贴	基础绩效	物业补贴	应发合计	扣公积金	失业保险	医疗保险	养老保险	职业年金	工会费	个人所得税	实发工资
王丽	6	2 650	2 475	56	220	20	1 800	230	3 081	200	10 732	3 600	23	153	899	450	26	12	5 569

(2)工资结算汇总表。工资结算汇总表是全面反映工资结算情况的重要工具,同时也是进行总分类核算和工资费用汇总的核心依据。为了系统性地归集和分配工资费用,企业需要按照车间、部门及工资的具体用途对各项薪酬数据进行分类汇总。通过这种方式,工资结算汇总表不仅能够清晰地展示工资费用的分布结构,还能为后续费用分配提供可靠的数据支持。此外,该汇总表还涵盖了各类薪酬项目,包括基本工资、津贴和补贴以及代扣代缴款项等,确保核算内容的完整性和准确性。工资结算汇总表的标准格式如表 3-4 所示,其结构化的设计有助于提升核算效率,并为企业的成本控制和财务分析提供有力支持。

表 3-4　工资结算汇总表

企业名称：××企业　　　　　　　　　20×5 年 7 月　　　　　　　　　　　单位：元

部门		应付计时工资	工资性津贴和补贴		奖金	计件工资	应付工资合计	非工资性津贴		代扣款项		实发工资
			岗位津贴	副食补贴				车贴	房贴	住房公积金	养老保险金	
基本生产车间	生产工人	63 000	2 200	4 100	3 200	13 000	85 500	3 000	360	1 200	3 200	84 460
	管理人员	1 200		3 100	300		4 600	120	200	110	650	4 160
机修车间	生产工人	26 500	2 100	5 800	1 450		35 850	160	100	400	2 100	33 610
	管理人员	750		200	200		1 150	100	210	120	420	920
运输车间	生产工人	7 500	450	1 500	100		9 550	2 000	400	380	160	11 410
	管理人员	3 300	450	1 200	50		5 000	300	210	200	850	4 460
行政管理部门		11 500		2 100	150		13 750	1 000	100	70	480	14 300
工程部门		1 200		400	450		2 050	800	160	60	120	2 830
销售部门		1 300		350	300		1 950	300	200	60	110	2 280
合计		116 250	5 200	18 750	6 000	13 000	159 400	7 780	1 940	2 600	8 090	158 430

3.2.2　人工费用的分配

每月月末，企业需在汇总各部门工资数据的基础上，根据受益对象将人工费用合理分配至相应的成本费用项目。

1. 人工费用的分配对象

企业在财务管理中，需专门设立"应付职工薪酬"账户，该账户旨在全面记录并核算企业需向职工支付的各种薪酬及相关费用。为确保核算的精确性和细致性，该账户下进一步细分为多个明细账目，包括但不限于"职工工资""员工福利""社会保险费""住房公积金""工会活动经费""职工教育培训经费""非货币形式福利""离职补偿福利"和"股权激励支付"等账目。在处理工资费用核算时，企业需严格遵循《企业会计准则》，将职工薪酬根据职工所属部门的不同，合理分配至相应的成本费用账户。具体而言，基本生产车间直接从事生产工作的工人薪酬，应记入"基本生产成本"账户；而负责车间日常管理工作的管理人员薪酬，则归类于"制造费用"账户；辅助生产车间的人员薪酬，应直接记入"辅助生产成本"账户。企业行政管理部门的员工薪酬，则作为"管理费用"进行核算；销售部门的员工薪酬则相应地记入"销售费用"账户。此外，参与在建工程项目或无形资产开发的人员薪酬，应直接计入相关资产的成本中，即"建造固定资产成本"或"无形资产成本"。

2. 人工费用的分配方法

在企业基本生产车间运营中，若仅专注于单一产品的生产，那么该车间生产工人的工资费用可以直接且简便地计入基本生产成本明细账下的"直接人工"成本项目中，实现成本的直观反映。然而,当基本生产车间转为生产多种产品时,工资费用的处理就变得相对复杂。为了准确反映每种产品的成本构成,必须采取科学合理的分配方法,将生产工人的工资在各类产品间进行合理分摊。实践中,常用的分配依据包括各产品的实际工时比例或事先设定的定额工时。这两种方式可以确保工资费用根据每种产品在生产过程中所占用的时间或资源比例进行公正分配。随后,这些经过分配的工资费用将被精确计入各产品对应的基本生产成本明细账中的"直接人工"成本项目,从而为成本管理会计提供准确的数据支持。相关计算公式如下:

$$某车间小时平均工资率 = \frac{该车间生产工人工资总额}{该车间各种产品实际工时(或定额工时)}$$

该车间某种产品应分配的工资费用＝该种产品的实际工时(或定额工时)×小时平均工资率

例 3-3

某企业 7 月份的工资结算汇总表如表 3-5 所示。该表中基本生产车间生产甲、乙两种产品,其计件工资为 11 000 元,其中用于甲产品 7 500 元,用于乙产品 3 500 元。应发计时工资、工资性津贴和补贴、奖金等属于间接工资费用,需要按甲、乙产品的实际工时分配。甲产品实际耗用 7 000 工时,乙产品实际耗用 7 500 工时。计算各产品应负担的工资费用。

工资费用分配率＝72 500÷14 500＝5(元/工时)
甲产品应负担的间接工资费用＝5×7 000＝35 000(元)
乙产品应负担的间接工资费用＝5×7 500＝37 500(元)
甲产品应负担的工资费用＝7 500＋35 000＝42 500(元)
乙产品应负担的工资费用＝3 500＋37 500＝41 000(元)

3. 人工费用分配表的编制

在会计实务中,人工费用的分配是一个严谨且系统的过程,这一流程主要通过编制专门的人工费用分配表来执行。随后,依据该分配表所记录的信息,会计人员会进一步编制相应的会计分录,以确保工资费用的准确入账。具体来说,我们可以参考例 3-3 中的计算结果,并结合表 3-4 所提供的工资结算汇总表数据,来编制工资费用分配表。该分配表的格式如表 3-5 所示,其清晰地展示了工资费用在不同部门或产品间的分配情况。

表 3-5 人工费用分配表

20×5 年 7 月 金额单位:元

应借账户		成本(费用)项目	直接计入(变动费用)	间接计入(固定费用)			工资费用合计
				分配标准(工时)	分配率(元/工时)	金额	
基本生产成本	甲产品	直接人工	7 500	7 000		35 000	42 500
	乙产品	直接人工	3 500	7 500		37 500	41 000
	小计		11 000	14 500	5	72 500	83 500
辅助生产成本	机修车间	人工费				35 850	35 850
	运输车间	人工费				9 550	9 550
	小计					45 400	45 400

（续表）

应借账户		成本(费用)项目	直接计入(变动费用)	间接计入(固定费用)			工资费用合计
				分配标准(工时)	分配率(元/工时)	金额	
制造费用	基本生产车间	人工费				4 600	4 600
	机修车间	人工费				1 150	1 150
	运输车间	人工费				5 000	5 000
	小计					10 750	10 750
管理费用	工资费					13 750	13 750
在建工程	工资费					2 050	2 050
销售费用	工资费					1 950	1 950
合计			11 000	14 500	5	146 400	157 400

根据表 3-5,编制会计分录如下:

```
借:基本生产成本——甲产品                            42 500
            ——乙产品                            41 000
    辅助生产成本——机修车间                          35 850
            ——运输车间                           9 550
    制造费用——基本生产车间                           4 600
        ——机修车间                             1 150
        ——运输车间                             5 000
    管理费用                                    13 750
    在建工程                                     2 050
    销售费用                                     1 950
    贷:应付职工薪酬——工资                                157 400
```

第 3 节　其他费用的归集与分配

3.3.1　燃料费用的归集与分配

在生产制造企业中,燃料被视为一种重要的材料资源,其消耗模式与原材料存在相似之处,因此在成本的归集与分配上,燃料遵循与原材料基本相同的处理方法。对于燃料费用在产品成本结构中占比较大的企业而言,根据会计核算的重要性原则,单独设立"燃料"账户是合理的,这有助于清晰地反映燃料的成本及其在不同业务环节的使用与分配情况。

在实际操作中,企业会根据燃料费用的实际发生情况,将其借记至相应的成本费用账户,如"基本生产成本——×产品(燃料与动力)""制造费用""管理费用"和"销售费用"等,同时贷记"燃料"账户,以此实现燃料的成本核算。

然而,燃料消耗量相对较少,或者出于简化会计核算流程考虑的企业,则无须单独设立"燃料"账户,可以将其作为"原材料"账户下的一个明细账户进行核算。

在燃料费用的分配方面,企业遵循直接费用直接计入、间接费用按一定标准分配计入的原则。对于基本生产车间为产品生产所消耗的燃料,企业应借记"基本生产成本——×产品(燃料与动力)"账户,贷记"原材料——燃料"账户。若企业生产多种产品,且这些产品均消耗了燃料,则需要采用合理的分配标准(如产品数量、重量、体积或产品所消耗的燃料数量等)将燃料费用准确地分配到各产品的成本中。这样的处理方式不仅确保了成本核算的准确性,还有助于企业更好地了解和控制燃料成本,为企业的成本管理决策提供有力支持。

3.3.2　动力费用的归集与分配

动力费用涵盖了企业运营中消耗的电力、热力等多种能源成本,依据其来源,可分为自制动力费用与外购动力费用两大类别。其中,自制动力费用的分配管理属于辅助生产费用分配体系的一部分,而本文的重点在于探讨外购动力费用的归集与分配机制。

1. 外购动力费用的归集

外购动力费用主要是指企业为获取外部动力资源(如电力、热力等)而支付给供应商的费用。这些费用的结算通常依据动力供应单位(如供电公司)所提供的动力计量表记录的实际使用量,以及双方协商确定的计价标准来进行。在实际操作中,企业往往采用先用后付的结算方式,即先使用动力资源,而后依据使用情况支付相应费用。在此情境下,为了遵循权责发生制和配比原则,确保成本核算的准确性和合理性,当动力供应单位的抄表日期保持稳定,且各月动力消耗量相对均衡时,企业可以选择以当月实际支付的动力费用作为基准,来进行当月动力费用的分配。这样的处理方式不仅有助于企业准确掌握动力费用的支出情况,还能为企业后续成本核算和费用管理提供有力支持,从而进一步提升企业的财务管理水平和运营效率。

2. 外购动力费用的分配

在外购动力费用的分配过程中,企业需依据实际情况采取合理的分配方法。具体而言,当企业的各车间和部门均装备有仪表,能够准确记录动力资源的耗用量时,企业应当充分利用这些仪表数据,以其所显示的耗用量作为分配标准,精确计算并分配各车间和部门应承担的动力费用。这种做法能够确保费用分配的公正性和准确性,反映各车间、部门的实际动力消耗情况。

然而,在缺乏仪表记录的情况下,企业需要依据一定的标准或比例进行费用的分配。这些标准或比例可能包括生产工时比例、机器工时比例或定额耗用量等。其中,生产工时比例是依据各车间、部门的生产工时所占总工时的比例分配动力费用;机器工时比例是根据各车间、部门使用机器设备的时间长短分配费用;定额耗用量是根据各车间、部门的生产计划和历史数据,预先设定一个合理的动力消耗定额,并以此作为分配费用的依据。分配公式如下:

$$某车间动力费用分配率 = \frac{该车间动力费用总额}{该车间各产品生产工时之和}$$

某种产品应分配的动力费用 ＝ 该产品生产工时 × 动力费用分配率

例 3-4

某企业生产车间 20×5 年 7 月外购动力款为 12 000 元,直接用于甲、乙两种产品生产。该企业以生产工时比例为标准对动力费用进行分配。其中甲、乙两种产品的生产工时分别为 12 000 小时、8 000 小时。计算甲、乙产品应负担的动力费用。

动力费用分配率＝12 000 ÷(12 000＋8 000)＝0.6(元/小时)

甲产品应负担的动力费用＝12 000×0.6＝7 200(元)

乙产品应负担的动力费用＝8 000×0.6＝4 800(元)

企业在外购动力费用分配完成后,会根据费用的具体用途进行相应的会计处理。具体而言,对于基本生产车间直接用于产品生产的外购动力费用,会计上将其借记至"基本生产成本"账户的"燃料与动力"明细项目,以准确反映这部分费用与产品生产成本的直接关联。不过,出于简化会计核算流程的考虑,部分企业可能会选择不单独设立"燃料与动力"这一成本项目,而是将动力费用与直接材料费用合并,统一借记在"基本生产成本——直接材料"项目。

此外,对于基本生产车间因生产管理和办公需要而耗用的动力费用,企业应将其借记至"制造费用"账户。而对于企业内其他单位或部门(如行政部门、销售部门等)所耗用的动力费用,则借记至"管理费用"或"销售费用"账户。对于辅助生产车间所耗用的动力费用,则应借记至"辅助生产成本"账户。与此同时,所有这些动力费用的支出,在贷记方面均统一记录在"应付账款"账户,以反映企业对外购动力费用的支付义务。

为确保外购动力费用的分配和处理准确无误,企业应在会计期末编制外购动力费用分配表。该分配表的格式如表 3-6 所示。

表 3-6　外购动力费用分配表

20×5 年 7 月　　　　　　　　　　　　　　　　　　　　　　　单位:元

借方账户		成本(费用)项目	变动费用	固定费用	合计
基本生产成本	甲产品	燃料及动力	7 500		7 500
	乙产品	燃料及动力	4 500		4 500
	小计		12 000		12 000
辅助生产成本	机修车间	电费		3 100	3 100
	运输车间	电费		2 000	2 000
	小计			5 100	5 100
制造费用		动力费		1 100	1 100
管理费用		动力费		1 400	1 400
销售费用		动力费		1 700	1 700
合计			12 000	9 300	21 300

根据表 3-6,编制会计分录如下:

借：基本生产成本——甲产品   7 500

          ——乙产品   4 500

   辅助生产成本——机修车间   3 100

           ——运输车间   2 000

   制造费用   1 100

   管理费用   1 400

   销售费用   1 700

   贷：应付账款   21 300

3.3.3 折旧费用的归集与分配

折旧费用代表固定资产因使用而逐渐损耗的价值,这部分价值会转移到产品成本中,成为产品成本的一个重要组成部分。然而,在成本核算体系中,"折旧费用"并不会作为一个独立的成本项目来设置。相反,它是根据固定资产所在的使用车间或所服务的职能部门进行核算的。

具体来说,当固定资产发生折旧时,会根据其所在车间或部门,分别借记至"制造费用""管理费用"或"销售费用"等相应的账户中。同时,在贷记方面,会相应地减少"累计折旧"账户的余额,以反映固定资产折旧的累计情况。

为了更加准确地记录和分配折旧费用,企业需要编制一份折旧费用分配表。这份表格会详细列出各车间、部门所使用的固定资产及其折旧情况,从而帮助企业更好地掌握折旧费用的分配情况。在编制折旧费用分配表的基础上,企业可以进一步编制会计分录,并据此登记有关总账及所属明细账,以确保会计核算的准确性和完整性。折旧费用分配表的格式如表 3-7 所示。

表 3-7 折旧费用分配表

20×5 年 7 月   单位:元

项目	制造费用（基本生产车间）	辅助生产成本(机修车间、运输车间)		管理费用（管理部门）	销售费用（销售部门）	合计
		机修车间	运输车间			
折旧费(固定费用)	33 100	13 600	10 500	11 500	4 600	73 300

根据表 3-7,编制会计分录如下:

借：辅助生产成本——机修车间   13 600

           ——运输车间   10 500

   制造费用   33 100

   管理费用   11 500

   销售费用   4 600

   贷：累计折旧   73 300

3.3.4　其他要素费用的归集与分配

其他费用项目构成了企业运营开支中除材料成本、燃料消耗、动力费用、员工薪资以及折旧摊销之外的广泛支出范畴。这些费用涵盖了差旅费、劳动保护开支、利息支出、税金缴纳、租赁费用等多个方面。此外,它还包括印刷费用,图书、资料、报刊及办公用品的订阅与购置费,试验与检验费,排污费,误餐补助及交通补贴,保险费和职工技术培训费等。

企业需依据相关的付款凭证、报销单据等财务资料,结合费用的实际发生车间、职能部门以及具体用途,对这些费用进行科学分类与汇总。在这一过程中,企业应编制其他费用汇总表,详细记录各项费用的发生情况,确保数据的准确性和完整性。随后,基于该汇总表,企业应进行相应的账务处理,准确登记至相关的会计科目,以全面、真实地反映企业的财务状况和经营成果。

例 3-5

某企业 20×5 年 7 月支付差旅费、办公费、运输费、广告费、租赁费等费用,根据有关支出凭证归类、汇总后编制的其他费用汇总表,如表 3-8 所示。

表 3-8　其他费用汇总表

20×5 年 7 月　　　　　　　　　　　　　　　　　　　　单位:元

应借账户	车间或部门	其他费用项目(固定费用)					合计
		办公费	差旅费	运输费	广告费	租赁费	
辅助生产成本	机修车间	3 900	1 100	550			5 550
	运输车间	2 600	1 360				3 960
	小计	6 500	2 460	550	0	0	9 510
制造费用	基本车间	4 200	1 600	420			6 220
管理费用	行政部门	680	1 100	750		1 000	3 530
销售费用	销售部门	1 700	1 750	670	1 500		5 620
合计		13 080	6 910	2 390	1 500	1 000	24 880

根据表 3-8,编制会计分录如下:

借:辅助生产成本——机修车间　　　　　　　　　　　　　　　　　　5 500
　　　　　　　　——运输车间　　　　　　　　　　　　　　　　　　3 960
　　制造费用　　　　　　　　　　　　　　　　　　　　　　　　　　6 220
　　管理费用　　　　　　　　　　　　　　　　　　　　　　　　　　3 530
　　销售费用　　　　　　　　　　　　　　　　　　　　　　　　　　5 620
　　贷:银行存款　　　　　　　　　　　　　　　　　　　　　　　 24 880

第 4 节　辅助生产费用的归集与分配

辅助生产是指为企业内部的基本生产车间、行政管理机构以及其他相关部门提供支持,所从事的产品制造与劳务提供活动。这一范畴涵盖了多种形态,既有专注于单一产品或劳务的生产供应,如电力供应、水资源供给、物流运输等,也有能够生产多样产品或提供多元化劳务的辅助生产部门,如模具制造、维修备件的加工以及机器设备的修护服务等。

值得注意的是,尽管辅助生产所提供的产品与劳务有时也会面向外部市场销售,但其核心服务对象仍是本企业内部。辅助生产的成本与效率直接关系企业整体产品成本以及期间费用的水平,对于企业的财务表现具有不可忽视的影响。

鉴于此,合理、高效且及时地组织辅助生产费用的归集与分配工作显得尤为重要。这不仅有助于企业精准掌握辅助生产的成本构成,还能有效指导企业采取针对性的节约措施,从而降低成本,提升整体运营效率。通过精细化的费用管理,企业能够更好地优化资源配置,确保辅助生产部门在满足内部需求的同时,也能保持与外部市场的竞争力,为企业的长远发展奠定坚实的基础。

3.4.1　辅助生产费用的归集

辅助生产费用的归集工作主要依赖于"辅助生产成本"账户来执行,这一账户的设置旨在精确追踪不同车间以及各类产品或劳务的成本情况。为实现这一目标,通常会在该账户下根据车间、产品或劳务的具体种类设立明细账,并进一步在明细账内按照成本项目或费用项目细分专栏,以便于细致地核算成本。

在费用记录方面,直接关系辅助生产活动或劳务提供的成本,将直接记入"辅助生产成本"账户的借方。而对于设有独立"制造费用"账户的辅助生产车间所产生的额外费用,则需首先记录在"制造费用——辅助生产车间"账户的借方。随后,这些费用将通过直接转入或按一定规则分配的方式,从"制造费用——辅助生产车间"账户的贷方转移至"辅助生产成本"账户及其对应的明细账借方,从而完成整个成本的归集过程,为计算辅助生产的产品或劳务成本提供基础数据。

值得一提的是,对于部分规模较小、制造费用相对较低,且不对外销售产品或提供劳务的辅助生产车间(部门),为了简化核算流程、提高工作效率,企业可以选择不单独设立"制造费用——辅助生产车间"明细账。在此情况下,这些车间发生的所有费用将直接记录于"辅助生产成本"账户及其明细账的借方,以此实现成本的有效归集。

综合前述内容,机修车间与运输车间的辅助生产成本明细账的格式分别如表 3-9 和表 3-10 所示。

表 3-9　机修车间辅助生产成本明细账

车间名称:机修车间　　　　　　　　20×5 年 7 月　　　　　　　　单位:元

20×5年		凭证号数	摘要	固定费用							合计	转出	余额
月	日			原材料	人工费	动力	折旧费	办公费	差旅费	运输费			
7	31	略	材料费用分配(表3-1)	4 100							4 100		
			工资费用分配(表3-5)		35 850						35 850		
			外购动力费用分配(表3-6)			3 100					3 100		
			折旧费用分配(表3-7)				13 600				13 600		
			其他费用分配(表3-8)					3 900	1 100	550	5 550		
			合计	4 100	35 850	3 100	13 600	3 900	1 100	550	62 200		
			本月转出									62 200	

表 3-10　运输车间辅助生产成本明细账

车间名称:运输车间　　　　　　　　20×5 年 7 月　　　　　　　　单位:元

20×5年		凭证号数	摘要	固定费用						合计	转出	余额
月	日			原材料	人工费	动力	折旧费	办公费	差旅费			
7	31	略	材料费用分配(表3-1)	800						800		
			工资费用分配(表3-5)		9 550					9 550		
			外购动力费用分配(表3-6)			2 000				2 000		
			折旧费用分配(表3-7)				10 500			10 500		
			其他费用分配(表3-8)					2 600	1 360	3 960		
			合计	800	9 550	2 000	10 500	2 600	1 360	26 810		
			本月转出								26 810	

3.4.2　辅助生产费用的分配

因为不同类型的辅助生产车间所生产的产品和提供的劳务种类各异,所以"辅助生产成本"账户及其明细账借方所归集的辅助生产费用的转出与分配流程也呈现出差异性。具体来说,对于工具和模具车间所生产的工具、模具以及修理用备件等产品,其成本处理方式较为直接。一旦这些产品完工并入库,相关的成本就会从"辅助生产成本"账户及其对应的明细账贷方转出,随后被记入"低值易耗品"和"原材料"账户的借方。这一流程确保了产品成本的准确记录和追踪。

而对于动力、机修和运输等车间所提供的电力、修理服务和运输服务等劳务,以及生产出的相关产品,其费用处理则相对复杂。这些费用需要在各受益单位之间进行合理的分配。这通常涉及对受益单位使用电力量、接受修理服务次数或运输服务量等具体数据的统计和分析,以确保费用的分配既公平又准确。这样的分配机制可以确保每个受益单位都承担其应分摊的费用,从而避免成本的不合理转移和累积。

1. 辅助生产费用的分配原则

辅助生产费用分配机制的核心任务在于精准地将辅助生产车间所产出的产品或提供的劳务成本,依据各受益对象实际耗用的数量,科学地记入其相应的会计账户中。这一过程的有效实施,需严格遵循以下两大基本原则。

1) 受益与负担相匹配原则

受益与负担相匹配原则,即"谁享受了辅助生产的益处,谁就应承担相应的成本"。任何从辅助生产活动中获取产品或劳务的部门,均有义务根据其受益程度承担相应的成本。对于那些能够明确辨识出受益对象的费用,应直接将其纳入对应受益对象的成本记录;而对于那些难以直接确定受益对象的费用,则需根据各部门受益的比例进行合理分配,确保"受益越大,负担越多;受益越小,负担越少"的公平原则得以贯彻。

2) 分配方法兼顾精确性与合理性原则

在选定辅助生产费用的分配方法时,应力求达到简捷性、合理性与可行性的最佳平衡。一方面,不能仅仅为了简化操作而忽视成本计算的精确性,避免因分配方法的粗糙而导致成本信息的失真;另一方面,不应过分追求成本计算的精确性,而将分配方法设计得过于复杂,以免增加不必要的管理成本,影响企业的运营效率。因此,在选择分配方法时,需要综合考虑企业实际情况、成本管理的需求以及成本效益分析的结果,力求找到一种既能保证成本计算准确性,又便于实际操作执行的分配方案。

2. 辅助生产费用的分配原理

根据辅助生产费用的分配原则,各受益部门负担的辅助生产费用可用下列公式计算:

$$\begin{matrix} \text{某部门应负担的某种} \\ \text{辅助生产产品和劳务费用} \end{matrix} = \begin{matrix} \text{某种辅助生产产品} \\ \text{和劳务的单位成本} \end{matrix} \times \text{该部门受益量}$$

为准确衡量企业内各受益部门的受益量,企业需采用科学合理的计量标准。对于可用仪表直接计量的资源消耗,以仪表读数为准;对于无法直接计量的,则根据资源特性选用适当的计量单位,如机器工时、实用工时等,以确保费用分配合理且产品成本计算准确。

3. 辅助生产费用的分配方法

辅助生产部门所提供的产品与劳务,主要面向企业的基本生产车间及管理部门,以满足其日常运营需求。然而,在实际运营中,辅助生产部门之间也常会出现相互提供服务的情况,如供电车间为修理车间供电,而修理车间则负责供电车间的设备维修工作。这种相互服务的现象引发了辅助生产部门间成本如何合理分摊的问题。

为了妥善解决这一问题,在会计实务操作中,企业通常会采用一系列科学、系统的分配方法,以确保成本分摊的公正性和准确性。这些方法主要包括直接分配法、交互分配法、计划成本分配法、代数分配法和顺序分配法等。以下对这几种分配方法进行详细阐述。

1) 直接分配法

直接分配法是一种直接且简明的成本分配策略。它忽略了辅助生产部门之间的服务交互,采取了一种更为直接的方式,即将辅助生产部门的全部实际成本直接且仅分配给辅助生产部门外的受益单位。其计算公式如下：

$$费用分配率 = \frac{待分配辅助生产费用}{辅助生产车间提供劳务总量 - 为其他辅助车间提供的劳务量}$$

$$各受益部门应负担费用 = 该受益单位耗用量 \times 费用分配率$$

例 3-6

某企业有机修和运输两个辅助生产车间，其主要为本企业基本生产车间、行政管理等部门服务，机修车间本月发生费用 29 730 元，运输车间本月发生费用 19 810 元。各辅助生产车间供应劳务数量如表 3-11 所示。

表 3-11　辅助生产车间耗用劳务数量表

20×5 年 7 月　　　　　　　　　　　　　　　　　　　　金额单位：元

摘要		机修车间	运输车间
直接费用		29 730	19 810
提供劳务量		26 000 小时	20 000 千米
受益单位及受益数量	基本生产车间	20 000 小时	14 000 千米
	机修车间	—	190 千米
	运输车间	2 216 小时	—
	行政管理部门	1 500 小时	3 000 千米
	专设销售机构	2 284 小时	2 810 千米

采用直接分配法编制的辅助生产费用分配表，如表 3-12 所示。

表 3-12　辅助生产费用分配表(直接分配法)

20×5 年 7 月　　　　　　　　　　　　　　　　　　　　金额单位：元

项目		机修车间	运输车间	合计
待分配辅助生产费用		29 730	19 810	49 540
供应辅助生产以外的劳务数量		23 784 小时	19 810 千米	—
单位成本(分配率)		1.25 元/小时	1 元/千米	—
基本生产车间	耗用数量	20 000 小时	14 000 千米	—
	分配金额	25 000	14 000	39 000
行政管理部门	耗用数量	1 500 小时	3 000 千米	—
	分配金额	1 875	3 000	4 875
专设销售机构	耗用数量	2 284 小时	2 810 千米	—
	分配金额	2 855	2 810	5 665
合计		29 730	19 810	49 540

根据表 3-12，分配过程如下：

机修车间费用分配率 = 29 730 ÷ (26 000 - 2 216) = 1.25(元/小时)

运输车间费用分配率＝19 810÷(20 000－190)＝1(元/千米)

根据表 3-12,编制会计分录如下:

借: 制造费用   39 000

    管理费用   4 875

    销售费用   5 665

    贷: 辅助生产成本——机修车间   29 730

              ——运输车间   19 810

直接分配法的核心在于简化计算流程,它将辅助生产部门的费用直接分配给外部受益对象,而不考虑辅助生产部门间的内部交互。这种方法的优势在于计算简便,能够迅速得出成本分配结果。

然而,直接分配法的适用并非无条件。当辅助生产车间之间提供的产品或劳务数量显著增加时,这种方法的局限性便显露无遗。由于忽略了内部交互的成本影响,直接分配法可能会导致成本分配结果与实际成本流转情况产生较大偏差。具体来说,如果辅助生产车间之间的服务交互频繁且数量可观,那么这些内部交易对成本分配的影响将不容忽视。在此情况下,若仍采用直接分配法,可能会因未考虑内部成本而导致成本被不恰当地分配至外部受益对象,进而扭曲了成本信息的准确性。

因此,直接分配法的适用应受到限制。它更适用于辅助生产内部服务交互较少,且这种交互对辅助生产成本以及最终产品制造成本影响有限的场景。在这些情况下,直接分配法不仅能够保持成本分配的简便性,还能确保分配结果的相对准确性。

2) 交互分配法

交互分配法是一种针对辅助生产车间成本分配的双阶段方法,旨在更精确地反映各车间之间的成本流转情况。

该方法的第一阶段是内部交互分配阶段,即根据各辅助生产车间相互提供的产品或劳务的数量,以及交互分配前的单位成本(或费用分配率),在各车间之间进行一次初步的成本分配。这一步骤的目的是计算各车间因相互提供服务而产生的内部成本转移。

完成内部交互分配后,交互分配法进入第二阶段——对外分配阶段。在这一阶段,各辅助生产车间的实际费用被重新计算,该费用包括交互分配前的原始成本费用,加上从其他车间转入的成本费用,同时减去向其他车间转出的成本费用。这一调整后的实际费用,将作为对外分配的基础。

对内分配和对外分配的分配率公式如下。

$$对内(交互)费用分配率＝\frac{待分配辅助生产费用}{辅助生产车间提供劳务总量}$$

$$对外费用分配率＝\frac{待分配辅助生产费用＋交互分配转入费用－交互分配转出费用}{辅助生产车间提供劳务总量－为其他辅助车间提供劳务量}$$

交互分配法的第三阶段是按照各辅助生产车间对外提供的产品或劳务的数量,以及经过交互分配后重新计算的单位成本(或费用分配率),会计人员将调整后的实际费用在辅助生产车间以外的各受益单位之间进行分配。这一步骤确保了成本能够按照实际服务受益情况进行合理分摊。

例 3-7

仍采用例 3-6 中的资料,按交互分配法编制辅助生产费用分配表,如表 3-13 所示。

表 3-13 辅助生产费用分配表(交互分配法)

金额单位:元

项目			交互分配			对外分配		
辅助生产车间名称			机修	运输	合计	机修	运输	合计
待分配辅助生产费用			29 730	19 810	49 540	27 384.2	22 155.8	49 540
劳务供应总量			26 000 小时	20 000 千米		23 784 小时	19 810 千米	
费用分配率			1.143 5/小时	0.990 5 元/千米		1.151 4/小时	1.118 4 元/千米	
辅助生产车间耗用	机修车间	耗用数量		190 千米				
		分配金额		188.2	188.2			
	运输车间	耗用数量	2 216 小时					
		分配金额	2 534		2 534			
基本生产车间		耗用数量				20 000 小时	14 000 千米	
		分配金额				23 028	15 657.6	38 685.6
行政管理部门		耗用数量				1 500 小时	3 000 千米	
		分配金额				1 727.1	3 355.2	5 082.3
销售部门		耗用数量				2 284 小时	2 810 千米	
		分配金额				2 629.1	3 143	5 772.1
合计						27 384.2	22 155.8	49 540

根据表 3-13,分配过程如下:

(1) 分配前的单位成本:

机修车间＝29 730÷26 000≈1.143 5(元/小时)

运输车间＝19 810÷20 000＝0.990 5(元/千米)

(2) 交互分配:

机修车间转出机修费＝2 216×1.143 5≈2 534(元)

运输车间转出运输费＝190×0.990 5≈188.2(元)

(3) 交互分配后的实际费用:

机修车间＝29 730＋188.2－2 534＝27 384.2(元)

运输车间＝19 810＋2 534－188.2＝22 155.8(元)

(4) 交互分配后的单位成本(对外分配单位成本):

机修车间＝27 384.2÷23 784≈1.151 4(元/小时)

运输车间＝22 155.8÷19 810≈1.118 4(元/千米)

(5) 对外分配:

基本生产车间(机修费)＝20 000×1.151 4＝23 028(元)

基本生产车间(运输费)＝14 000×1.118 4＝15 657.6(元)

行政管理部门(机修费)＝1 500×1.151 4＝1 727.1(元)

行政管理部门(运输费)＝3 000×1.118 4＝3 355.2(元)

销售部门(机修费)＝27 384.2－23 028－1 727.1＝2 629.1(元)

销售部门(运输费)＝22 155.8－15 657.6－3 355.2＝3 143(元)

根据表 3-13,编制会计分录如下:

(1) 交互分配:

借:辅助生产成本——机修车间	188.2	
——运输车间	2 534	
贷:辅助生产成本——机修车间		2 534
——运输车间		188.2

(2) 对外分配:

借:制造费用	38 685.6	
管理费用	5 082.3	
销售费用	5 772.1	
贷:辅助生产成本——机修车间		27 384.2
——运输车间		22 155.8

采用交互分配法这一会计处理方法,旨在提升辅助生产部门间相互提供产品或劳务时成本分配的准确性。该方法的优势在于,它确保了所有辅助生产部门间的产品或劳务交换都经过交互分配的流程,从而更精确地反映各部门之间的实际成本流动。然而,这种精细化的分配方式也带来了一定的复杂性:每个辅助生产车间需要分别计算两次单位成本(或费用分配率),并进行两次分配操作。这一流程虽然提升了成本分配的精确度,但无疑增加了会计核算的工作量。

3) 计划成本分配法

计划成本分配法是一种用于辅助生产车间费用分配的方法,其核心在于依据预设的计划单位成本分配辅助生产费用。具体而言,当辅助生产车间为各受益单位(包括其他辅助生产车间以及生产、管理部门等)提供产品或劳务时,不是依据实际发生的成本进行分配,而是按照产品或劳务的实际耗用量与预先设定的计划单位成本进行费用的分摊。

在这一分配流程中,辅助生产车间所提供的每一项产品或劳务都会有一个对应的计划单位成本。这个成本是在预算编制阶段,基于历史数据、市场预测和生产规划等因素综合确定的。当辅助生产车间向其他单位提供产品或劳务时,就按照实际耗用的数量与这个计划单位成本相乘,得出应分摊的费用。

值得注意的是,辅助生产车间实际发生的费用与按计划单位成本分配转出的费用之间可能会存在差额。这个差额主要来源于两个方面:一是实际生产成本与计划成本的偏差;二是辅助生产交互分配过程中可能产生的费用调整。对于这部分差额,企业有两种处理方式:一是将其按照一定比例追加分配给辅助生产以外的各受益单位,以更精确地反映实际成本;二是为了简化计算工作,将这部分差额全部记入"管理费用"账户,作为管理费用的一个组成部分。

例 3-8

仍采用例 3-6 中的资料,假设机修车间提供劳务的单位成本为 1.3 元/小时,运输车间提供劳务的单位成本为 1.1 元/千米,按计划成本分配法编制辅助生产费用分配表,如表 3-14 所示。

表 3-14 辅助生产费用分配表(计划成本分配法)

金额单位:元

项目		机修车间		运输车间		合计
		数量(小时)	金额	数量(千米)	金额	
待分配辅助生产费用、劳务量		26 000	29 730	20 000	19 810	49 540
计划单位成本		1.3 元/小时		1.1 元/千米		
按计划成本分配	机修车间			190	209	209
	运输车间	2 216	2 880.8			2 880.8
	基本生产车间	20 000	26 000	14 000	15 400	41 400
	行政管理部门	1 500	1 950	3 000	3 300	5 250
	销售部门	2 284	2 969.2	2 810	3 091	6 060.2
按计划成本分配合计		33 800		22 000		55 800
辅助生产成本实际额		29 939[①]		22 690.8[②]		52 629.8
实际成本与计划成本差异		−3 861		690.8		−3 170.2

注:辅助生产成本实际额=辅助生产车间待分配辅助生产费用+接受其他辅助生产车间提供服务。

① 机修车间辅助生产成本实际额=29 730+209=29 939 元。

② 运输车间辅助生产成本实际额=19 810+2 880.8=22 690.8 元。

根据表 3-14,编制会计分录如下:

借:制造费用　　　　　　　　　　　　　　　　　　　　　　26 000
　　辅助生产成本——运输车间　　　　　　　　　　　　　　2 880.8
　　管理费用　　　　　　　　　　　　　　　　　　　　　　1 950
　　销售费用　　　　　　　　　　　　　　　　　　　　　　2 969.2
　　　贷:辅助生产成本——机修车间　　　　　　　　　　　　　　33 800

借:制造费用　　　　　　　　　　　　　　　　　　　　　　15 400
　　辅助生产成本——机修车间　　　　　　　　　　　　　　209
　　管理费用　　　　　　　　　　　　　　　　　　　　　　3 300
　　销售费用　　　　　　　　　　　　　　　　　　　　　　3 091
　　　贷:辅助生产成本——运输车间　　　　　　　　　　　　　　22 000

借:辅助生产成本——机修车间　　　　　　　　　　　　　　3 861
　　　贷:管理费用　　　　　　　　　　　　　　　　　　　　　　3 861

借:管理费用　　　　　　　　　　　　　　　　　　　　　　690.8
　　　贷:辅助生产成本——运输车间　　　　　　　　　　　　　　690.8

4)代数分配法

代数分配法是一种创新的辅助生产费用成本分配策略,它巧妙借鉴了代数领域中多元一次联立方程的原理。在实施这一方法时,会计人员需先构建一套完整的联立方程体系,这套方程的基础数据来源于各辅助生产车间之间相互提供的产品和劳务的具体数量。通过求解这些联立方程,会计人员能够精确计算出辅助生产产品或劳务的单位成本,这是整个分配过程的关键一步。

紧接着,会计人员利用之前求得的单位成本,结合各受益单位(既包括辅助生产内部的其他车间,也涵盖外部的生产或管理部门)实际耗用的产品或劳务的数量,进行费用的具体分配。这一步骤确保了费用的分配既公平又合理,能够准确反映各受益单位实际应承担的成本份额。

例 3-9

仍采用例 3-6 中的资料,假设机修车间提供劳务的单位成本为 x,运输车间提供劳务的单位成本为 y,列联立方程式如下:

$$\begin{cases} 29\ 730+190y=26\ 000x \\ 19\ 810+2\ 216x=20\ 000y \end{cases}$$

解得,$x=1.151\ 6$ $y=1.118\ 1$

用代数分配法编制辅助生产费用分配表,如表 3-15 所示。

表 3-15 辅助生产费用分配表(代数分配法)

金额单位:元

项目			机修车间	运输车间	合计
待分配辅助生产费用			29 730	19 810	49 540
劳务供应总量			26 000 小时	20 000 千米	
代数分配法下单位成本			1.151 6 元/小时	1.118 1 元/千米	
辅助生产车间耗用	机修车间	耗用数量		190 千米	
		分配金额		212.44	212.44
	运输车间	耗用数量	2 216 小时		
		分配金额	2 551.95		2 551.95
基本生产车间		耗用数量	20 000 小时	14 000 千米	
		分配金额	23 032	15 653.4	38 685.4
行政管理部门		耗用数量	1 500 小时	3 000 千米	
		分配金额	1 727.4	3 354.3	5 081.7
销售部门		耗用数量	2 284 小时	2 810 千米	
		分配金额	2 630.25	3 141.86	5 772.11
合计			29 941.6	22 362	52 303.6

根据辅助生产费用分配表即表 3-15,编制会计分录如下。

借:辅助生产成本——运输车间   2 551.95
　　制造费用——基本生产车间   23 032
　　管理费用   1 727.4
　　销售费用   2 630.25
　　贷:辅助生产成本——机修车间   29 941.6

借:辅助生产成本——机修车间   212.44
　　制造费用——基本生产车间   15 653.4
　　管理费用   3 354.3
　　销售费用   3 141.86
　　贷:辅助生产成本——运输车间   22 362

代数分配法作为一种费用分配策略,其特点在于能够提供相对精确的费用分配结果,尤其适用于需要精细核算成本的企业环境。然而,当企业拥有较多的辅助生产车间时,代数分配法的实施便面临挑战:各车间之间可能存在的复杂交互和相互依赖关系导致需要求解的未知数数量显著增加,从而使整个计算过程变得异常烦琐和复杂。鉴于代数分配法在复杂场景下的计算难题,它更适合在已经成功实现会计电算化的企业中应用。

5)顺序分配法

顺序分配法又称梯形分配法,是一种依据受益程度决定辅助生产车间费用分配先后顺序的方法。在这种方法下,各辅助生产车间会根据它们为其他部门或车间提供的服务受益量进行排序,受益较少的车间被置于序列的前端,而受益较多的则排列在后。

该分配机制的核心在于非交互性,即各辅助生产车间的费用不会进行相互之间的分配。相反,每个车间的费用仅会被分配一次,且仅分配给那些在其后的车间或部门。这意味着在分配顺序上位于前面的辅助生产车间不会承担来自后面车间的任何费用。

例 3-10

仍采用例 3-6 的资料,该企业有机修和运输两个辅助生产车间,机修车间耗用运输费为 $19\,810 \div 20\,000 \times 190 = 188.195$ (元),运输车间耗用机修费为 2 533.91 元($29\,730 \div 26\,000 \times 2\,216$),机修车间耗用运输费较少,而运输车间耗用的机修费用较多,所以按照机修车间、运输车间的顺序排列,先分配机修费,再分配运输费。

采用顺序分配法编制辅助生产费用分配表,如表 3-16 所示。

表 3-16　辅助生产费用分配表(顺序分配法)

金额单位:元

项目			机修车间	运输车间	合计
待分配辅助生产费用			29 730	22 344	52 074
劳务供应总量			26 000 小时	19 810 千米	
实际单位成本			1.143 5 元/小时	1.127 9 元/千米	
辅助生产车间耗用	机修车间	耗用数量			
		分配金额			
	运输车间	耗用数量	2 216 小时		
		分配金额	2 534		2 534
基本生产车间		耗用数量	20 000 小时	14 000 千米	
		分配金额	22 870	15 790.6	38 660.6
行政管理部门		耗用数量	1 500 小时	3 000 千米	
		分配金额	1 715.25	3 383.7	5 098.95
销售部门		耗用数量	2 284 小时	2 810 千米	
		分配金额	2 610.75	3 169.7	5 780.45
合计			29 730	22 344	52 074

注:①销售部门分配金额＝29 730－2 534－22 870－1 715.25＝2 610.75(元),含小数尾差。②运输车间的费用只能按顺序分配给除机修车间之外的受益单位,分配数量＝20 000－190＝19 810(千米)。

根据表 3-16,分配过程如下:

机修车间费用分配率＝29 730÷26 000≈1.143 5

运输车间费用分配率＝(19 810＋2 534)÷(20 000－190)≈1.127 9

根据辅助生产费用分配表即表 3-18,编制会计分录如下。

借:辅助生产成本——运输车间		2 534
制造费用——基本生产车间		22 870
管理费用		1 715.25
销售费用		2 610.75
贷:辅助生产成本——机修车间		29 730
借:制造费用——基本生产车间		15 790.6
管理费用		3 383.7
销售费用		3 169.7
贷:辅助生产成本——运输车间		22 344

运用顺序分配法进行费用分配时,尽管其操作简便,但分配结果的精确度可能会受到一定影响;同时,其计算工作量相较于其他方法也有所增加。这种方法的适用存在特定的前提条件,即各辅助生产车间或各部门之间的受益程度需呈现出明显的先后顺序。

第5节 制造费用的归集与分配

3.5.1 制造费用的内容和归集

1. 制造费用的内容

制造费用在产品的生产过程中扮演着至关重要的角色,它涵盖了企业各生产单位(如分厂、车间)为了组织和管理产品的制造或劳务的提供所产生的一系列间接成本。这些费用除直接材料和直接人工之外,构成了产品成本的重要组成部分。

制造费用的内容广泛而多样,主要包括车间或分厂管理人员的薪酬支出、设备设施的折旧费用、日常办公所需开支、照明及水电等基础设施费用、取暖费用、因公务出差而产生的差旅费、资产折耗及摊销成本、确保安全生产所需费用、产品运输费用、财产所投保的保险费用、外包业务成本、低值易耗品的摊销、租赁费用、机器物料消耗、产品试验与检验费用、劳动保护措施费、排放污染物所需承担的排污费和信息系统维护费等。

2. 制造费用的归集

制造费用的归集主要体现在"制造费用"账户的借方记录。这些借方记录的内容涵盖了多种要素费用,如材料费用、外购动力费用、职工薪酬和折旧费用等。这些费用会根据之前编制的各种要素费用分配表和辅助生产费用分配表,被准确地记入"制造费用"账户的借方。这样的记录方式可以清晰地反映该账户在月份内所发生的制造费用情况,为后续成本核算和分析提供坚实的基础。

针对制造费用的有效控制,各车间(或分厂)应当制定详尽的制造费用预算计划。这一计划需细化到制造费用的各明细项目,并根据实际需求,按月或按季度进行预算编制。在编制制造费用预算时,企业可以灵活运用多种预算方法以确保预算的准确性和实用性。

具体来说,弹性预算是一种能够根据不同业务量水平灵活调整的预算方式,它允许企业在面对产量波动时,仍能保持预算的适应性和准确性。滚动预算则强调预算的持续更新和滚动推进,它要求企业定期审视和调整预算,以反映最新的市场环境和生产需求。零基预算则是一种从零开始的预算编制方法,它要求企业对每一项制造费用都进行重新评估和审批,以确保预算的合理性和必要性。

3.5.2 制造费用的分配

1. 制造费用的分配对象

在月度结束时,各基本生产车间(或分厂)所累积的制造费用需遵循特定的分配标准和策略,依据各成本计算对象受益的比例,合理分配到各产品的成本中。这一分配流程的核心在于确保制造费用的精准归集与合理分摊,其直接关联产品成本的准确性和市场竞争力。制造费用的分配目标应当明确指向各生产车间(或分厂)当前期间内生产的各类产品或提供的劳务,且这一过程需按车间逐一细致执行。

在财务实践中,若基本生产车间与辅助生产车间均设有制造费用明细账,则分配流程需双线并行:辅助生产车间的制造费用,需从其"制造费用"账户贷方转入"辅助生产成本"账户借方,标志着辅助生产成本已承担了相应制造费用的分配;而基本生产车间的制造费用,则需从其"制造费用"账户贷方转移至"基本生产成本"账户借方,表明基本生产成本已接纳了相应制造费用的分摊。若辅助生产车间未单独设立"制造费用"账户,则其发生的制造费用将直接记录于"辅助生产成本"账户借方。

关于制造费用的分配,有两点关键注意事项需特别留意:第一,在仅生产单一产品的车间(或分厂)环境下,制造费用作为直接计入费用,应直接纳入该产品的生产成本。然而,在同时生产多种产品的车间(或分厂)中,若生产班组按产品种类分工,则该班组自身的制造费用同样视为直接费用,直接计入相应产品的成本。车间各班组共同产生的制造费用通常视为间接费用,需采用恰当的分配方法,公正地计入该车间(或分厂)的各种产品成本。第二,制造费用的分配不仅要基于受益对象,还应考虑成本性态,即固定成本与变动成本的区分,这有助于企业对制造费用实施更为精细的控制和考核。通过这一双重视角的分配原则,企业能够更有效地管理制造成本,优化资源配置,进而提升整体运营效率和市场竞争力。

2. 制造费用的分配标准和方法

在制造费用的分配实践中,企业常采用多种标准来确保费用的合理分摊,这些标准包括但不限于直接人工工时(既可以是实际工时,也可以是预先设定的定额工时)、直接人工成本(依据实际成本或定额成本计算)、机器运行小时数、材料消耗的数量或成本、产品实际产量,以及更为复杂的联合分配标准等。这些多样化的分配标准旨在更精确地反映不同产品或服务在制造过程中消耗资源的情况。

特别地,当企业采用先进的作业成本计算法来核算产品成本时,制造费用的分配过程会变得更加精细和灵活。在此框架下,制造费用不再简单地按传统方式统一分配,而是根据多个"成本库"进行分别处理。每个"成本库"代表一组具有相似成本动因的作业活动,制造费用将依据这些成本动因(如设备使用、物料搬运、质量检测等)进行更为细致的分配。这种分配方式不仅提高了制造费用分配的透明度,还增强了成本的归属性和可控性,为企业提供了更为精确的成本信息和决策支持。

在分配方法上,制造费用的分配方法主要可以分为三类:实际分配率法、预定分配率法和累计分配率法。

1) 实际分配率法

实际分配率法是一种基于本期实际数据分配制造费用的方法。具体而言,它首先根据本期实际发生的制造费用总额和同期实际发生的分配标准总量(如直接人工工时、机器工作小时等),计算得出制造费用本期的实际分配率。这一计算过程确保了分配率的准确性和时效性,因为它完全基于当前期间的实际数据。接下来,利用计算得出的实际分配率,结合各产品在本期内实际耗用的分配标准量(各产品所占用的直接人工工时、机器工作小时等资源的数量),就可以进一步计算出各产品应当承担的制造费用数额。这种方法的核心在于其"实际性"——无论是分配率的计算还是各产品费用的确定,都严格依据本期实际发生的数据,从而确保了费用分配的公正性和合理性。其计算公式如下:

$$某生产车间制造费用实际分配率 = \frac{该生产车间本期实际制造费用总额}{该生产车间本期分配标准总量}$$

$$某种(类、批)产品应负担的车间制造费用 = 制造该种(类、批)产品的分配标准量 \times 该生产车间费用实际分配率$$

例 3-11

第一基本生产车间同时生产甲、乙两种产品,本期发生制造费用(假设全部为固定制造费用)共计 86 000 元。甲产品生产工时数为 6 000 小时,乙产品生产工时数为 4 000 小时。甲、乙两种产品各自应负担的制造费用计算如下:

$$制造费用分配率 = \frac{86\ 000}{6\ 000 + 4\ 000} = 8.6(元/小时)$$

$$甲产品应负担的制造费用 = 6\ 000 \times 8.6 = 51\ 600(元)$$

$$乙产品应负担的制造费用 = 4\ 000 \times 8.6 = 34\ 400(元)$$

然而,在实际操作中,采用实际分配率法分配制造费用时,企业财会部门通常需要等到会计期末才能获得完整的制造费用数据,这在一定程度上延缓了产品成本的计算速度。对于那些具有季节性生产特点的企业而言,这一问题尤为突出。在生产旺季和淡季之间,生产量差异巨大,而制造费用中固定费用占比较大。若按照实际分配率法分配制造费用,将会导致各月产品生产成本水平出现较大波动,淡季成本偏高,旺季成本偏低。这不仅不利于企业进行准确的成本分析,还可能对企业的成本控制和决策产生误导。

为了解决这个问题,企业可以考虑采用预定分配率法来分配制造费用。

2) 预定分配率法

预定分配率法也称计划分配率法,其核心在于预先确定制造费用的分配比例。该方法基于企业正常运营状态下的各生产车间(或分厂)年度制造费用预算总额以及依据年度计划产量所设定的定额分配标准量,预先计算出各生产单元的制造费用预定分配率。随后,结合各月实际生产量所对应的定额分配标准量,进行制造费用的分配。

这里的年度计划产量定额分配标准量,是依据企业全年生产计划与为单位产量预设的分配标准而定。举例来说,这一标准可以通过将全年计划产量与单位产量所需直接人工定额工时相乘得出,形成全年直接人工定额工时总量。单位产量的分配标准则灵活多样,可以是单位产量的直接人工定额工时、直接人工定额成本,或是单位产量的机器工时定额等,具体选择需根据企业的实际情况和成本控制需求来定。

在处理预定分配率计算得出的制造费用与实际发生费用之间的差异时,该差异通常在日常会计处理中暂留于"制造费用"账户。直至年末,企业会根据各产品已分配的制造费用比例,对这部分差异进行一次性的调整,并将调整后的费用计入 12 月份所生产产品的成本。这样的处理方式旨在确保年度内制造费用的合理分配,同时减少月度波动对成本计算的影响。预定分配率法的计算公式如下:

$$制造费用预定分配率 = \frac{该年度生产车间制造费用预算总额}{年度该生产车间计划产量定额分配标准总量}$$

$$某种(类、批)产品应分配的制造费用 = 该种(类、批)产品实际产量定额分配标准量 \times 制造费用预定分配率$$

$$实际制造费用与预定分配率分配的差额 = 实际制造费用 - 按预定分配率分配的制造费用$$

$$差异额分配率 = \frac{差异额}{按预定分配率分配的制造费用}$$

$$某种(类、批)产品应负担的差异额 = 该种(类、批)产品按预定分配率分配的制造费用 \times 差异额分配率$$

例 3-12

假设企业某生产车间全年制造费用预算为 600 000 元(假定全部为固定费用),全年各种产品的计划产量为:甲产品 25 000 件,乙产品 10 000 件。单位产品工时定额为:甲产品 6 小时,乙产品 5 小时。1 月份实际产量为:甲产品 2 000 件,乙产品 800 件。1 月份实际发生的制造费用为 50 000 元。请计算制造费用年度预定分配率和 1 月份制造费用分配数额。

$$制造费用年度预定分配率 = \frac{600\,000}{25\,000 \times 6 + 10\,000 \times 5} = 3(元/小时)$$

1 月份制造费用分配情况:

甲产品应分配的制造费用 = 2 000 × 6 × 3 = 36 000(元)

乙产品应分配的制造费用 = 800 × 5 × 3 = 12 000(元)

1 月份实际制造费用与按预定分配率分配的差额 = 50 000 - 48 000 = 2 000(元)

这 2 000 元体现在 1 月份"制造费用"账户中为借方余额 2 000 元。

采用预定分配率法进行制造费用的分配时,"制造费用"账户在月末可能会呈现出借方或贷方的余额状态。具体而言,若该账户出现借方余额,意味着实际发生的制造费用超出了基于预定分配率所计算出的计划分配额;相反,若账户呈现贷方余额,则表明实际发生的制造费用低于计划分配额。为了确保年度制造费用的准确核算,企业需要在年末对全年制造费用的实际发生额与按预定分配率分配的结果之间的差额进行调整。

例 3-13

接例 3-12,假设到年末,全年实际发生制造费用 625 000 元。年末累计已分配制造费用

620 000 元,其中甲产品已分配 400 000 元,乙产品已分配 220 000 元。请做出年末差异额的计算及调整差异的分录。

实际制造费用与按预定分配率计算分配的差额＝625 000－620 000＝5 000(元)

$$差异额分配率＝\frac{5\ 000}{620\ 000}＝0.008\ 1$$

甲产品应负担的差异额＝400 000×0.008 1＝3 240(元)

乙产品应负担的差异额＝5 000－3 240＝1 760(元)

上述计算表示制造费用计划比实际少分配了 5 000 元,需要做蓝字会计分录追加分配。编制调整分录如下:

借:基本生产成本——甲产品 3 240

    ——乙产品 1 760

 贷:制造费用——固定制造费用 5 000

如果实际发生的制造费用小于计划分配额,年末应做冲销多分配制造费用的账务处理。可用红字会计分录冲回多分配的数额。

年末调整分配后,"制造费用"账户应无余额。

采用预定分配率法分配制造费用,其优势在于无需每月重新计算分配率,这一特点极大地简化了制造费用的分配流程,并显著提升了分配工作的效率。此外,通过采用固定的预定分配率,该方法还有效避免了各月制造费用分配率可能出现的较大波动,从而确保了制造费用分配的稳定性和一致性。

预定分配率法的应用,不仅简化了工作流程,还为企业提供了更为便利的条件来考核和检查制造费用的预算执行情况。由于分配率固定,企业更容易对比和分析各月制造费用的实际发生额与预算之间的差异,进而深入探究差异产生的具体原因。这对企业加强预算管理、优化成本控制策略具有重要意义。

然而,值得注意的是,预定分配率法也存在一定的局限性。该方法将实际发生额与预算数的差额全部累积到年度最后一个月份进行处理,如果差异额较大,可能会对最后一个月份的产品成本计算产生较大影响,从而降低产品成本的准确性。因此,预定分配率法要求企业具备较高的预算管理水平,以确保预算制定的合理性和准确性,从而最大限度地减少差异额的产生。同时,企业还需要加强成本核算和监控,及时发现并处理差异,以确保产品成本的准确性和稳定性。

3) 累计分配率法

上述的两种制造费用分配方法均遵循当月发生的费用按受益对象即时分配的原则,可归类为当月分配法。然而,在实际生产过程中,面对产品生产周期长(超过一个月)且批次众多的情况,每月完工的产品批次往往仅占整体批次的一小部分。在此情境下,若继续采用当月分配制造费用的方式,无疑会增加成本明细账的分配与登记工作量,降低工作效率。

为了有效减轻这一负担,累计分配率法应运而生。该方法的核心在于,对于已完工的产品,在其生产结束时一次性分配其应承担的全部制造费用;而对于尚未完工的产品,则暂时不予分配,其应负担的费用暂存于"制造费用"账户,同时,相关的累计工时则记录在产品成本明细账中。待这些未完工产品最终完工时,再对其一次性进行制造费用的分配。

累计分配率法因其独特的分配机制,特别适用于采用分批法进行产品成本计算的场景。在这种成本计算方法下,每种产品或每批产品的成本都是独立计算的,这与累计分配率法的分配原则高度契合。

4. 制造费用分配表的编制

分配制造费用计入产品成本可通过编制制造费用分配表进行。

例 3 14

某企业生产甲、乙两种产品,本月应由产品成本负担的制造费用共计 83 000 元,其中变动制造费用 3 000 元,固定制造费用 80 000 元。按生产工时分配,工时资料及分配结果如表 3-17 所示。

表 3-17　工时资料及分配结果

20×5 年 7 月　　　　　　　　　　　　　　　　　　　　　金额单位:元

应借科目		生产工时	分配率 (元/工时)	变动费用	分配率 (元/工时)	固定费用	分配金额 合计
基本生产 成本	甲产品	6 000		1 800		48 000	49 800
	乙产品	4 000	0.3	1 200	8	32 000	33 200
合计		10 000		3 000		80 000	83 000

第 6 节　生产损失的核算

3.6.1　生产损失核算的意义

在生产经营活动中,企业难免会遇到各类损失事件。这些损失依据其是否与产品生产成本直接相关,可分为生产损失与非生产损失两大类别。

生产损失是指直接源于生产流程的因素所导致的损失。这类损失包括但不限于因产品质量不达标而产生的废品损失,以及因生产设备故障而引发的停工损失等。由于这些损失与产品的生产活动紧密相关,它们自然成为产品生产成本不可或缺的一部分。在成本核算实践中,若生产损失金额较小,出于简化流程的考虑,企业可能会选择不单独对其进行核算。然而,当生产损失数额较大时,为了有效控制损失规模并明确内部经济责任,企业则需对这部分损失进行专门的核算处理。

相比之下,非生产损失则主要源于企业的经营管理活动或其他非生产性因素,如坏账损失、存货的短缺或毁损、汇兑差异、投资失利以及非常事件导致的损失等。鉴于这些损失与产品生产无直接联系,它们不得计入产品成本。相反,企业应根据损失的具体性质和成因,将其合理归类至相应会计科目,并启动责任追究机制,以确保相关责任人员得到应有的处理。

3.6.2　废品损失的概念与核算

1. 废品及废品损失

1）废品及其分类

废品是指未能满足既定质量标准和技术要求，从而无法按照原定用途直接使用，或必须经过进一步加工修复方可利用的产品。这包括生产流程中产出的不合格产成品、半成品以及尚处于生产阶段的不合格在制品。无论是处于生产环节中被识别出的废品，还是在入库后被检测出的不合格品，都需要进行相应的会计与成本核算。

废品依据损坏程度及其在经济上是否具有修复的价值，可细分为可修复废品与不可修复废品两大类。具体而言，可修复废品是指从技术层面而言具备修复的可能性，并且修复所需投入的费用在经济上被认为是划算的，即修复成本低于修复后产品所能带来的额外价值的产品。相反，不可修复废品则是指在技术上已不具备修复条件，或虽然技术上可行但修复成本过高，以至于在经济上不划算的产品。这类废品可能因损坏过于严重，或修复所需技术和资源超出了经济合理的范围，而被视为无法修复。

2）废品产生的原因

在产品的生产制造流程中，废品的产生主要源自两大类别：材料废损（以下简称料废）与工艺废损（以下简称工废）。

料废的出现，多数情况下是因为原材料本身未能达到既定的质量标准，或生产初期及中期阶段的产品、半成品存在缺陷，导致后续加工无法继续，最终形成了废品。这类废品的根源在于物料本身的问题，或物料在转化为半成品乃至成品前的某个环节出现了品质不达标的情况。

相较于料废，工废则更多与人为因素相关。它通常发生在加工制造过程中，由于操作工人的失误或疏忽，如未能严格遵守操作规程、误读或误解图纸信息、操作不当等，产品偏离了预设的生产标准和要求，进而形成了废品。工废的根源在于人工操作的精准度和规范性不足，是生产流程中人为因素导致的产品质量下降。

3）废品损失的构成内容

"废品损失"这一概念，涵盖了因生产不合格废品而引发的多重经济损失，具体包括报废损失和废品修复所需承担的费用。

报废损失特指无法通过修复手段恢复使用价值的废品。其计算方式为该类废品的生产成本减去从废品中回收材料所得到的废料价值后的净损失。这部分损失直接反映了因产品质量不达标而不得不放弃的潜在价值。

废品修复费用则是指为了将可修复废品恢复至符合质量标准的状态，所需投入的一系列成本。这些成本涵盖了修复过程中消耗的原材料、所需的电力和动能、生产工人的薪酬及其福利费用，以及因修复作业而产生的其他制造费用等。这些修复成本既体现了将废品转化为合格品的直接经济投入，也反映了企业为提升产品质量和减少资源浪费所作出的努力。

值得注意的是，当废品损失的发生可以明确归责于特定责任人时，企业应依法依规向责任人追索赔偿款项。这笔赔偿款项将用于冲减废品损失总额，从而在一定程度上减轻企业的经济损失。通过实施这一追偿机制，企业不仅能够维护自身的经济利益，还能有效促进员工质量意识的提升,从源头上减少废品损失的发生,推动整体生产质量的持续改进。

2. 废品损失的核算

1）可修复废品损失的核算

可修复废品的损失构成主要源自其修复流程中产生的各类修复成本。当这类废品在产品完工并已入库后被识别出来时,需要先执行一项特定的账务调整操作,即将这些可修复废品的原始成本从"库存商品"账户的贷方科目转移至"基本生产成本"账户的借方科目。无论是在产品入库前就被识别为可修复废品,还是在入库后才被发现,其修复过程中产生的修理费用都需要根据详细的要素费用分配表,或直接参考相关的财务凭证进行精确归集。这一归集过程涉及多个账户的操作,具体包括借记"废品损失"账户以记录修复费用的发生,同时贷记"原材料"账户以反映修复过程中消耗的物资成本,以及贷记"应付职工薪酬"账户以体现修复工作所需支付的人工成本等。在会计期末,为了全面反映生产过程中的成本状况,"废品损失"账户中累积的可修复废品的净损失将被转移到"基本生产成本"账户的借方。

例 3-15

某企业 7 月份生产甲产品,本月完工入库 800 件,单位成本 2 500 元,完工入库后检测发现可修复废品 6 件。各种要素费用分配表列明甲产品的废品修复费用为原材料 4 400 元、职工薪酬 2 000 元、职工福利费 290 元、制造费用 900 元、过失人承担责任赔偿 300 元。

根据上述资料,甲产品废品损失计算如下。

甲产品可修复废品的废品损失 = 4 400 + 2 000 + 290 + 900 − 300 = 7 290(元)

甲产品可修复废品的生产成本 = 2 500 × 6 + 7 290 = 22 290(元)

2）不可修复废品损失的核算

不可修复废品的损失,本质上是指该废品在其生产过程中已经消耗的各类成本之和。不可修复废品的成本与合格品的成本在生产过程中是交织在一起的,即不可修复废品的成本隐含在合格产品的总成本之中,因此为了准确衡量不可修复废品的损失,需要采取特定的方法,先将这部分废品的成本从合格产品的成本中分离出来。

在成功确定了不可修复废品的已耗成本后,还需要进行进一步的调整。具体而言,需要从已耗成本中扣除废品的残值(废品通过回收等手段可能获得的价值)以及应向责任人索赔的金额。经过这一系列的调整,最终得出的结果即为不可修复废品的实际损失。

在实际操作中,确定不可修复废品的已耗成本通常有两种主要方法:一种是基于实际发生的成本进行计算,另一种则是基于预先设定的定额成本进行计算。

（1）按实际成本计算。可以根据合格品和不可修复废品实际耗用的总成本,按合格品与不可修复废品的数量比例计算。其计算公式如下:

$$不可修复废品已耗直接材料成本 = \frac{直接材料总成本}{合格产品数量 + 废品数量} \times 废品数量$$

$$不可修复废品已耗其他成本项目 = \frac{某成本项目总成本}{合格产品数量 + 废品数量} \times 废品数量$$

例 3-16

某企业 7 月份生产乙产品 500 件,原材料在生产开工时一次投入。在加工 50% 时,该企业发现 8 件不可修复废品;在全部加工完工验收时,又发现 2 件不可修复废品。乙产品成本计算单中,直接材料 37 000 元;直接人工成本 12 400 元,其中变动费用 5 952 元,固定费用 6 448 元;制造费用 9 176 元,其中变动制造费用 2 976 元,固定制造费用 6 200 元。废品残料回收价值 200 元。根据上述资料,编制废品损失计算表,如表 3-18 所示。

表 3-18　废品损失计算表(按实际成本计算)

车间名称:基本车间　　　20×5 年 7 月　　　产品名称:乙产品　　　金额单位:元

项目	数量或折合数量(件)	直接材料	数量或折合数量(件)	直接人工		制造费用		合计
				变动费用	固定费用	变动费用	固定费用	
费用总额	500	37 000		5 952	6 448	2 976	6 200	58 576
费用分配率		74		12	13	6	12.5	
废品成本	10	740	6[①]	72	78	36	75	1 001
减:废品残料		200						200
废品损失		540		72	78	36	75	801

注:①直接人工和制造费用折合数量 $=8\times50\%+2=6$(件)。

表 3-18 中不可修复废品已耗直接材料、直接人工变动费用计算如下(其他项目略):

$$不可修复废品已耗直接材料成本 = \frac{37\ 000}{490+10}\times10 = 740(元)$$

$$不可修复废品已耗变动人工费用 = \frac{5\ 952}{490+6}\times(8\times50\%+2) = 72(元)$$

(2)按定额成本计算。根据单位产品的定额成本(计划成本)和发生废品的数量,以及发现废品时已投料和已加工的程度计算废品损失。这种方法计算比较简便,适用于定额资料比较完整和准确的情况。

例 3-17

某车间 7 月生产 A 产品,验收入库后发现不可修复废品 6 件,回收废品残值 200 元。单位产品定额成本为 320 元,其中原材料 250 元,变动人工费 30 元,固定人工费 10 元,变动制造费用 10 元,固定制造费用 20 元。编制废品损失计算表,如表 3-19 所示。

表 3-19　废品损失计算表(按定额成本计算)

产品名称:A 产品　　　20×5 年 7 月　　　废品数量:6 件　　　单位:元

项目	原材料	人工费用		制造费用		合计
		变动费用	固定费用	变动费用	固定费用	
单位定额成本	250	30	10	10	20	320
废品定额成本	1 500	180	60	60	120	1 920
减:回收残值	200					200
废品损失	1 300	180	60	60	120	1 720

3.6.3　停工损失的核算

1．停工损失的确认

停工损失是指在企业非季节性停工期间，由于计划停产、电力中断、原材料短缺、机器设备故障等多种原因，生产车间或班组产生的各项费用支出。这些费用涵盖了停工期间所消耗的材料、燃料、动力成本，应支付给生产工人的薪资、应计提的员工福利费用，以及应合理分摊的制造费用等。

关于停工损失的计算，其时间和空间界限通常由企业主管部门根据具体情况进行明确界定。从时间维度来看，停工可能发生在 8 小时内、一个月内或超过一个月的时间段内；从空间维度来看，停工可能影响某个小组、整个车间或全厂的生产活动。在确定是否计算停工损失时，企业主要依据损失的大小和范围做出决策。通常，对于范围较小、时间较短的停工（如 8 小时内的小组停工），其产生的费用可以直接记入"制造费用"账户，而不单独计算停工损失。然而，对于范围较大、时间较长的停工（如一个月以内的车间或全厂停工），则需要单独计算停工损失。

值得注意的是，并非所有停工造成的损失都会被归类为停工损失进行处理。例如，因季节性停工和设备修理停工而产生的损失，通常会在"制造费用"账户中进行归集，并由开工期间的生产成本来承担。这是因为这些停工是预期内的、可计划的，且对生产成本的影响可以通过合理分摊体现。因自然灾害等不可抗力因素而导致的非正常停工损失，则需要在"营业外支出"账户中进行归集，并直接计入当期损益。这是因为这些停工是突发性的、不可预测的，且对企业财务状况的影响较大，需要单独进行会计处理以反映其特殊性。

2．停工损失的归集与分配

为了精确追踪和管理停工损失，企业需专门设立"停工损失"会计账户，用于总体核算此类费用；同时，为了细化核算，还需根据成本计算对象或具体停工地点进一步设置明细账，确保停工损失的详细记录与分类。在这一过程中，停工报告单作为关键原始凭证，扮演着举足轻重的角色。一旦发生停工事件，生产部门需迅速填写此报告，详细列明停工的具体时间、地点、涉及范围、导致原因及责任归属等关键信息。

在停工损失明细账的设置上，应特别设计专栏，依据不同的成本项目（如人工、材料、动力等）分别记录，并依据停工原因加以区分。这不仅有助于明确责任归属，还是准确计算产品成本的重要基础。企业依据停工报告单及相关费用分配表等凭证，将确认的停工损失费用记入"停工损失"账户的借方，实现费用的归集。对于过失单位、个人或保险公司应承担的赔偿部分，则需从该科目的贷方转出，记入"其他应收款"等相关账户的借方，确保损失得到合理追偿。

会计期末，企业需将停工净损失从"停工损失"账户的贷方转出，并入"基本生产成本"账户的借方，由当月生产的产品成本共同承担。若停工发生在生产多种产品的车间，则需采用合理的分配标准（这些标准通常与制造费用的分配原则相一致），将停工损失公正地分配到各产品的成本明细账中，具体分配过程需通过编制停工损失分配表来实现，确保损失在各类完工产品间得到合理分摊。

值得注意的是,"停工损失"账户在月末通常应保持无余额状态,除非出现特殊情况,如停工持续时间超过一个月且车间未进行任何产品生产,此时可保留余额以待后续处理。

例 3-18

某企业第二车间 8 月生产丙产品,由于工人操作不当使设备发生故障而停工 2 天。2 天的停工损失费用为 7 200 元,其中生产工人工资 4 000 元、职工福利 500 元、动力费 900 元、应分摊制造费用 1 800 元。经确认,由违规操作工人负责赔偿停工损失 720 元。

该企业停工损失 = 7 200 - 720 = 6 480(元)

第 7 节　生产费用在完工产品和在产品之间的分配

前面的章节已详细讨论了生产过程中各类要素费用的归集与分配。在此过程中,所有应归属于本期产品的要素费用,均已被准确无误地记入"基本生产成本"科目的借方账户。在任何一个成本计算周期内,通常都会存在已完成的产品和尚待继续加工的在产品。为了精确核算本月完工产品的成本,需要将本月新增的生产费用与期初留存的在产品成本相结合,并在本期已生产的成品与期末尚存的在产品之间进行合理分配。

这一分配过程的核心在于确保能够准确计算出本期完工产品的总成本、单位成本和期末在产品的成本。这三者之间的内在关系,可以通过以下等式直观表达:

月初在产品成本 + 本月生产费用 = 本月完工产品成本 + 月末在产品成本

进一步分析这个等式,可以得出以下结论:在理想情况下,如果月初与月末均不存在在产品,那么本月发生的所有生产费用将直接构成本月完工产品的成本,无须进行额外的分配。然而,在实际操作中,月初与月末往往都会存在一定数量的在产品。在这种情况下,需要将本月新增的生产费用总额,在已完工的产品与期末尚存的在产品之间,根据一定的原则和方法进行合理分配。

3.7.1　完工产品与在产品的确认

为了更精确地掌握和应用各种成本计算方法,区分并理解完工产品与在产品这两个紧密相连但又各有侧重的概念显得尤为重要。在多步骤生产工艺中,特别是当自制半成品可作为商品流通时,完工产品与在产品便自然地被划分出广义与狭义两个层面,这种区分对于准确进行成本核算至关重要。

1. 狭义完工产品与广义完工产品

狭义上的完工产品是指已经结束所有生产环节,达到了可以直接面向市场销售标准的最终产品。而从更宽广的视角来审视,广义上的完工产品则不仅仅局限于已经彻底成形的产成品,还包括了虽然尚未经历完整的生产流程,但已经跨越了部分生产阶段,且已从最初的生产车间转移至后续加工环节或半成品存储库的自制半成品。自制半成品的生产作为生产过程中的一个关键环节,这些自制半成品已经完成了既定的生产任务,并具备了特定的形态和功能。然而,它们仍需在企业内部进行进一步的加工和精炼,以最终蜕变为可以出售的产成品。

2. 狭义在产品与广义在产品

狭义上的在产品具体是指当前正处于生产车间内接受加工处理的在制品,以及虽然已完成了本车间的生产任务但尚未经过验收并正式入库的产品。而采用更宽泛的视角来看,广义上的在产品不仅涵盖了上述狭义范畴内的在产品,还进一步包括了已经完成了部分加工流程,并通过了中间仓库的验收,但整体而言仍未结束全部生产阶段的自制半成品。

对产品状态的广义与狭义区分,在实际应用中显得尤为重要,特别是在采用多步骤生产流程的企业,以及存在自制半成品出售情况的企业中。它不仅有助于企业更准确地掌握生产进度和库存状况,还能为成本计算、生产计划制订和销售策略规划提供有力的数据支持。

具体而言,本书第 4 章第 4 节将深入探讨这一话题。

3.7.2　在产品核算的意义

在产品核算与控制构成了企业日常管理活动的核心环节之一,其重要性不言而喻。因在产品处于持续变动状态,其构成复杂、零部件繁多,且每道工序间的差异显著,相较于原材料的管理而言,对在产品的管理难度无疑更大。鉴于此,企业在日常管理实践中,需对在产品于每道工序的投入数量、投产时间、加工进度、实际库存状况,以及其在不同工序间的转移、可能的短缺等问题进行详尽的记录与追踪。这一系列措施旨在全面反映在产品在整个生产加工流程中的动态流转情况,确保信息的准确性和时效性。

在产品数量的精准管理和成本计算,构成了成本计算工作中一个相当复杂且至关重要的方面。尽管其复杂性较高,但这恰恰凸显了正确进行在产品核算的迫切性和重要性。在产品核算的深远意义主要体现在以下三个方面:

(1) 加强在产品的储存量及移动的核算,可以为编制生产作业计划提供必要的资料。准确且及时地记录与追踪在产品的投产数量、批次详情、投产具体时间及加工进度等信息,能够显著提升企业的生产调度能力,确保各生产环节之间的顺畅衔接。对于批量生产型企业而言,这一举措尤为重要,它有助于企业精准控制产品零部件的配套生产进度,有效避免在产品的过度积压,确保生产流程的顺畅与高效。

(2) 在产品核算是管理在产品资金的必要手段。通过对在产品的数量进行精确核算,并对其成本进行合理计算,企业能够清晰地掌握各生产车间及半成品库中在产品的实际库存数量及其所占用的资金规模。这些信息对于企业在确保生产需求得到满足的同时,合理压缩在产品库存量、加速在产品资金的周转速度具有重要意义,有助于提升企业的资金利用效率和整体运营效率。

(3) 为会计部门正确计算产品生产成本提供可靠的产量资料。期末在产品的结存数量及其加工程度的准确性,直接影响在产品成本的计算精度,进而关联完工产品成本的准确性。因此,确保这些数据的准确无误,是会计部门正确计算产品生产成本的关键所在,也是企业财务管理决策的重要依据。通过完善的在产品核算体系,企业能够确保成本计算的精确性,为企业的成本控制、利润分析和财务决策提供有力支持。

3.7.3　生产费用在完工产品与在产品之间的分配

1. 分配类型

划分完工产品成本与在产品成本的方法应遵循既合理又简便的原则。企业需综合考虑月末在产品的数量规模、数量的波动情况、价值大小、各成本项目占总成本的比例，以及企业定额管理工作的成熟度等多个维度，来选定生产费用在完工产品与在产之品间的科学分配方式。这些分配方法依据在产品成本计算的先后顺序，可以细分为以下三大类别：

（1）先确定完工产品成本，再确定月末在产品成本。从生产费用总额中减去完工产品成本，剩余的就是在产品成本。此法适用于大量、大批生产的机械制造业，因为其月末在产品特别多。

（2）先确定月末在产品成本，再确定完工产品成本。从生产费用总额中减去在产品成本，剩余的就是产成品总成本。此法一般适用于连续加工式生产、产品比较单一的情况。对在产品先行计价的方法包括在产品按年初成本计价、在产品按定额成本计价、在产品不计价法等。

（3）完工产品成本、在产品成本同时算出。此法是选择一种分配标准，同时计算出完工产品成本和在产品成本。其具体方法包括约当产量比例法和定额比例法。这种同时算出完工产品成本和在产品成本的方法适用于较复杂的连续加工式企业，如纺织厂、机械制造业等。

2. 分配方法

1）在产品成本不计价法

该方法又被称为"在产品成本忽略法"，适用于一种特定情境，即尽管月末存在在产品，但在产品的数量较少、价值相对较低，且各月间的数量保持相对稳定。在此情境下，月末在产品的成本可以被合理地忽略不计。选择这种方法的原因在于，月初与月末在产品的成本差异微乎其微，不计算这部分成本对最终产成品成本的准确性影响甚小。为了简化成本核算流程，提高计算效率，企业可以选择不对月末在产品的成本进行计算。

在这种处理方式下，本月内各产品所发生的全部生产费用，将直接被视为该月该种产成品的总成本。随后，将这一总成本除以本月产成品的数量，即可得出该产品的单位成本。这种方法因其简便性和实用性，特别适用于一些特定行业，如自来水生产企业和采掘企业等。这些企业的生产过程往往具有连续性，且月末在产品的数量和价值相对稳定，因此采用此方法既能保证成本计算的准确性，又能显著提升核算效率。

2）在产品成本按年初成本计价法

这是一种特定的成本计算方法，它基于年初在产品成本估算各月月末的在产品成本。具体而言，该方法设定各月月末在产品的成本维持恒定不变，从而简化了成本核算过程，使每月发生的全部生产费用直接等同于该月完工产品的成本。这种处理方式的优势在于其简洁性，但为了确保成本信息的准确性，企业需要在年末根据实际的在产品盘点数量，对在产品成本进行重新评估和调整，以此作为下一年度在产品成本计算的基准。

该方法的应用场景具有一定的局限性，它更适用于各月月末在产品结存数量相对较少，或者虽然在产品数量较多但保持相对稳定的企业。在这些情况下，月末在产品数量的波动性较小，因此将其成本固定化对整体成本核算的准确性影响有限。然而，对于在产品数量波动较大的企业而言,这种方法可能会导致成本核算的偏差,因此需要谨慎选择。

3) 在产品成本按直接材料成本计价法

在此成本计算方法下,月末在产品的成本构成被明确地限定为仅包含直接材料成本,而直接人工成本和制造费用则全部被计入本期完工产品的成本。这种处理方式的一个显著优势在于,它极大地减少了人工成本及制造费用在完工产品与在产品之间进行分配的工作量和复杂性。这对于直接材料成本在整体产品成本结构中占据主导地位的企业而言,尤为适用。

具体来说,当直接材料成本构成产品成本的主要部分时,将月末在产品的成本限定为直接材料成本,可以确保成本核算的准确性和效率。然而,值得注意的是,这种方法并不适用于所有类型的企业。对于直接材料成本占比较小的企业而言,采用这种方法可能会导致完工产品和月末在产品成本的计算出现偏差,从而影响成本信息的准确性和决策的有效性。

酿酒和造纸等企业,由于其生产过程中直接材料成本占比通常较高,可以采用这种方法来简化成本核算流程,提高核算效率。同时,这些企业也需要根据自身的实际情况,对成本核算方法进行不断的优化和调整,以确保成本信息的准确性和时效性。

计算公式如下:

$$月末在产品成本 = 月末在产品数量 \times 单位产品直接材料成本$$

$$本月完工产品成本 = 月初在产品成本 + 本月生产费用 - 月末在产品成本$$

4) 约当产量比例法

约当产量比例法是一种精细的成本核算方法,它基于月末结存的在产品的完工程度,将这些在产品数量转换为一个等效的完工产品数量,即所谓的"约当产量"。随后,该方法采用完工产品实际产量与月末在产品的约当产量之和,即"约当总产量",作为分配成本的依据。具体来说,它根据完工产品与月末约当产量之间的比例关系,分别计算完工产品的成本和月末在产品的成本。约当产量比例法适用于月末在产品数量较大、各月末在产品结存数量不稳定的情况。

约当产量比例法计算公式如下:

$$月末在产品约当产量 = 月末在产品数量 \times 在产品完工程度(投料程度、加工程度)$$

$$约当产量单位成本(成本项目分配率) = \frac{月初在产品成本 + 本月发生的生产费用}{完工产品产量 + 月末在产品约当产量}$$

$$完工产品总成本 = 约当产量单位成本 \times 完工产品产量$$

$$月末在产品成本 = 约当产量单位成本 \times 月末在产品约当产量$$

约当产量比例法的核心在于精确计算月末在产品的约当产量,这一步骤的准确性直接决定了成本分配的合理性。而确定在产品的约当产量,关键在于明确其完工程度。通常情况下,在产品的投料程度与加工程度并非完全一致,因此需要分别依据投料程度和加工程度评估在产品的完工程度。

一般(简单)情况下,原材料一次投入,加工程度都按 50% 计算。

复杂情况下,直接材料不是一次投入,投料程度也应根据实际情况分别确定。

在生产流程中,材料的投入方式多样,包括生产初始时的一次性投入、生产过程中的持续投入和按工序分阶段投入。这些不同的投入方式直接影响在产品投料程度的计算方式。

当月末在产品的工序结存数量呈现不均衡状态时,需要针对每一道工序分别测定在产品的加工程度。因各道工序的在产品数量不均,其加工程度也可能存在显著差异,这就要求进行更为细致和精确的测定,以确保成本核算的准确性。通过按工序分别测定加工程度,企业可以更全面地了解在产品的生产进度和成本构成,为自身的生产管理和成本控制提供有力支持。

(1)在产品直接材料成本项目约当产量的计算,共分以下两种情形:

其一,当直接材料随生产过程陆续投入时,直接材料的投入程度与生产工时投入进度完全一致或基本一致,此时,分配直接材料的在产品约当产量按完工程度计算。在产品以各工序直接材料单位产品消耗定额为依据,各工序投料程度(投料率)按完成本工序投料的50%计算。

计算公式如下:

$$某工序在产品投料率 = \frac{单位在产品上道工序累计材料消耗定额 + 单位在产品本工序材料消耗定额 \times 50\%}{单位完工产品材料消耗定额} \times 100\%$$

$$在产品直接材料约当产量 = \sum(某工序在产品实际产量 \times 某工序在产品投料率)$$

例 3-19

某种产品需经两道工序完成,材料在每道工序随着加工进度陆续投入。单位直接材料消耗定额为 500 千克,其中第一道工序消耗定额为 300 千克,第二道工序消耗定额为 200 千克。月末在产品数量:第一道工序 300 件,第二道工序 100 件。计算月末在产品约当产量。

在产品约当产量计算结果如表 3-20 所示。

表 3-20 在产品约当产量计算表(一)

数量单位:件

工序	本工序直接材料消耗定额(千克)	在产品投料程度	在产品实际产量	在产品约当产量
1	300	$\frac{300 \times 50\%}{500} = 30\%$	300	90
2	200	$\frac{300 + 200 \times 50\%}{500} = 80\%$	100	80
合计	500		400	170

其二,当直接材料分阶段在每道工序开始时投入,月末在产品投料率可按下列公式计算:

$$某工序在产品投料率 = \frac{单位在产品上道工序累计材料消耗定额 + 单位在产品本工序材料消耗定额}{单位完工产品材料消耗定额} \times 100\%$$

$$在产品直接材料约当产量 = \sum(某工序在产品实际产量 \times 某工序在产品投料率)$$

例 3-20

某种产品需经三道工序完成,原材料分三道工序在每道工序开始时投入。直接材料消耗定额为 1 000 元,其中第一道工序 400 元,第二道工序 360 元,第三道工序 240 元。月末在产品数量:第一道工序 100 件,第二道工序 150 件,第三道工序 200 件。

在产品约当产量计算结果如表 3-21 所示。

表 3-21　在产品约当产量计算表(二)

数量单位:件

工序	单位产品投料定额(元)	在产品投料程度	在产品实际产量	在产品约当产量
1	400	$\frac{400}{1\,000}=40\%$	100	40
2	360	$\frac{400+360}{1\,000}=76\%$	150	114
3	240	$\frac{400+360+240}{1\,000}=100\%$	200	200
合计	1 000		450	354

(2) 在产品直接人工、制造费用成本项目约当产量的计算。直接材料费用以外的其他费用,主要包括直接人工和制造费用。这些费用的发生与加工程度密切相关,它们随着工艺过程的进行而逐渐增加,产品完工程度越高,该产品应负担的这部分费用也应越多。如果各工序在产品数量和单位产品在各工序的加工程度都相差不多,可以按平均完工率50%计算。分工序计算在产品完工程度的计算公式如下:

$$某工序在产品完工程度 = \frac{单位在产品上道工序累计工时定额+单位在产品本工序工时定额\times50\%}{单位完工产品工时定额}\times100\%$$

例 3-21

某种产品经过三道工序加工完成,单位产品工时定额 200 小时,其中第一道工序 100 小时,第二道工序 60 小时,第三道工序 40 小时。各道工序在产品加工程度均按 50% 计算。在产品期末结存实际数量:第一道工序 200 件,第二道工序 150 件,第三道工序 100 件。

在产品约当产量计算结果如表 3-22 所示。

表 3-22　在产品约当产量计算表(三)

数量单位:件

工序	单位产品工时定额(小时)	在产品完工程度	在产品实际产量	在产品约当产量
1	100	$\frac{100\times50\%}{200}=25\%$	200	50
2	60	$\frac{100+60\times50\%}{200}=65\%$	150	97.5
3	40	$\frac{100+60+40\times50\%}{200}=90\%$	100	90
合计	200		450	237.5

例 3-22

某企业生产乙产品,原材料在开始生产时一次投入。本月完工产品 500 件,月末结存在产品 100 件,在产品完工程度按平均 50% 计算,乙产品月初在产品和本月耗用直接材料费用共计 23 000 元;直接人工费用 5 500 元,其中变动人工费用 3 850 元、固定人工费用 1 650 元;制造费用 2 750 元,其中变动制造费用 550 元、固定制造费用 2 200 元。采用约当产量比例法计算乙产品的完工产品成本和月末在产品成本。

计算过程如下：

直接材料约当总产量＝500＋100＝600（件）

直接材料约当产量单位成本＝$\frac{23\,000}{600}$＝38.33（元）

完工产品负担的直接材料成本＝500×38.33＝19 165（元）

在产品负担的直接材料成本＝23 000－19 165＝3 835（元）

直接人工和制造费用的约当总产量＝500＋100×50％＝550（件）

变动直接人工约当产量单位成本＝$\frac{3\,850}{550}$＝7（元）

完工产品负担的变动直接人工成本＝500×7＝3 500（元）

在产品负担的变动直接人工成本＝50×7＝350（元）

固定直接人工、变动制造费用、固定制造费用约当产量单位成本的计算，均与变动直接人工约当产量单位成本类似。

将计算结果记入乙产品成本明细账（乙产品成本计算单），如表3-23所示。

表3-23　产品成本计算单（约当产量比例法）

产品名称：乙产品　　　　　　　　　　20×5年7月　　　　　　　　　　单位：元

项目		直接材料	直接人工		制造费用		合计
			变动费用	固定费用	变动费用	固定费用	
生产费用合计		23 000	3 850	1 650	550	2 200	31 250
完全成本法	完工产品成本	19 165	3 500	1 500	500	2 000	26 665
	月末在产品成本	3 835	350	150	50	200	4 585
变动成本法	完工产品成本	19 165	3 500		500		23 165
	月末在产品成本	3 835	350		50		4 235

5）在产品定额成本法

在产品定额成本计算法是一种成本计算方法，该方法依据月末在产品的数量及其约当产量，结合单位产品的定额成本数据，确定月末在产品的定额成本。这一定额成本被视为月末在产品的实际成本。随后，从整个生产周期内的全部生产费用（月初在产品的费用与本月新增的生产费用之和）中扣除月末在产品的定额成本，即可得出完工产品的成本。

此方法主要适用于定额管理基础扎实、各项消耗定额准确且稳定的企业。此外，它还要求各月月末在产品的数量相对较少且变化相对稳定，以确保月初与月末在产品的定额成本差异保持在较小范围内。因为定额与实际成本的任何差额都将由当月的完工产品来承担，所以如果定额与实际成本之间存在较大差异，那么产品成本的计算准确性将会受到影响。

定额成本法计算公式如下：

某产品月末在产品（定额）成本 ＝ 月末在产品数量×在产品单位定额成本

某产品完工产品总成本 ＝ 该产品本月生产费用合计－该产品月末在产品成本

例 3-23

某企业生产 A 产品,月初在产品成本和本月生产耗费共计 710 200 元,其中直接材料成本 518 600 元;直接人工成本 69 600 元,其中变动人工费用 39 600 元、固定人工费用 30 000 元;制造费用 122 000 元,其中变动制造费用 22 000 元、固定制造费用 100 000 元。该月 A 产品生产完工 1 000 件,月末在产品结存 300 件,A 产品直接材料是在加工开始时一次投入的,月末在产品完成定额工时为 800 小时。A 产品单位定额成本资料:直接材料为 400 元/件;直接工资为 12 元/工时,其中变动直接人工为 7 元/工时、固定直接人工为 5 元/工时;制造费用为 20 元/工时,其中变动制造费用为 5 元/工时、固定制造费用为 15 元/工时。按在产品定额成本法计算本月月末在产品成本和完工产品成本。

计算过程如下:

在产品应负担费用:　　　　　　　完工产品应负担费用:

直接材料 = 300 × 400 = 120 000(元)　　直接材料 = 518 600 − 120 000 = 398 600(元)

变动人工费用 = 800 × 7 = 5 600(元)　　变动人工费用 = 39 600 − 5 600 = 34 000(元)

固定人工费用 = 800 × 5 = 4 000(元)　　固定人工费用 = 30 000 − 4 000 = 26 000(元)

变动制造费用 = 800 × 5 = 4 000(元)　　变动制造费用 = 22 000 − 4 000 = 18 000(元)

固定制造费用 = 800 × 15 = 12 000(元)　　固定制造费用 = 100 000 − 12 000 = 88 000(元)

将计算结果记入 A 产品成本计算单,如表 3-24 所示。

表 3-24　产品成本计算单(定额成本法)

产品名称:A 产品　　　　　　　　　　20×5 年 7 月　　　　　　　　　　单位:元

项目		直接材料	直接人工		制造费用		合计
			变动费用	固定费用	变动费用	固定费用	
生产费用合计		518 600	39 600	30 000	22 000	100 000	710 200
完全成本法	完工产品总成本	398 600	34 000	26 000	18 000	88 000	564 600
	在产品定额成本	120 000	5 600	4 000	4 000	12 000	145 600
变动成本法	完工产品总成本	398 600	34 000		18 000		450 600
	在产品定额成本	120 000	5 600		4 000		129 600

6) 定额比例法

定额比例法是一种成本分配方法,它依据完工产品和期末在产品的定额成本(或定额耗用量)之间的比例关系,合理地分配生产费用,并据此计算出完工产品的成本和月末在产品的成本。考虑到直接材料、直接人工和制造费用等不同成本项目在完工产品和在产品之间的定额耗用量(或定额成本)比例可能存在差异,因此这种方法要求按照不同的成本项目进行独立计算。

针对直接材料成本项目,若产品仅使用一种材料,可以直接采用该材料的定额耗用量作为分配基准。然而,当产品涉及两种或更多种类的材料,且这些材料的计量单位各不相同时,更适宜的做法是按照各种材料的定额成本比例进行分配。至于直接人工和制造费用,通常选择定额工时作为分配基准,因为这一数据相对容易获取且能直观反映劳动投入和生产成本。

定额比例法计算公式如下:

$$完工产品定额材料成本 = 完工产品产量 \times 单位产品定额材料成本$$

$$在产品定额材料成本 = 在产品数量 \times 完工率 \times 单位产品定额材料成本$$

$$原材料费用分配率 = \frac{月初原材料费用 + 本月发生的原材料费用}{完工产品定额材料成本 + 在产品定额材料成本}$$

$$完工产品应负担的原材料费用 = 完工产品定额材料成本 \times 费用分配率$$

$$在产品应负担的原材料费用 = 在产品定额材料成本 \times 费用分配率$$

$$完工产品定额工时 = 完工产品产量 \times 工时定额$$

$$在产品定额工时 = 在产品数量 \times 完工率 \times 工时定额$$

$$人工(制造)费用分配率 = \frac{月初人工(制造)费用 + 本月发生的人工(制造)费用}{完工产品定额工时 + 在产品定额工时}$$

$$完工产品应负担的人工(制造)费用 = 完工产品定额工时 \times 费用分配率$$

$$在产品应负担的人工(制造)费用 = 在产品定额工时 \times 费用分配率$$

例 3-24

某企业生产丁产品,采用定额比例法计算产品成本,直接材料分配标准用定额成本,工费以定额工时为分配标准。单位产品直接材料定额成本 300 元,单位产品工时消耗定额 20 小时。某年 7 月份该企业生产完工丁产品 1 000 件,月末结存在产品 200 件,月末在产品直接材料投入 80%,加工程度为 40%。丁产品 7 月初在产品实际成本和本月发生的生产费用为 503 280 元,其中直接材料为 375 840 元;直接人工为 51 840 元,其中变动人工费用为 40 176 元、固定人工费用为 11 664 元;制造费用为 75 600 元,其中变动制造费用为 28 080 元、固定制造费用为 47 520 元。计算完工产品成本和在产品成本。

(1)定额成本资料计算如下:

完工产品直接材料定额成本=1 000×300=300 000(元)

月末在产品直接材料定额成本=200×80%×300=48 000(元)

合计=300 000+48 000=348 000(元)

完工产品直接人工制造费用定额工时=1 000×20=20 000(工时)

月末在产品直接人工制造费用定额工时=200×40%×20=1 600(工时)

合计=20 000+1 600=21 600(工时)

(2)完工产品成本和月末在产品成本计算过程如表 3-25 所示。

表 3-25 完工产品成本和月末在产品成本计算过程

金额单位:元

成本项目	分配率	完工产品成本	在产品成本
直接材料成本	$\frac{375\ 840}{348\ 000}=1.08$	300 000×1.08=324 000	48 000×1.08=51 840
变动人工费用	$\frac{40\ 176}{21\ 600}=1.86$	20 000×1.86=37 200	1 600×1.86=2 976

（续表）

成本项目	分配率	完工产品成本	在产品成本
固定人工费用	$\dfrac{11\,664}{21\,600}=0.54$	$20\,000\times0.54=10\,800$	$1\,600\times0.54=864$
变动制造费用	$\dfrac{28\,080}{21\,600}=1.3$	$20\,000\times1.3=26\,000$	$1\,600\times1.3=2\,080$
固定制造费用	$\dfrac{47\,520}{21\,600}=2.2$	$20\,000\times2.2=44\,000$	$1\,600\times2.2=3\,520$

（3）根据上述计算，编制丁产品成本计算单，如表 3-26 所示。

表 3-26　产品成本计算单

产品名称：丁产品　　　　　20×5 年 7 月　　　　　完工产品：1 000 件　　　　　单位：元

摘要		直接材料	直接人工		制造费用		合计
			变动费用	固定费用	变动费用	固定费用	
生产费用合计		375 840	40 176	11 664	28 080	47 520	503 280
完全成本法	完工产品总成本	324 000	37 200	10 800	26 000	44 000	442 000
	完工产品单位成本	324	37.2	10.8	26	44	442
	月末在产品成本	51 840	2 976	864	2 080	3 520	61 280
变动成本法	完工产品总成本	324 000	37 200		26 000		387 200
	完工产品单位成本	324	37.2		26		387.2
	月末在产品成本	51 840	2 976		2 080		56 896

采用定额比例法分配生产费用，便于企业考核分析成本计划的执行情况。例如，例 3-27 中直接材料的分配率（1.08），可以反映该成本项目超支（或节约）的百分比。1.08 表示实际材料成本是定额成本的 108%，即超支 8%。因此，在各项消耗定额（或定额成本）比较准确、稳定，且在产品数量较多时，可考虑采用此种方法。

≡ 思政小课堂

成本归集与分配：从微观账本到宏观治理的桥梁

成本费用的归集与分配，既是企业"精打细算"的技术密码，更是服务国家战略、践行社会责任的"价值杠杆"。从"一厘一毫"的精细核算到"千企万链"的系统优化，成本管理会计将成本归集的颗粒度与分配的精准度，转化为"产业链自主可控""区域协调发展""绿色低碳转型"的硬核支撑。

在光刻机产业链攻坚中，上海微电子装备（SMEE）将研发费用归集细化为"纳米级精度损耗成本""光刻胶适配试错成本""极紫外光源寿命衰减成本"等 127 项指标，将作业成本法（ABC）的适用贯穿每一道工序、每一台设备、每一组工艺参数。例如，在"28 nm 浸没式光刻机"的研发中，其成本管理团队通过费用动因追溯，发现光刻镜头镀膜环节的材料损耗成本占比高达 34%，遂联合中科院上海光机所建立"产学研费用共担池"，将高校基础研究费用、企业工程化费用、用户场景验证费用纳入统一归集框架,使研发周期缩短 40%,将成本回收期从 12 年压缩至 6 年。SMEE 实现 28 nm 光刻机量产后,其费用归集经验被工信部纳入《高端装备制造业成本管控白皮书》。这一实践证明,成本管理会计人需以"纳米级精度"归集研发费用,让每一分投入都成为突破"卡脖子"技术的"战略燃料"。

在"东数西算"国家工程中,华为云贵安数据中心通过"算力成本梯度分配模型",将服务器能耗、网络带宽、冷却系统等费用细分为"西部枢纽成本""东部用户成本""碳补偿成本"三类,按"时延敏感度—数据量级—能耗强度"三维因子动态分配。对金融交易等低时延需求业务,将 80% 成本计入东部用户;对视频渲染等高算力需求业务,将 60% 成本分配至西部枢纽,并通过"绿电成本抵扣机制",使西部数据中心每度电成本降低 0.15 元,带动贵州数字经济规模 5 年间增长 3 倍,惠及 12 万乡村人口就业。这一案例揭示,成本管理会计以"全国一盘棋"的分配思维,让算力成本成为缩小东西部数字鸿沟的"经济纽带"。

思考题

1. 材料费用分配有哪些方法?如何选择分配方法?
2. 工资费用的归集与分配涉及哪些具体步骤?
3. 如何理解并应用约当产量比例法分配生产费用?
4. 废品损失包括哪些内容?如何进行废品损失的核算?
5. 停工损失包括哪些内容?如何进行停工损失的归集与分配?
6. 生产费用在完工产品和在产品之间分配的方法有哪些?各自适用于什么情况?

练习题

1. 某企业本月生产 A 产品 25 台,B 产品 40 台,C 产品 50 台。三种产品共同耗用甲材料 3 672 千克,甲材料单价 5 元。三种产品单位材料消耗量分别是 60 千克、40 千克和 10 千克。

要求:根据以上材料,采用材料定额消耗量比例法分配甲材料费用,并编制相应的会计分录。

2. 某企业设有供电和机修两个辅助生产车间,主要为企业基本生产车间和行政管理部门提供服务。某年 9 月供电车间本月发生的费用为 48 000 元,机修车间本月发生的费用为 36 000 元。各辅助生产车间提供劳务及其消耗情况如表 3-27。

表 3-27　辅助生产车间提供劳务及其消耗情况

受益单位		供电数量(度)	机修数量(工时)
辅助生产车间	供电		1 000
	机修	8 000	

（续表）

受益单位	供电数量（度）	机修数量（工时）
基本生产车间	100 000	9 000
行政管理部门	12 000	5 000
合计	120 000	15 000

要求：

（1）根据资料采用交互分配法分配辅助生产费用，填写表 3-28 空格（分配率保留小数点后 5 位数字，其余结果保留小数点后 2 位数字）。

（2）采用交互分配法分配辅助生产车间的生产费用。

表 3-28　辅助生产费用分配表（交互分配法）

项目			交互分配			对外分配		
辅助生产车间名称			供电车间	机修车间	合计	供电车间	机修车间	合计
待分配辅助生产费用			48 000	36 000	84 000			
供应劳务数量			120 000	15 000	—			—
费用分配率								
辅助生产车间耗用	供电车间	耗用数量		1 000				
		分配金额						
	机修车间	耗用数量	8 000					
		分配金额						
基本生产车间耗用		耗用数量				100 000	9 000	
		分配金额						
行政管理部门耗用		耗用数量				12 000	5 000	
		分配金额						
分配金额合计								

3. 某产品分两道工序制成。其工时定额为：第一道工序 20 小时，第二道工序 30 小时，每道工序按本道工序工时定额的 50% 计算。在产品数量为：第一道工序 100 件，第二道工序 200 件。月末完工产品 300 件，月初在产品和本月发生的工资及福利费共计 3 220 元。

要求：

（1）计算两道工序在产品的完工率。

（2）计算月末在产品约当产量。

（3）按约当产量比例分配计算完工产品和月末在产品的工资及福利费。

4. 某企业 A 产品月初在产品费用为：直接材料费 30 000 元，直接人工费 35 000 元，制造费用 20 000 元。本月发生费用为：直接材料费 70 000 元，直接人工费 95 000 元，制造费用 66 000 元。该产品本月完工 600 件，月末在产品 200 件（完工程度 60%），原材料在投产时一次投入。

要求:按约当产量法分别计算本月完工产品成本和期末在产品成本总额。

5. 某企业生产甲产品,原材料在生产开始时一次投入。本月完工产品数量为8 000件,期末在产品为2 000件,完工程度80%。该企业库存商品的定额如下:单件直接材料耗用量为5千克,每千克计划成本为4元;单件工时定额为2.5小时,每小时直接工资定额为3.2元,每小时制造费用定额为1.1元。有关费用资料见下表3-29。

表3-29 有关费用资料

单位:元

项目	直接材料	直接工资	制造费用	合计
月初在产品成本	28 000	12 000	4 000	44 000
本月发生费用	164 000	60 000	20 000	244 000

要求:

(1) 采用在产品按定额成本计价法分配完工产品成本和月末在产品成本。

(2) 采用定额比例法分配完工产品成本和月末在产品成本。

本章练习题

第4章　产品成本计算的基本方法

第1节　成本计算概述

成本计算作为成本管理的核心环节,是企业准确衡量产品或服务成本、合理制定价格策略、有效控制成本开支、科学评估经营绩效的重要基础。它通过系统地归集和分配企业在生产经营过程中发生的各项费用,按照既定的成本计算对象进行核算,从而得出各成本计算对象的总成本和单位成本。

正确计算产品成本,必须按照产品的生产特点和企业管理要求采用适当的方法。企业选择成本计算方法时,首先要明确成本计算对象,其次要确定生产费用归集和计入产品成本的程序、成本计算期及生产费用在完工产品和在产品之间的分配。成本计算不仅遵循合法性、实际成本、分期核算、权责发生制及一致性等基本原则,确保成本信息的真实、准确与可比,还依据企业的生产特点和管理需求,灵活采用品种法、分批法、分步法等多种计算方法。在现代企业管理中,成本计算的应用已远远超越了简单的成本核算范畴,它渗透企业的战略规划、投资决策、市场定位和绩效评估等环节,成为企业提升竞争力、实现可持续发展的重要工具。通过精细化的成本计算,企业能够清晰地洞察成本构成,精准识别成本控制的关键点,进而采取针对性措施降低成本、优化资源配置,为自身的长远发展奠定坚实基础。

第 2 节 品 种 法

4.2.1 品种法的概念和适用范围

品种法是指以产品品种为成本计算对象计算成本的一种方法,适用于大量、大批的单步骤生产企业。在这种类型的生产中,产品的生产过程不能划分为几个生产步骤,如企业或车间的规模较小,或者车间是封闭的,即从原材料投入到产品出产的全部生产过程都在一个车间内进行,或者生产是按流水线组织的,管理上不要求按照生产步骤计算产品成本。在这些情况下,企业可以按品种法计算产品成本。

4.2.2 品种法的主要特点

1. 成本计算对象是产品品种

品种法以企业最终生产完成的产品品种作为成本计算的核心对象,按照每种产品分别设置生产成本明细账,归集生产过程中发生的直接材料、直接人工和制造费用。这一特点决定了品种法适用于大量、大批的单步骤生产企业,或虽为多步骤生产但管理上不要求分步计算成本的企业。如果企业只生产一种产品,则其全部生产费用都是直接费用,可直接列入该产品成本明细账的有关成本账户,不存在各成本计算对象之间分配费用的问题。企业如果生产多种产品,则要采用适当的方法将间接费用在各成本计算对象之间进行分配。通过按品种归集成本,企业能够清晰掌握每种产品的总成本和单位成本,为产品定价、成本控制及经营决策提供直接依据。

2. 一般以每月月末作为成本计算期

品种法通常以会计期间为成本计算周期,而非随产品完工即时结转。在生产周期与会计期间不一致的情况下,月末需采用合理方法,如生产工时、机器工时、定额比例,将累计的制造费用分摊至各产品成本。这一特点要求企业具备完善的间接费用分配体系,确保成本分配的科学性与合理性,同时需要关注期末在产品与完工产品之间的成本划分,避免因跨期分配而导致成本信息失真。

3. 将生产费用在完工产品和在产品之间进行分配

品种法假设同一品种产品的生产流程和工艺技术具有高度一致性,因此无须按生产步骤或批次单独核算成本。这一特点显著简化了成本核算流程,降低了企业财务部门的工作量,尤其适合工艺稳定、产品单一的生产环境。然而,其局限性在于无法提供分步成本信息,对于需要精细化管理多步骤生产过程的企业,如机械制造、化工等企业,需结合其他方法补充核算。此外,品种法通常以约当产量法处理月末在产品成本,需准确估算在产品完工程度,这对生产管理水平提出了一定要求。

4.2.3 品种法的成本计算程序

1. 按品种归集生产费用

根据企业生产特点和管理需求,以产品品种为对象设置生产成本明细账,将当期发生的直接材料、直接人工直接计入对应产品的成本项目;对于间接费用(如制造费用),需先在"制造费用"总账科目中归集,再通过合理分配标准(如生产工时、机器工时、定额耗用量等)分摊至各产品。此步骤需确保费用归集的完整性与准确性,尤其需关注材料领用、工时记录等原始凭证的审核,避免跨期费用混入或重复计算。

2. 分配间接费用至各产品

月末,根据预先确定的分配标准(如某产品耗用生产工时占总工时的比例),将累计的制造费用按比例分摊至各产品成本。分配标准的选择需兼顾合理性与可操作性,如生产工时适用于工艺复杂度差异较大的产品,定额耗用量适用于材料消耗差异显著的情况。分配完成后,需编制制造费用分配表,作为账务处理的依据,并确保分配结果与明细账记录一致。

3. 计算完工产品与在产品成本

若月末存在未完工在产品,需采用约当产量法或定额成本法等合理方法,将在产品数量折算为约当完工产品数量,再按完工产品与在产品的约当产量比例分配总成本。分配后,分别计算完工产品的总成本和单位成本(总成本÷完工数量)以及在产品的约当总成本。若月末全部产品均已完工,则直接将累计成本结转至"库存商品"科目。成本计算完成后,需编制产品成本计算单,详细列示各成本项目的金额,并以其作为编制财务报表和成本分析的依据。

4.2.4 品种法的应用

例 4-1

某公司设有一个基本生产车间,单步骤大量生产甲、乙两种产品;此外,还设有供水和机修两个辅助生产车间。该公司 20×5 年 7 月的有关资料为:甲产品月末在产品 60 件,加工程度为 50%,本月完工产品 300 件;乙产品月末无在产品,本月完工产品 400 件。甲、乙产品均为开工时一次性领料,工、料费用的发生随加工程度增加。

该公司产品成本核算如下:

(1) 各要素费用的发生与分配。根据原始凭证及有关资料,可以按用途和部门编制各种费用分配表(表 4-1 至表 4-5),进行要素费用的归集和初次分配。

表 4-1 材料费用分配表(一)

20×5 年 7 月

单位:元

项目		原材料及主要材料	辅助材料	燃料	合计
基本生产成本	甲产品	36 000	600		36 600
	乙产品	24 000	1 000		25 000
	小计	60 000	1 600		61 600

（续表）

项目		原材料及主要材料	辅助材料	燃料	合计
辅助生产成本	供水车间	600	150	80	830
	机修车间	500	90	40	630
	小计	1 100	240	120	1 460
制造费用	基本生产车间		700	210	910
管理费用			260	150	410
合计		61 100	2 800	480	64 380

表 4-2　外购电力费用分配表（二）

20×5 年 7 月　　　　　　　　　　　　　金额单位:元

项目		耗用量（千瓦时）			单价	金额
		动力用	照明用	合计		
基本生产成本	甲产品	6 600		6 600	0.40	2 640
	乙产品	5 000		5 000	0.40	2 000
	小计	11 600		11 600		4 640
辅助生产成本	供水车间	3 000	450	3 450	0.40	1 380
	机修车间	2 000	450	2 450	0.40	980
	小计	5 000	900	5 900		2 360
制造费用	基本生产车间		920	920	0.40	368
管理费用			550	550	0.40	220
合计		16 600	2 370	18 970		7 588

表 4-3　工资和提取的职工福利费分配表（三）

20×5 年 7 月　　　　　　　　　　　　　单位:元

项目		基本工资及补助	职工福利费	合计
基本生产成本	甲产品	34 360	3 880	38 240
	乙产品	31 210	3 440	34 650
	小计	65 570	7 320	72 890
辅助生产成本	供水车间	3 980	560	4 540
	机修车间	4 820	678	5 498
	小计	8 800	1 238	10 038
制造费用	基本生产车间	2 000	240	2 240
管理费用		1 610	215	1 825
合计		77 980	9 013	86 993

表 4-4　折旧费和提取的大修理费分配表(四)

20×5 年 7 月　　　　　　　　　　　　　　　　　　　　　　单位:元

项目		折旧费	大修理费用	合计
辅助生产成本	供水车间	260	194	454
	机修车间	560	280	840
制造费用	基本生产车间	950	550	1 500
管理费用		456	246	702
合计		2 226	1 270	3 496

表 4-5　其他费用分配表(五)

20×5 年 7 月　　　　　　　　　　　　　　　　　　　　　　单位:元

项目		差旅费	办公费	运输费	合计
辅助生产成本	供水车间		45		45
	机修车间			66	66
制造费用	基本生产车间	360			360
管理费用			123		
合计		360	168	66	471

表 4-1 至表 4-5 清楚地展示了各要素费用的发生情况(如按用途和部门进行的费用归集),从而为下一步进行的费用分配奠定了基础。

(2) 归集和分配辅助生产费用。将上述费用分配表中归集的,应记入"辅助生产成本"账户的各项辅助生产费用汇总反映在辅助生产成本明细账中(表 4-6 和表 4-7)。

表 4-6　辅助生产成本明细账(供水车间)

部门:供水车间　　　　　　　　　　　　　　　　　　　　　　单位:元

2024 年		凭证号	摘要	直接材料	工资及福利费用	制造费用	结转	金额
月	日							
7	31		根据分配表(一)	750		80		
7	31		根据分配表(二)	1 200		180		
7	31		根据分配表(三)		4 540			
7	31		根据分配表(四)			454		
7	31		根据分配表(五)			45		
7	31		待分配费用小计	1 950	4 540	759		7 249
7	31		合计	1 950	4 540	759	7 249	

表 4-7 辅助生产成本明细账(机修车间)

部门:机修车间 单位:元

2024 年		凭证号	摘要	直接材料	工资及福利费用	制造费用	结转	金额
月	日							
7	31		根据分配表(一)	590		40		
7	31		根据分配表(二)	800		180		
7	31		根据分配表(三)		5 498			
7	31		根据分配表(四)			840		
7	31		根据分配表(五)			66		
7	31		待分配费用小计	1 390	5 498	1 126		8 014
7	31		合计	1 390	5 498	1 126	8 014	

对汇总反映在辅助生产成本明细账中的辅助生产费用,再按一定的方法(本例采用直接分配法)在各受益对象之间进行分配(表 4-8),从而形成产品成本计算的依据。

表 4-8 辅助生产费用分配表(直接分配法)(六)

20×5 年 7 月

项目		基本生产成本			制造费用(基本生产车间)	管理费用	合计
		甲产品	乙产品	小计			
供水车间	耗水量(立方米)	22 000	12 000	34 000	2 100	145	36 245
	分配率(元/立方米)						0.2 (7 249÷36 245)
	金额(元)	4 400	2 400	6 800	420	29	7 249
机修车间	耗电量(千瓦时)	1 800	1 200	3 000	782	225	4 007
	分配率(元/千瓦时)						2 (8 014÷4 007)
	金额(元)	3 600	2 400	6 000	1 564	450	8 014
合计		8 000	4 800	12 800	1 984	479	15 263

(3)归集和分配基本生产车间的制造费用。根据上述分配表归集属于基本生产车间的制造费用(表 4-9)。

表 4-9 制造费用明细账

部门:基本生产车间   单位:元

2024 年		摘要	工资及福利费用	折旧费	大修理费	机物料消耗	水电费	其他	结转
月	日								
7	31	根据分配表(一)				910			
7	31	根据分配表(二)					368		
7	31	根据分配表(三)	2 240						
7	31	根据分配表(四)		950	550				
7	31	根据分配表(五)						360	
7	31	根据分配表(六)						1 984	
7	31	费用小计	2 240	950	550	910	368	2 344	
7	31	合计	2 240	950	550	910	368	2 344	7 362

对汇总反映在制造费用明细账中的制造费用,再按一定的标准(本例以基本生产车间机器工时为分配标准)在甲、乙两种产品之间进行分配(表 4-10),从而形成产品成本计算的依据。

表 4-10 基本生产车间制造费用分配表(七)

项目	生产工时(小时)	分配率	分配金额(元)
基本生产成本——甲产品 ——乙产品	2 196 1 485		4 392 2 970
合计	3 681	2	7 362

(4) 汇总、计算产品成本。公司在产品生产过程中所发生的各项费用经过以上归集和分配,最终汇总到各产品的名下(表 4-11 和表 4-12)。这些费用还要在完工产品和月末在产品之间进行分配(采用约当产量法)才能最终计算完工产品的总成本和单位成本。

表 4-11 产品成本计算单(甲产品)

产品名称:甲产品   单位:元

2024 年		凭证号	摘要	成本项目			合计
月	日			直接材料	直接人工	制造费用	
7	1		月初在产品成本	7 850	3 670	1 124	12 644
7	31		根据分配表(一)	36 600			36 600
7	31		根据分配表(二)	2 640			2 640
7	31		根据分配表(三)		38 240		38 240
7	31		根据分配表(六)			8 000	8 000
7	31		根据分配表(七)			4 392	4 392
7	31		本月生产费用小计	39 240	38 240	12 392	89 872

(续表)

| 2024年 | | 凭证号 | 摘要 | 成本项目 | | | 合计 |
月	日			直接材料	直接人工	制造费用	
7	31		生产费用合计	47 090	41 910	13 516	102 516
7	31		结转完工产品成本	39 243	38 100	12 288	89 631
7	31		单位成本	130.81	127	40.96	298.77
7	31		月末在产品成本	7 847	3 810	1 228	12 885

表 4-12　产品成本计算单(乙产品)

产品名称:乙产品　　　　　　　　　　　　　　　　　　　　　　　　单位:元

| 2024年 | | 凭证号 | 摘要 | 成本项目 | | | 合计 |
月	日			直接材料	直接人工	制造费用	
7	1		月初在产品成本	2 992	780	228	4 000
7	31		根据分配表(一)	25 000			25 000
7	31		根据分配表(二)	2 000			2 000
7	31		根据分配表(三)		34 650		34 650
7	31		根据分配表(六)			4 800	4 800
7	31		根据分配表(七)			2 970	2 970
7	31		本月生产费用小计	27 000	34 650	7 770	69 420
7	31		生产费用合计	29 992	35 430	7 998	73 420
7	31		结转完工产品成本	29 992	35 430	7 998	73 420
7	31		单位成本	74.98	88.575	19.995	183.55

根据上述成本计算单的结果可知,甲产品的单位成本是 298.77 元,乙产品的单位成本是 183.55 元。

第3节　分　批　法

4.3.1　分批法的概念和适用范围

分批法是按照产品批别归集生产费用、计算产品成本的一种方法。在分批法下,成本核算以每一批产品作为独立的成本核算对象,按照该批产品所归集的生产费用总额除以实际产量,计算该批产品的单位成本。其核心特点在于成本核算与生产批次紧密关联,能够精确反映每批产品的实际成本消耗情况。

分批法主要适用于单件、小批生产类型的企业,如船舶制造、重型机械制造、精密仪器生产等行业,这些企业的生产通常根据客户订单或特定项目需求进行组织,产品品种多、规格复杂、生产周期长,且各批次产品之间在工艺要求、材料消耗、工时投入等方面存在显著差异。此外,分批法也适用于新产品试制、设备修理作业等非连续性、定制化生产场景。分批核算能够为企业提供准确的成本信息,支持产品定价决策、成本控制及业绩评价等管理活动。

4.3.2　分批法的主要特点

1. 以产品批别作为成本计算对象

分批法的核心在于将产品的批别或客户订单视为独立的成本计算单元,其尤其适用于单件、小批生产的制造企业或项目型生产模式。每一批次产品,即使属于同类产品,因生产工艺、原材料规格、客户定制化需求或生产时间差异,也需单独开设成本明细账。例如,船舶制造企业为不同客户定制的船舶、重型机械制造企业按订单生产的非标设备,均需按批次归集直接材料、直接人工及制造费用。这种核算方式能够精准反映每一批次产品的成本构成与盈利水平,为订单报价、成本控制及利润分析提供可靠依据,避免产品差异导致的成本混淆问题。

2. 成本计算期与生产周期一致

分批法的成本计算期具有非固定性,完全依附于各批次产品的生产周期。从原材料投入至产品完工的完整过程即为一个成本计算周期,可能跨越数月甚至数年。例如,某企业承接的定制化精密仪器订单,若生产周期为 6 个月,则该批次的成本计算仅在 6 个月后产品全部完工时终止。这种特性使成本信息能够实时反映生产过程中的资源消耗,但可能导致企业无法定期(如按月)提供统一的成本报表。因此,分批法更适用于生产周期明确且客户对成本信息及时性要求不高的场景,同时通过信息化手段可辅助实现动态成本监控。

3. 一般不需要进行完工产品与在产品的成本分配

在单件或小批生产模式下,若同一批次产品能够在同一会计期间内全部完工,则无须进行完工产品与在产品的成本分配,直接将该批次累计成本结转至完工产品。例如,某企业承接的 10 台定制化机床订单,若全部在当月完工,则当月发生的全部生产费用直接计入完工产品成本。然而,若存在跨月陆续完工的情况,如某批次产品分 3 个月完成,则需采用适当方法(如定额比例法、约当产量法或按实际工时分配法)进行成本分配。此时,企业需结合生产特点与管理需求选择分配方法,如对高精度产品可采用工时记录法,对标准化程度较高的产品可采用定额比例法,以确保成本分配的合理性与准确性。

4.3.3　分批法的成本计算程序

1. 设置成本明细账并归集生产费用

根据生产订单或产品批别,为每一批次产品单独设置成本明细账。在生产过程中,将直接材料、直接人工及制造费用按批次进行归集。直接材料根据领料单等原始凭证,将每一批次产品耗用的原材料成本直接计入对应批次成本明细账;直接人工根据工时记录或工资分配表,将生产工人工资及福利费等按批次工时占比分配至各批次;制造费用按生产部门或成本动因,如工时、机器工时等,将间接费用分配至各批次,确保费用归集与产品实际消耗相匹配。

2. 计算并结转完工产品成本

在批次产品全部完工时,将该批次成本明细账中累计的生产费用总额直接结转为完工产品成本。若批次内产品全部完工,则借记"库存商品——××批次",贷记"生产成本——××批次";若存在跨期陆续完工情况,需采用适当方法,如约当产量法、定额比例法,在完工产品与在产品之间分配费用,仅将完工部分成本结转至"库存商品"账户,未完工部分保留在"生产成本"账户。

3. 处理批次成本差异与账户清理

对实际成本与预算成本、标准成本的差异进行原因分析,如材料价格波动、工时效率偏差等,为后续成本控制提供依据;批次产品完工并结转成本后,及时关闭该批次成本明细账,避免费用混淆;若存在废品或损失,需单独核算损失金额并记入"废品损失"或"营业外支出"账户;进行成本信息归档,即将各批次成本计算单、分配表等原始凭证整理归档,作为成本分析与考核的原始依据,同时为后续订单报价、生产决策提供参考。

4.3.4　分批法的应用

例 4-2

某公司按照购货单位的要求,小批生产丙、丁两种产品,采用分批法计算成本。有关情况如下:

(1) 1 月投产的批号。

101A 批号:丙产品 10 件,本月投产,本月全部完工;

101B 批号:丁产品 40 件,本月投产,本月完工 32 件,2 月全部完工。

(2) 1 月各批号生产费用分配表如表 4-13 所示。

表 4-13　生产费用分配表

单位:元

月份	批号	直接材料	直接人工	制造费用
1	101A	45 650	38 000	25 000
	101B	48 200	18 360	9 900

101A 批产品 1 月全部完工,因此发生的产品生产费用合计即为完工产品总成本如表 4-14 所示。

表 4-14　产品成本计算单

批号:101A　　　　　　产品名称:丙产品　　　　开工日期:1 月 10 日
委托单位:新浪公司　　批量:10 件　　　　　　完工日期:1 月 25 日　　　　单位:元

项目	直接材料	直接人工	制造费用	合计
1 月发生费用				
根据生产费用分配表	45 650	38 000	25 000	108 650

（续表）

项目	直接材料	直接人工	制造费用	合计
结转完工产品（10 件）成本	45 650	38 000	25 000	108 650
单位产品成本	4 565	3 800	2 500	10 865

101B 批产品 1 月月末部分完工，而且完工产品数量占总指标的比重较大，应采用适当的方法，将产品生产费用在完工产品与在产品之间进行分配。本例中材料费用在生产开始时一次投入，因此材料费用按完工产品和在产品的实际数量比例分配，其他费用则按约当产量法进行分配，在产品的完工程度按 50% 计算。

（1）材料费用按完工产品数量和在产品数量比例分配。

$$材料费用分配率=\frac{48\,200}{32+8}=1\,205（元/件）$$

完工产品应负担的材料费用$=32×1\,205=38\,560$ 元）

在产品应负担的材料费用$=8×1\,205=9\,640$（元）

（2）其他费用按约当产量法分配。

① 直接人工费用按约当产量法分配。

$$直接人工费用分配率=\frac{18\,360}{32+8×50\%}=510（元/件）$$

完工产品应负担的直接人工费用$=32×510=16\,320$（元）

在产品应负担的直接人工费用$=8×50\%×510=2\,040$（元）

② 制造费用按约当产量法分配。

$$制造费用分配率=\frac{9\,900}{32+8×50\%}=275（元/件）$$

完工产品应负担的制造费用$=32×275=8\,800$（元）

在产品应负担的制造费用$=8×50\%×275=1\,100$（元）

将各项费用分配结果记入 101B 批丁产品成本计算单（表 4-15），即可计算出丁产品的完工产品成本和月末在产品成本。

表 4-15　产品成本计算单

批号：101B　　　　　　　　产品名称：丁产品　　　　　开工日期：1 月 2 日

委托单位：佳华公司　　　　批量：40 件　　　　　　　完工日期：　　　　　　　单位：元

项目	直接材料	直接人工	制造费用	合计
1 月发生费用				
根据生产费用分配表	48 200	18 360	9 900	76 460
合计	48 200	18 360	9 900	76 460
结转完工产品（32 件）成本	38 560	16 320	8 800	63 680
单位产品成本	1 205	510	275	1 990
月末在产品成本	9 640	2 040	1 100	12 780

第4节 分 步 法

4.4.1 分步法的概念和适用范围

分步法是一种按照产品生产的各加工步骤归集生产费用、计算各步骤半成品和最终产成品成本的成本计算方法。其核心在于将产品的生产过程划分为若干依次连续的生产步骤,每个步骤被视为一个独立的成本计算对象,分别计算该步骤所耗用的生产费用并转入下一步骤的半成品成本,最终汇总得出产成品的总成本和单位成本。

分步法主要适用于大量、大批、多步骤连续式生产的企业,如冶金、纺织、造纸、化工等行业的企业。这些企业的生产特点在于原材料连续投入、工艺过程环环相扣,产品需要经过多个加工步骤才能最终完成,且各步骤生产的半成品具有独立的经济意义,如可对外销售或需单独核算成本。通过分步法,企业能够准确核算各生产步骤的成本构成,揭示成本变动的规律,为生产流程优化、成本控制及定价决策提供详细的数据支持。此外,分步法还可与品种法、分批法结合使用,形成综合成本计算体系,以适应不同生产类型和管理需求。

4.4.2 分步法的主要特点

1. 以生产步骤为成本计算对象

分步法将产品的生产过程划分为若干依次连续的生产步骤,每个步骤均作为独立的成本计算对象。例如,在化工生产中,从原材料投入、反应处理到成品包装,每个阶段均需单独核算成本。这种细化方式能够清晰反映各步骤的资源消耗与成本构成,便于企业识别生产瓶颈、优化工艺流程,并为分步骤的成本控制提供数据支持。

2. 成本计算期与生产周期定期同步

分步法的成本计算期通常与生产周期脱钩,而与会计报告期(如月、季、年)保持一致。即使产品尚未完工,各步骤的生产费用仍需定期进行归集与分配。例如,钢铁企业需按月计算炼铁、炼钢、轧钢等步骤的成本,即使最终产品尚未完成全部工序。这种特性使企业能够定期提供成本信息,满足管理决策与财务报告的及时性需求。

3. 半成品成本需逐步结转或平行汇总

分步法要求逐步计算并结转各步骤半成品的成本。逐步结转法是将上一步骤的半成品成本以实际成本或还原成本形式转入下一步骤,直至最终产成品,完整反映成本流转路径;平行结转法是各步骤仅归集本步骤发生的生产费用,不计算半成品成本,而是将各步骤应计入产成品的份额直接平行汇总至最终产品。例如,汽车制造企业通过逐步结转法可追踪发动机、车身组装等步骤的成本,而平行结转法则更适用于仅需核算总成本的管理场景。

4. 适用于大量、大批、多步骤生产

分步法专为大量、大批、多步骤连续式生产设计,其应用范围涵盖冶金、纺织、造纸等流程型行业。此类企业的生产特点为原材料连续投入、工艺过程环环相扣,且半成品具有独立经济意义。分步法通过系统化核算各步骤成本,不仅支持产品定价与利润分析,还可为生产流程优化、标准成本制定及责任成本考核提供数据基础,助力企业实现全价值链成本管理。

4.4.3　分步法的成本计算程序

在实际工作中,根据成本管理对各生产步骤成本资料的不同要求,以及是否需要计算半成品成本和简化核算的要求,各生产步骤成本的计算和结转一般采用逐步结转和平行结转两种方法,即逐步结转分步法和平行结转分步法。

1. 逐步结转分步法

逐步结转分步法是按照产品加工的顺序,逐步计算并结转半成品成本,直到最后加工步骤才计算出产成品成本的一种方法。按照产品加工顺序,先计算第一个加工步骤的半成品成本,然后结转给第二个加工步骤,把第一个加工步骤转来的半成品成本加上第二个加工步骤耗用的材料和加工费用,即可求得第二个加工步骤的半成品成本。按如此顺序逐步转移累计,直到最后一个加工步骤才能计算出产成品成本。逐步结转分步法是为了分步计算半成品成本而采用的一种分步法,也称计算半成品成本分步法。

1) 逐步结转分步法的特点和适用范围

逐步结转分步法在完工产品与在产品之间分配费用是指各步骤完工产品与在产品之间的分配。其优点有:能提供各生产步骤的半成品成本资料;为各生产步骤的在产品实物管理及资金管理提供资料;能够全面地反映各生产步骤的生产耗费水平,更好地满足各生产步骤成本管理的要求。其缺点有:成本结转工作量较大,各生产步骤的半成品成本如果采用逐步综合结转方法,还要进行成本还原,增加核算的工作量。

这种方法适用于大量、大批连续复杂生产的企业。这种企业除了将产成品作为商品对外销售,还经常将生产步骤所产半成品作为商品对外销售。例如,钢铁厂的生铁、钢锭,纺织厂的棉纱等都需要计算半成品成本。

2) 逐步综合结转分步法

逐步结转分步法按照成本在下一步骤成本计算单中的反映方式,还可以分为综合结转法和分项结转法两种方法。这里仅就综合结转法加以介绍。

综合结转法是指上一步骤转入下一步骤的半成品成本,以"直接材料"或专设的"半成品"账户综合列入下一步骤的成本计算单。如果半成品通过半成品库收发,由于各月所生产半成品的单位成本不同,所耗半成品的单位成本可以如同材料核算一样,采用先进先出法或加权平均法等方法计算。综合结转可以按照半成品的实际成本结转,也可以按照半成品的计划成本结转。

例 4-3

某企业生产甲产品,顺序经过三个生产步骤加工,各步骤完工产品分别为半成品 A、半成品 B、库存商品甲。该企业采用逐步综合结转分步法计算产品成本,20×5 年 7 月有关成本计算资料如下:

(1) 产量记录及半成品实物结转顺序如表 4-16 所示。

表 4-16 产量记录及半成品实物结转顺序

单位:件

生产步骤	第一步骤	第二步骤	第三步骤
月初在产品	20	30	50
本月投产	190	180	190
本月完工	180	190	200
月末在产品	30	20	40

(2)原材料在开始生产第一步一次投入,月末在产品各步完工程度均为 50%。

(3)各步骤月初在产品成本资料如表 4-17 所示。

表 4-17 各步骤月初在产品成本资料

单位:元

加工步骤	原材料(半成品)	直接人工	制造费用
第一步骤	1 600	80	120
第二步骤	3 000	180	270
第三步骤	6 500	100	150

(4)各步骤本月成本费用资料如表 4-18 所示。

表 4-18 各步骤本月成本费用资料

单位:元

加工步骤	原材料	直接人工	制造费用
第一步骤	15 200	1 480	2 220
第二步骤	—	2 220	3 330
第三步骤	—	780	1 170

要求:根据上述资料,分别计算半成品 A、半成品 B 和库存商品甲的月末在产品成本和完工产品总成本及单位成本。

计算过程如下:

(1)开设并登记第一步骤产品成本明细账,如表 4-19 所示。

表 4-19 半成品 A 成本明细账(第一步骤)

金额单位:元

摘要	原材料	直接人工	制造费用	合计
月初在产品成本	1 600	80	120	1 800
本月生产费用	15 200	1 480	2 220	18 900
生产费用合计	16 800	1 560	2 340	20 700
约当产量(件)	210	195	195	

（续表）

摘要	原材料	直接人工	制造费用	合计
完工产品成本	14 400	1 440	2 160	18 000
完工产品单位成本	80	8	12	100
月末在产品成本	2 400	120	180	2 700

（2）开设并登记第二步骤产品成本明细账，如表4-20所示。

表4-20　半成品B成本明细账（第二步骤）

金额单位：元

摘要	原材料	直接人工	制造费用	合计
月初在产品成本	3 000	180	270	3 450
本月生产费用	18 000	2 220	3 330	23 550
生产费用合计	21 000	2 400	3 600	27 000
约当产量（件）	210	200	200	
完工产品成本	19 000	2 280	3 420	24 700
完工产品单位成本	100	12	18	130
月末在产品成本	2 000	120	180	2 300

（3）开设并登记第三步骤产品成本明细账，如表4-21所示。

表4-21　产成品甲成本明细账（第三步骤）

金额单位：元

摘要	原材料	直接人工	制造费用	合计
月初在产品成本	6 500	100	150	6 750
本月生产费用	24 700	780	1 170	26 650
生产费用合计	31 200	880	1 320	33 400
约当产量（件）	240	220	220	
完工产品成本	26 000	800	1 200	28 000
完工产品单位成本	130	4	6	140
月末在产品成本	5 200	80	120	5 400

3）成本还原

采用逐步结转分步法结转半成品成本，各步骤所耗半成品的成本是以"直接材料"账户综合反映的，这样计算出的产品成本不能提供按原始成本项目反映的成本资料。逐步结转半成品成本后，表现在产成品成本中的绝大部分费用是最后一个步骤所耗半成品的费用。直接人工和制造费用只是最后一个步骤发生的费用，在产品成本中所占比重很小，这显然不符合产品成本构成的实际情况，不能据此从整个企业角度分析和考核产品成本的构成和水平。因此，在管理上要求从整个企业的角度分析和考核产品成本的构成和水平时，还应将逐步结转计算出的产成品成本进行还原。

成本还原是指将各步骤所耗半成品成本逐步进行分解,还原为"直接材料""直接人工""制造费用"等账户,以便提供按原始成本项目反映的产品成本资料。成本还原一般采用逆序法,即从最后一个步骤开始,将各加工步骤产成品成本中所耗上一步骤所产半成品的成本按成本还原率逐步分解,还原为"直接材料""直接人工""制造费用"等账户,以得到按原始成本项目反映的产品成本资料。

以成本还原率分别乘以上一步骤本月所产各种半成品各成本项目的费用,即可将本月产成品所耗该种半成品的成本进行分解、还原;然后将还原前的产成品成本与产成品成本中半成品费用的还原值按照成本项目相加即可,最终还原后产成品单位成本等于还原后产成品总成本除以产成品产量。

2. 平行结转分步法

在计算各步骤成本时,不计算各步骤所产半成品成本,也不计算各步骤所耗上一步骤的半成品成本,而只计算本步骤发生的各项其他费用,以及这些费用中应计入产成品成本的份额,将相同产品各步骤成本明细账中的这些份额平行结转、汇总,即可计算出该种产品的产成品成本。这种结转各步骤成本的方法被称为平行结转分步法,也称不计算半成品成本分步法。

1)成本计算对象和成本结转程序

采用平行结转分步法的成本计算对象是各种产成品及其经过的各生产步骤中的成本"份额"。各步骤的产品生产费用并不随着半成品实物的转移而结转。

各生产步骤不计算本步骤的半成品成本。尽管半成品的实物转入下一生产步骤继续加工,但其成本并不结转到下一生产步骤的成本计算单中,只是在产品最后完工转入产成品库时,才将各步骤费用中应由完工产品负担的份额,从各步骤成本计算单中转出,平行汇总计算产成品成本。

2)产品生产费用在完工产品和在产品之间的分配

采用平行结转分步法,每一生产步骤的生产费用也要在其完工产品与月末在产品之间进行分配。但这里的完工产品是指企业最后完工的产成品;这里的在产品是指各步骤尚未加工完成的在产品和各步骤已完工但尚未最终加工完成的产成品。

例 4-4

某企业生产乙产品,生产分两步在两个车间进行,第一车间为第二车间提供半成品,第二车间将其加工为产成品。各种生产费用归集与分配过程省略,数字在各成本计算单中列示。产成品和月末在产品之间分配费用的方法采用定额比例法:材料费用按定额材料费用比例分配,其他费用按定额工时比例分配。

(1)有关乙产品的定额资料如表 4-22 所示。

表 4-22　乙产品的定额资料

金额单位:元

项目	月初在产品		本月投入		本月产成品				
	定额材料费用	定额工时（小时）	定额材料费用	定额工时（小时）	单件定额		产量（件）	定额材料费用	定额工时（小时）
					材料费用	工时（小时）			
第一车间份额	19 674	5 200	8 400	3 900	80	25	300	24 000	7 500

项目	月初在产品		本月投入		本月产成品				
	定额材料费用	定额工时（小时）	定额材料费用	定额工时（小时）	单件定额		产量（件）	定额材料费用	定额工时（小时）
					材料费用	工时（小时）			
第二车间份额		3 300		6 410		30	300		9 000
合计	19 674	8 500	8 400	10 310	80	55	300	24 000	16 500

（2）根据乙产品的定额资料、各种生产费用分配表和产成品交库单，登记第一、第二车间的产品成本计算单，分别如表4-23和表4-24所示。

表4-23　产品成本计算单

部门与产品名称：第一车间乙产品　　　　　　　　　　　　　　　　　　　　　　　金额单位：元

项目	产成品产量（件）	原材料		定额工时（小时）	工资及福利费用	制造费用	成本合计
		定额	实际				
月初在产品		19 674	28 210	5 200	6 000	10 910	45 120
本月生产费用		8 400	13 901	3 900	4 920	8 200	27 021
合计		28 074	42 111	9 100	10 920	19 110	72 141
费用分配率			1.5		1.2	2.1	
产成品成本中本步骤份额	300	24 000	36 000	7 500	9 000	15 750	60 750
月末在产品		4 074	6 111	1 600	1 920	3 360	11 391

表4-24　产品成本计算单

部门与产品名称：第二车间乙产品　　　　　　　　　　　　　　　　　　　　　　　金额单位：元

项目	产成品产量（件）	原材料		定额工时（小时）	工资及福利费用	制造费用	成本合计
		定额	实际				
月初在产品				3 300	3 081	4 834	7 915
本月生产费用				6 410	7 600	7 789	15 389
合计				9 710	10 681	12 623	23 304
费用分配率					1.1	1.3	
产成品成本中本步骤份额	300			9 000	9 900	11 700	21 600
月末在产品				710	781	923	1 704

定额材料费用和定额工时，根据乙产品定额资料计算登记。月末没有盘点在产品，月末在产品定额资料是根据月初在产品定额资料、本月投入定额资料和产成品定额资料，采用倒挤的方法计算求得的。

本月生产费用即本步骤为生产乙产品所发生的各项生产费用，应根据各种生产费用分配表登记。原材料是在生产开始时一次投入,采用平行结转分步法在各生产步骤间不结转半成品成本,因而只有第一车间有材料费用(定额和实际),第二车间没有本月耗用的半成品费用。

采用定额比例法在完工产品与在产品之间分配费用,应首先计算费用分配率,其中材料费用按定额材料费用比例分配,其他各项费用均按定额工时比例分配。

(3) 将第一、第二车间产品成本计算单中应计入产成品成本的份额,平行汇总记入乙产品成本汇总表,如表 4-25 所示。

表 4-25　乙产品成本汇总表

金额单位:元

项目	产量(件)	原材料	工资及福利费用	制造费用	成本合计
第一车间份额	300	36 000	9 000	15 750	60 750
第二车间份额	300		9 900	11 700	21 600
合计	300	36 000	18 900	27 450	82 350
单位成本	300	120	63	91.5	274.5

平行结转分步法的优点有:各步骤可以同时计算产品成本,平行汇总计入产成品成本,不必逐步结转半成品成本;能够直接提供按原始成本项目反映的产品成本资料,不必进行成本还原,因而能够简化和加速成本计算工作。其缺点有:不能提供各步骤的半成品成本资料;在产品的费用在产品最后完工以前,不随实物转出而转出,即不按其所在的地点登记,而按其发生的地点登记,因此不能为各生产步骤在产品的实物管理和资金管理提供资料;各生产步骤的产品成本不包括所耗半成品费用,因而不能全面地反映各该步骤产品的生产耗费水平(第一步除外),不能更好地满足这些步骤成本管理的要求。

📄 思政小课堂

品种法铸就"中国精度"

在航天科技集团长征五号运载火箭的研制中,品种法成为突破"动力心脏"瓶颈的核心工具。火箭发动机涡轮泵作为"航天皇冠上的明珠",其成本计算需贯穿"单晶叶片材料损耗成本""超临界流体加工精度成本""极端环境测试失效成本"等 132 项指标。团队通过品种法将总装车间成本归集至"产品品种"维度,建立"材料—工艺—质量"三维成本模型,发现某型涡轮泵加工余量超标导致材料浪费率达 18%,遂联合北京航空材料研究院开发"近净成形 3D 打印工艺",使单台发动机材料成本降低 420 万元,发射准备周期缩短 60 天。长征五号 B 火箭搭载问天实验舱成功发射后,其成本计算经验被纳入《国防科技工业成本管理指南》。成本管理会计人需以"纳米级精度"归集成本,让品种法成为大国重器突破极限的"数据刻度尺"。

分批法破解"超级工程"成本迷局

在白鹤滩水电站的建设中,中国电建通过分批法破解"百万千瓦级水轮机组"成本管控难题。其成本管理团队将 16 台机组按"生产批别"独立核算,建立"单机成本—技术成熟度—交付周期"三维矩阵。在 7 号机组的研发中,中国电建通过分批法将成本追溯至"转轮叶片气蚀试验成本""发电机定子绕组绝缘成本""智能巡检系统部署成本",发现冷却系统设计缺陷导致试运行能耗超标 15%,遂联合东方电气集团开发"自适应油雾润滑技术",使单台机组年运维成本降低 800 万元。白鹤滩水电站全面投产后,其成本计算经验被世界银行评为"全球水电项目成本治理典范"。这一实践表明,成本管理会计人需以"分批法"为利器,让大国工程的每一分投入都成为驱动绿色发展的"清洁动能"。

分步法锻造"新质生产力"

在宁德时代的动力电池产业链中,分步法成为重构"成本—技术—价值"三角关系的核心工具。其成本管理团队将电池生产分解为"前驱体合成—极片涂布—叠片封装—化成检测"四步,建立"单步成本—能量密度—碳足迹"三维模型。在 NCM811 高镍三元电池的研发中,宁德时代通过分步法将成本分为"前驱体共沉淀反应成本""超薄隔膜穿刺强度成本""低温快充循环衰减成本",发现正极材料烧结环节能耗占比达 37%,遂开发"微波烧结—余热回收一体化技术",使单 Wh 电池能耗成本降低 0.03 元,碳足迹减少28%。宁德时代凭借分步法提高成本竞争力,成为全球首个电池回收率超 95% 的企业,其成本计算体系被纳入工信部《新能源汽车产业绿色发展白皮书》。这一实践证明,成本管理会计人需以"分步法"为引擎,让产业链的每一步升级都成为新质生产力的"数据燃料"。

思考题

1. 什么是产品成本计算的品种法? 品种法有哪些特点?
2. 什么是产品成本计算的分批法? 分批法有哪些特点?
3. 什么是产品成本计算的分步法? 分步法有哪些特点?
4. 什么是成本还原? 如何进行成本还原?
5. 什么是逐步结转分步法和平行结转分步法? 它们各有哪些优缺点?

练习题

1. 某公司大量大批生产甲、乙两种产品,根据生产特点和管理要求,该公司采用品种法计算成本。各产品所耗材料均在开工时一次投入,直接人工费用及制造费用随加工程度均匀发生,月末在产品成本按定额成本计算。不可修复乙产品的废品损失全部由本月完工乙产品成本负担。10 月份有关资料如下。

（1）

表 4-26 产量记录

项目	甲产品	乙产品
本月完工产品数量(件)	2 000	1 000
月末在产品数量(件)	500	200
月末在产品消耗工时合计(工时)	3 000	1 000

（2）

表 4-27 单位产品定额成本资料

	单件直接材料定额成本(元)	单位工时人工费用定额(元)	单位工时制造费用定额(元)
甲产品	10	8	2
乙产品	20	10	2

（3）

表 4-28 有关废品损失资料

项目	直接材料(元)	直接人工(元)	制造费用(元)
乙产品(不可修复)	1 000	1 400	600

（4）月初在产品成本及本月生产费用见下列甲乙产品成本明细账资料。

要求：登记甲、乙两种产品成本明细账,计算各产品成本。

表 4-29 甲产品成本明细账

金额单位:元

摘要	直接材料	直接人工	制造费用	合计
月初在产品成本	6 000	32 000	8 000	
本月生产费用	14 000	12 000	3 000	
生产费用合计				
月末在产品定额成本				
完工产品成本				
完工产品单位成本				

表 4-30 乙产品成本明细账

金额单位:元

摘要	直接材料	直接人工	制造费用	废品损失	合计
本月生产费用	25 000	18 400	6 600	—	
转出不可修复废品成本				—	

（续表）

摘要	直接材料	直接人工	制造费用	废品损失	合计
转入废品净损失	—	—	—		
本月生产费用净额					
月末在产品定额成本				—	
完工产品成本					
完工产品单位成本					

2. 某工业企业大量生产甲产成品。生产分为两个步骤，分别由两个车间进行。第一车间生产甲半成品1 000件，交半成品库验收；第二车间将甲半成品加工成为甲产成品。第二车间所耗半成品费用按全月一次加权平均单位成本计算。该厂为加强成本管理，采用逐步结转分步法计算产品成本，有关产量和费用资料如下表所示。

要求：根据所提供的资料，登记产品成本明细账和自制半成品明细账。

表4-31　第一车间产品成本明细账

甲半成品　　　　　　　　　　　　　　　　　　产量：1 000件，单位：元

	直接材料	直接人工	制造费用	合计
月初在产品成本（定额成本）	3 800	2 200	4 600	10 600
本月生产费用	12 600	6 000	12 200	30 800
合计				
完工转出半成品成本				
月末在产品成本（定额成本）	5 600	2 600	5 200	13 400

表4-32　自制半成品明细账

甲半成品　　　　　　　　　　　　　　　　　　计量单位：件、元

月份	月初余额		本月增加		合计		本月减少		
	数量	实际成本	数量	实际成本	数量	实际成本	单位成本	数量	实际成本
4	800	20 600						1 400	
5									

表4-33　第二车间产品成本明细账

甲产成品　　　　　　　　　　　　　　　　　　产量：700件，单位：元

	直接材料	直接人工	制造费用	合计
月初在产品成本（定额成本）	12 200	2 400	5 000	19 600
本月生产费用		7 400	17 700	
合计				
产成品成本				
月末在产品成本（定额成本）	5 200	1 000	2 800	9 000

3. A产品经过两个步骤生产,分别在第一车间、第二车间连续加工完成,第一车间为第二车间提供半成品,第二车间将半成品加工成产成品。原材料生产开始时一次投入,完工产品与期末在产品之间分配费用采用定额比例法。有关A产品月初在产品成本和本月发生费用资料如表4-34所示,A产品定额资料如表4-35所示。该企业采取平行结转分步法计算A产品成本。

表4-34 月初在产品成本和本月发生费用资料

单位:元

成本项目	月初在产品成本		本月发生费用	
	第一车间	第二车间	第一车间	第二车间
直接材料	43 200		30 000	
直接人工	19 000	12 080	12 000	16 000
制造费用	24 000	10 000	16 000	83 600
合计	86 200	22 080	58 000	99 600

表4-35 A产品有关定额资料

生产步骤	月初在产品		本月投入			本月完工产品	
	定额材料(元)	定额工时(小时)	定额材料(元)	定额工时(小时)	产量(件)	定额材料(元)	定额工时(小时)
第一车间份额	30 000	44 000	31 000	56 000	1 000	37 000	60 000
第二车间份额		20 000		32 000	1 000		40 000
合计	30 000	64 000	31 000	88 000	1 000	37 000	100 000

要求:

(1) 分别填列第一车间、第二车间基本生产成本明细账。

(2) 填列A产品成本汇总表。

表4-36 第一车间基本生产成本明细账

产品名称:A产品

摘要	产量(件)	直接材料(元)	直接人工(元)	制造费用(元)	合计
月初在产品成本					
本月发生费用					
生产费用合计					
分配率					

（续表）

摘要	产量（件）	直接材料（元）	直接人工（元）	制造费用（元）	合计
产成品成本份额	1 000				
月末在产品成本					

表 4-37 第二车间基本生产成本明细账

产品名称：A产品

摘要	产量（件）	直接材料（元）	直接人工（元）	制造费用（元）	合计
月初在产品成本					
本月发生费用					
生产费用合计					
分配率					
产成品成本份额	1 000				
月末在产品成本					

表 4-38 A产品成本汇总表

车间份额	产量（件）	直接材料（元）	直接人工（元）	制造费用（元）	成本合计（元）
第一车间份额	1 000				
第二车间份额	1 000				
合计					
单位成本（元/件）					

4. 某企业按照客户要求，小批生产甲、乙两种产品，在产品原材料按定额成本计价，该企业本月份（5月）各批产品的资料如下。

表 4-39 生产记录

批号	产品名称	产量（件）	开工日期	完工日期
♯408	甲	20	4 月	本月全部完工
♯409	乙	8	5 月	本月完工5件（耗用3 200小时）

表 4-40 本月生产费用和生产工时

批号	产品名称	原材料费用（元）	生产工时（小时）	直接人工费用（元）	制造费用（元）
♯408	甲	4 000	1 000		
♯409	乙	14 000	4 000		
合计			5 000	30 000	60 000

假设乙产品未完工产品原材料定额成本 2 000 元,未完工乙产品耗用定额工时 800 小时。直接人工和制造费用按生产工时比例分配。甲产品月初累计费用见产品成本明细账。

要求:

(1) 计算本月直接人工和制造费用分配率。(列出计算式)

(2) 登记各批产品成本明细账,计算各批完工产品成本。

表 4-41　成本明细账

工作批号:♯408　　　　　　　　　　　　　　　　　　开工时期:20×5 年 4 月
产品名称:甲产品　　产量:20 件　　　　　　　　　　完工日期:20×5 年 5 月
　　　　　　　　　　　　　　　　　　　　　　　　　　金额单位:元

月	日	摘　要	直接材料	直接人工	制造费用	合　计
4	30	累计费用	1 000	8 000	4 000	13 000
5	31	本月生产费用	4 000			
5	31	生产费用累计	5 000			
5	31	完工转出产成品成本(20 件)	5 000			
5	31	完工产品单位成本				

表 4-42　产品成本明细账

工作批号:♯409　　　　　　　　　　　　　　　　　　开工时期:20×5 年 5 月
产品名称:乙产品　　产量:8 件　　　　　　　　　　完工日期:20×5 年 5 月完工 5 件
　　　　　　　　　　　　　　　　　　　　　　　　　　金额单位:元

月	日	摘　要	直接材料	直接人工	制造费用	合　计
5	31	本月生产费用	14 000			
5	31	完工转出产成品成本(5 件)				
5	31	完工产品单位成本				
5	31	结余	2 000			

本章练习题

第5章　变动成本法

第1节　变动成本法的意义及特点

分析业务量与成本之间的相互依存关系,需要把成本分为变动成本与固定成本。不论是变动成本还是固定成本,其对企业经营管理和决策都有着至关重要的作用,尤其是在预测、决策和成本控制等方面。如何在日常会计核算过程中及时提供变动成本和固定成本的相关数据呢?在产品成本核算环节采用变动成本法,便能有效达成这一目标。

5.1.1　变动成本法的意义

1. 变动成本法的产生

变动成本法最早被称为直接成本法,它的出现与当时的产品成本核算方式紧密相连。当时的产品成本核算主要包括与业务量关系比较明显的直接材料和直接人工。19世纪40年代,英国曼彻斯特的工厂率先采用变动成本法计算利润。此后,法国、美国、英国等国家的学者相继提出了变动成本法的初步理论。1936年,美籍英裔会计学家乔纳森·哈里斯在《全国会计师联合会公报》上发表了首篇专门阐述变动成本法理论的文章,该文章的公开发表使变动成本法的概念迅速传播开来。

第二次世界大战后,科学技术的飞速发展和企业竞争的日益激烈,使企业管理者逐渐意识到传统的完全成本法已难以满足企业内部管理和决策的需要,此时变动成本法受到了更为广泛的关注。到了20世纪60年代,美国、日本等国家的企业开始广泛地将变动成本法应用于内部管理和短期决策中。20世纪70年代末,变动成本法传入我国,并在部分企业中得到了实际应用。

2. 变动成本法的内涵

变动成本法是一种与完全成本法相对的概念。完全成本法是我国现行的制造成本计算方法,它在计算产品成本时,将生产过程中消耗的直接材料、直接人工和全部制造费用纳入其中。相比之下,变动成本法在计算产品成本时,仅涵盖直接材料、直接人工(计件工资)和变动制造费用,不包含固定制造费用,而将固定制造费用视为期间费用进行处理。这种方法的核心在于区分成本的变动性与固定性,将成本按其性态进行分类处理,从而更清晰地反映成本与产量之间的关系,为企业的短期决策、成本控制和利润预测等提供更为直接和有用的信息。

3. 采用变动成本法的理由

变动成本法认为,固定制造费用是为了给企业提供一定的生产经营条件而产生的费用。它与产品实际生产量并无直接关联,不会因为产量的增减而相应增减。然而,固定制造费用会随着会计期间的开始而产生、随着会计期间的结束而停止,因此它与会计期间的联系十分紧密。实际上,当期产生的固定制造费用本质上属于当期的期间费用,不应推迟至下一个会计期间。所以,将当期产生的固定制造费用计入期间成本,作为当期实现收益的扣除项,这更契合"收入与费用相匹配"的会计原则,也更能精准地评估企业在当期的经济效益。

例 5-1

某企业生产甲产品,其有关资料如下:全年生产 2 000 件,每件产品直接材料为 5 元,直接人工为 3 元,变动制造费用为 2 元,固定制造费用全年共 12 000 元。假定期初无存货,本年销售 1 500 件,每件售价为 25 元。

在变动成本法下,单位产品成本包括直接材料、直接人工和变动制造费用。

甲产品单位变动成本=5+3+2=10(元)

在完全成本法下,单位产品成本包括直接材料、直接人工、变动制造费用和固定制造费用。

每件产品固定制造费用=12 000÷2 000=6(元)

甲产品单位完全成本=5+3+2+6=16(元)

按两种成本计算法编制收益表,如表 5-1 所示。

表 5-1 收益表

单位:元

项目	变动成本法	完全成本法	项目	变动成本法	完全成本法
销售收入	37 500	37 500	贡献毛益	22 500	
产品成本	20 000	32 000	固定成本	12 000	
期末存货	5 000	8 000	息税前利润	10 500	13 500
销售成本	15 000	24 000			

从表 5-1 可以看出,变动成本法与完全成本法在产品成本构成上存在差异。在完全成

本法下,单位产品成本中包含了每件产品分摊的固定制造费用 6 元,因此在计算当期收益表中的产品销售成本和当期资产负债表中的存货成本(库存产成品)时,每件产品按 16 元进行计价,从而使期末存货成本为 8 000 元。而采用变动成本法时,本期产生的 12 000 元固定制造费用会全部从销售收入中扣除,存货成本则按每件 10 元进行计价,导致期末存货成本为 5 000 元。由于这两种方法下期末存货成本相差 3 000 元(8 000－5 000),两种方法计算出的利润也相差 3 000 元。

5.1.2　变动成本法的特点

变动成本法的特点可以通过与完全成本法的比较体现出来。具体来说,两种方法的区别主要体现在以下几个方面。

1. 成本划分标准及类别不同

在成本划分标准及类别方面,变动成本法以成本性态作为划分标准,将成本分为变动成本和固定成本两大类。变动成本随着业务量的增减而成比例变化,固定成本则在一定时期和业务量范围内保持不变。而完全成本法则以成本与产品生产的关系为划分标准,将成本分为直接成本和间接成本。直接成本可直接追溯到产品,间接成本则需分配到产品。

2. 产品成本构成内容不同

在变动成本法下,产品成本仅包括直接材料、直接人工和变动制造费用,不包含固定制造费用。固定制造费用作为期间费用,在当期直接扣除,不计入产品成本。而在完全成本法下,产品成本不仅包括直接材料、直接人工和变动制造费用,还包括分摊的固定制造费用。

3. 计算盈亏的公式不同

(1) 完全成本法计算盈亏的公式:

$$税前利润 = 销售毛利 － 期间成本$$
$$= (销售收入 － 已销产品的生产成本) － (销售费用 ＋ 管理费用)$$

其中:已销产品的生产成本 = 期初产品存货成本 ＋ 本期生产成本 － 期末产品存货成本

根据上述公式编制的利润表被称为"职能式利润表"。

(2) 变动成本法计算盈亏的公式:

$$税前利润 = 贡献毛益 － 固定成本$$
$$= (销售收入 － 变动成本) － (固定制造费用 ＋ 固定销售费用 ＋ 固定管理费用)$$

其中:　　　变动成本 = 变动生产成本 ＋ 变动销售费用 ＋ 变动管理费用

根据上述公式编制的利润表被称为"贡献式利润表"。

4. 利润表的格式不同

传统式利润表是依据完全成本法编制的,它将各类成本项目按照生产、销售、管理等不同的经济职能进行分类排列。这种利润表主要是为了满足外部有经济利益关联的团体或个人的需求,如投资者、债权人等,他们需要通过这种利润来了解企业的整体盈利状况和成本结构，从而做出相应的投资或信贷决策。

相比之下，贡献式利润表则基于变动成本法编制而成。在该利润表中，所有成本项目是按照成本性态，即成本随业务量变化的特性进行排列的。其主要目的是便于计算贡献毛益，也就是销售收入扣除变动成本后的余额。这一指标能够清晰地反映出产品或服务对固定成本和利润的贡献程度，从而更好地满足企业内部管理层在规划和控制经济活动方面的需要。通过贡献式利润表，企业管理者可以更直观地把握成本与业务量之间的关系，为制定定价策略、成本控制措施以及进行短期决策等提供有力支持。

第 2 节　变动成本法与完全成本法的比较

通过对比变动成本法与完全成本法的差异能够发现，变动成本法的主要特点在于其产品成本的构成内容与完全成本法存在差别。这一特性对分期损益的计算产生了极为关键的影响，具体体现在当产品的生产和销售出现不平衡状况时，运用这两种方法所确定的损益是不一样的。接下来，将通过详细的例子进行阐述。

5.2.1　连续各期生产量稳定而销售量变动的情况下，两种方法对分期损益的影响

例 5-2

东风工厂三个会计年度生产、销售和成本等有关资料如表 5-2 所示（第一年期初存货量的成本水平与期末存货量的成本水平相同）。试按不同计算方法编制利润表。

表 5-2　东风工厂三个会计年度生产、销售和成本等有关资料

项目	第一年	第二年		第三年	
期初存货量（件）	500	500		1 000	
当年生产量（件）	2 000	2 000		2 000	
当年销售量（件）	2 000	1 500		2 500	
期末存货量（件）	500	1 000		500	
销售及成本资料（元）		单位产品成本（元）			
单位售价	20	完全成本法		变动成本法	
单位变动生产成本	10	单位变动生产成本	10	单位变动生产成本	10
年固定制造费用	4 000	单位固定生产成本	2[①]		
年固定销售及管理费用	6 000				
单位产品成本合计			12		10

注：①单位固定生产成本＝年固定制造费用÷当年生产量＝4 000÷2 000＝2 元/件

根据上述资料,分别按完全成本法和变动成本法编制利润表,如表 5-3 所示(第一年的年初成本水平与第二年、第三年的成本水平相同)。

表 5-3　东风工厂利润表

单位:元

项目	第一年	第二年	第三年
完全成本法:			
销售收入	40 000	30 000	50 000
销售成本			
(1) 期初存货成本	6 000	6 000	12 000
(2) 本期生产成本	24 000	24 000	24 000
(3) 期末存货成本	6 000	12 000	6 000
本期销售成本合计	24 000	18 000	30 000
销售毛利	16 000	12 000	20 000
销售及管理费用	6 000	6 000	6 000
税前利润	10 000	6 000	14 000
变动成本法:			
销售收入	40 000	30 000	50 000
销售变动成本	20 000	15 000	25 000
贡献毛益	20 000	15 000	25 000
固定成本			
(1) 固定制造费用	4 000	4 000	4 000
(2) 固定销售及管理费用	6 000	6 000	6 000
固定成本合计	10 000	10 000	10 000
税前利润	10 000	5 000	15 000

将表 5-3 中两种成本计算方法下的税前利润进行对比,可以发现以下信息:

(1) 第一年的税前利润,两种成本计算法的结果相同。这是因为当年的生产量与销售量一致,期初和期末的存货量相同,并且成本水平也相等。在完全成本法下,期初存货和期末存货所承担的固定生产成本相等,因此由这两种成本计算方法得出的税前利润相同。

(2) 第二年的税前利润,完全成本法的计算结果高于变动成本法。当年产量大于销量,期末存货比期初存货多出 500 件,完全成本法的税前利润比变动成本法多 1 000 元(6 000－5 000)。这是由于两种方法对期末存货成本的计价存在差异,完全成本法每件按 12 元计价,变动成本法每件按 10 元计价。在完全成本法下,期末存货的固定生产成本为 2 000 元(2×1 000),期初存货的固定生产成本为 1 000 元(2×500),期末存货固定生产成本比期初多 1 000 元,这部分会转入下一期,并从下一期收入中扣除,因此完全成本法的税前利润的计算结果比变动成本法多 1 000 元。

（3）第三年的税前利润，完全成本法低于变动成本法。该年产量小于销量，期末存货比期初存货少500件，完全成本法的税前利润相较于变动成本法少1 000元（14 000－15 000）。因为期初存货的固定生产成本为2 000元，期末存货的固定生产成本为1 000元，期初比期末所多的1 000元需要在完全成本法的当期收入中扣除，所以完全成本法的税前利润比变动成本法少1 000元。

5.2.2 连续各期生产量变动而销售量稳定的情况下，两种方法对分期损益的影响

例5-3

胜利工厂三个会计年度生产、销售和成本等有关资料如表5-4所示。请按照两种成本计算方法编制利润表。

表5-4 胜利工厂三个会计年度生产、销售和成本等有关资料

项目		第一年			第二年			第三年
期初存货量（件）		—			—			1 000
当年生产量（件）		2 000			3 000			1 200
当年销售量（件）		2 000			2 000			2 000
期末存货量（件）		—			1 000			200
销售及成本资料（元）		单位产品成本（元）						
单位售价	20	完全成本法			变动成本法			
单位变动生产成本	10	年度	一	二	三	年度	一	二	三
年固定制造费用	6 000	单位变动生产成本	10	10	10	单位变动生产成本	10	10	10
年固定销售及管理费用	4 000	单位固定生产成本	3	2	5				
单位产品成本合计			13	12	15		10	10	10

根据上述资料，按照两种成本计算方法编制的利润表如表5-5所示。

表5-5 胜利工厂利润表

单位:元

项目	第一年	第二年	第三年
完全成本法：			
销售收入	40 000	40 000	40 000
销售成本			
（1）期初存货成本	0	0	12 000

（续表）

项目	第一年	第二年	第三年
（2）本期生产成本	26 000	36 000	18 000
（3）期末存货成本	0	12 000	3 000
本期销售成本合计	26 000	24 000	27 000
销售毛利	14 000	16 000	13 000
销售及管理费用	4 000	4 000	4 000
税前利润	10 000	12 000	9 000
变动成本法：			
销售收入	40 000	40 000	40 000
销售变动成本	20 000	20 000	20 000
贡献毛益	20 000	20 000	20 000
固定成本			
（1）固定制造费用	6 000	6 000	6 000
（2）固定销售及管理费用	4 000	4 000	4 000
固定成本合计	10 000	10 000	10 000
税前利润	10 000	10 000	10 000

观察表 5-5 不难发现，在变动成本法下，即便三年间生产量存在差异，只要销售量保持一致，这三年的税前利润就会相等。这背后的原理在于，当采用变动成本法，且单价成本维持稳定时，由于销售量相同，销售收入必然相同，按照销售量计算的成本相同，所以这三年的税前利润相等。

若采用完全成本法，这三年的税前利润会呈现出差异。其中，第二年的税前利润最多，第一年次之，第三年最少。这是因为在第二年，生产量为 3 000 件，大于销售量 2 000 件，期末存货相较于期初存货增加了 1 000 件，且每件存货吸收了 2 元的固定制造费用并转入下一期。如此一来，第二年的销售成本就减少了 2 000 元，进而使税前利润增加了 2 000 元。而到了第三年，生产量仅为 1200 件，小于销售量 2 000 件，第二年期初转入的存货携带了 2 000 元的固定制造费用，期末存货仅带走 1 000 元固定制造费用，这导致第三年的销售成本增加了 1 000 元（2 000－1 000），最终使税前利润减少了 1 000 元。

通过分析例 5-2 和例 5-3 这两种情形，能够清晰地认识到不同的成本计算法会对分期损益产生不一样的影响。这种影响所产生的差额，实际上就是采用完全成本法时，期末存货与期初存货所包含的固定生产成本的差额。通常情况下，这种影响可以归纳为以下三点：

（1）若生产量＝销售量（或期初、期末无存货或期初、期末存货的固定生产成本相等），两种成本法计算的税前利润相等。

（2）若生产量＞销售量（或期末存货的固定生产成本＞期初存货的固定生产成本），完全成本法的税前利润大于变动成本法的税前利润。

（3）若生产量＜销售量（或期末存货的固定生产成本＜期初存货的固定生产成本），完全成本法的税前利润小于变动成本法的税前利润。

两种方法下利润差额可以表示为：

差额 ＝ 期末存货量×期末存货单位固定生产成本 － 期初存货量×期初存货单位固定生产成本

由此可知，两种成本及算法下利润之间的关系式为：

完全成本法下的利润 ＝ 变动成本法下的利润 ＋ 期末存货量×期末存货单位固定生产成本 －
期初存货量×期初存货单位固定生产成本

第3节 变动成本法的优缺点

5.3.1 变动成本法的优点

变动成本法的出现，是为了契合企业强化内部管理的需求。该方法能够清晰地展现产量与成本变动之间的内在规律，凭借这一特性，企业得以更有效地开展成本管理工作。同时，该方法也为预测、决策等管理职能的强化提供有力支持。变动成本法的优点主要体现在以下几个方面。

1. 为管理层提供有利于预测和决策分析的信息

在一般的决策分析过程中，企业需要依据业务量和成本之间的依存关系，衡量各类备选方案的预期收益。在此基础上，变动成本法通过对业务量与成本依存关系展开科学分析，提供一系列关键经济信息。这些信息涵盖固定成本、变动成本、贡献毛益、贡献毛益率和税前利润等。借助这些信息，管理层能够深入开展本量利分析与贡献毛益分析工作。比如，预测保本点，规划目标利润对应的目标销售量或销售额、目标成本，编制弹性预算，以及合理地进行短期经营决策等。而完全成本法难以达到上述成效。

2. 更符合"收入与费用相匹配"的会计原则

"收入与费用相匹配"原则是会计核算的重要准则。其核心要义在于，企业在进行会计核算时，应将一定时期内的收入与为取得该收入所发生的费用相互对应、配比，即收入与其相关的成本、费用应当在同一会计期间内确认。变动成本法在成本核算上具有独特性：其一，它将直接材料、直接人工和变动制造费用这些与产量关联紧密的成本项目，纳入产品成本范畴。随着产品的销售，这部分成本相应地转化为销售成本，呈现出产品销售比例越高，所转移成本比例也越高的特性。其二，对于与产量增减没有直接关联，却和会计期间紧密相连的固定制造费用，变动成本法将其计入当期损益，让其与当期收益进行匹配。这种处理方式高度契合"收入与费用相匹配"的会计原则。

3. 便于分清企业内部各部门的经济责任，有利于进行成本控制和业绩评价

通常情况下，变动生产成本的增减变化可以直观展现供应部门和生产部门的实际工作成效。变动成本法所核算得出的成本数据，为标准成本制度的实施提供了便利。借助这种成本计算方式，能够更加清晰地区分各类因素对成本升降所产生的影响，从而准确探寻降低成本的有效路径。不仅如此，它还有助于对各部门的工作业绩做出客观、正确的评价，进而

精准定位降低成本的具体途径和切实可行的措施。

4. 使管理层重视销售环节,防止盲目生产

采用变动成本法核算损益时,若销售价格、单位变动成本和产品销售结构维持恒定,则此时企业的盈利状况会随着销售量的增长而同步且同向提升。这一特性为企业管理团队传递了关键信息:只要积极拓展销售规模,就能实现盈利的增加。因此,变动成本法能够促使管理团队更加重视销售工作,依据销售情况安排生产,进而提升资金的利用效率。

5. 简化成本核算

变动成本法在成本核算过程中,无须将固定成本在不同成本对象间进行分摊。如此一来,成本计算的流程得以大幅简化。同时,这一计算方式能有效规避在间接费用分摊环节可能出现的主观随意行为,使成本核算更加客观、精准。

5.3.2　变动成本法的缺点

在企业成本核算与决策中,变动成本法虽有其优势,但也存在明显不足,集中体现在不符合公认成本概念的要求和不能适应长期经济决策的需要这两个关键方面。

1. 不符合公认成本概念的要求

从公认成本概念来看,变动成本法将固定制造费用排除在产品成本之外,仅把直接材料、直接人工和变动制造费用计入产品成本。然而,公认的成本概念认为,产品成本应涵盖生产过程中消耗的全部资源,固定制造费用作为维持生产能力的必要支出,与产品生产紧密相关。例如,企业购置的大型生产设备,其折旧费用属于固定制造费用,是为生产产品服务的,理应计入产品成本。但变动成本法的处理方式违背了这一理念,使产品成本的计算不够完整,不能准确反映产品生产的真实资源消耗,这在一定程度上削弱了成本信息的可靠性与可比性,低估资产的价值。

2. 不能适应长期经济决策的需要

在长期经济决策方面,变动成本法的局限性也较为突出。长期经济决策需要全面、稳定的成本信息作为支撑,以评估企业未来的盈利能力和发展潜力。但在变动成本法下,成本数据会随着产量和销售量的波动而频繁变化,无法提供稳定的成本结构分析基础。例如,企业计划进行一项长期的新产品投资项目,在变动成本法下,由于仅考虑变动成本,可能会低估产品的总成本。这会使企业在评估项目利润和投资回报率时出现偏差,误导决策。从长期来看,固定成本并非一成不变,随着企业规模的扩大或技术的升级,固定成本会发生变动,变动成本法难以准确反映这种长期的成本变化趋势,不利于企业制定长期战略规划和投资决策。

5.3.3　变动成本法与完全成本法的结合

在企业实际运营工作中,将变动成本法与完全成本法进行有机结合显得尤为必要。变动成本法能清晰反映成本与业务量的关系,有助于短期成本控制;完全成本法则符合传统会计成本概念,有利于准确核算产品总成本。两者结合,能够构建起一个完整且高效的体系。这一体系不仅便于企业在日常经营中进行成本控制和管理,及时发现成本波动并采取措施,

还能为企业的预测和决策提供及时、精准且实用的成本信息,助力企业把握市场机遇,做出更具科学性和前瞻性的决策,从而在激烈的市场竞争中占据优势。

📑 思政小课堂

变动成本法:破解"利润虚增"困局,筑牢战略决策基石

变动成本法不仅是企业的核心工具,更是透视战略抉择、社会责任与人性光辉的价值棱镜。成本管理会计将变动成本法的技术逻辑升华为服务国家战略、守护社会公平、彰显人文关怀的"价值罗盘",通过将其与国家战略深度交织,诠释自身信仰坐标与时代使命。

在联想集团的全球化征程中,变动成本法成为破解"产销背离"谜题的关键钥匙。2014年,联想 PC 业务面临"销量与利润倒挂"困境:当产量为 50 万台、销量为 45 万台时,运用完全成本法核算的利润为 4.13 亿元;而次年产量降至 45 万台、销量增至 50 万台时,利润却飙升至 5.3 亿元。这一悖论源于完全成本法将固定制造费用(3 000 万元/年)分摊至存货成本,导致"生产越多、利润越虚"的假象。联想成本团队引入变动成本法,将单位变动成本(0.18 万元/台)与固定成本剥离,揭示真实利润与销量的线性关系:2014 年实际贡献毛益为 5.4 亿元[(3 000-1 800)×450 000],扣除固定成本后利润为 4.1 亿元,与变动成本法核算结果一致。这一实践证明,成本管理会计人需以"战略成本透视镜"为器,穿透短期核算迷雾,让变动成本法成为企业"去库存、保质量、促转型"的决策利器。

🔍 思考题

1. 简述变动成本法产生的意义。

2. 简述变动成本法的特点及其与完全成本法的区别。

3. 为什么在产品成本信息相同的情况下,采用变动成本法与完全成本法计算的利润会存在差额?

4. 简述变动成本法的优缺点。

📝 练习题

1. 某厂制造甲产品,20×5 年第一季度甲产品产销及存货数量如表 5-6 所示。

表 5-6 产销及存货数量

单位:件

月份	1 月	2 月	3 月
期初存货	0	0	200
本期生产量	1 000	1 200	800

（续表）

月份	1 月	2 月	3 月
本期销售量	1 000	1 000	1 000
期末存货	0	200	0

有关资料如下：

（1）产品销售单价为 70 元，单位变动成本为 30 元。

（2）固定制造费用总额为每月 12 000 元。

（3）销售及管理费用为每月 15 000 元（全部是固定费用）。（本厂存货计价采用先进先出法）

要求：分别按完全成本法和变动成本法编制该厂 20×5 年度第一季度（按月列示）的利润表。

2. 假定某企业只产销一种产品，其有关资料如下：生产量 2 000 件，销售量 1 800 件，期初存货 0 件，边际贡献率 60%，原材料 6 000 元，计件工资 4 000 元，其他变动制造费用每件 0.4 元，固定制造费用总额 2 000 元，变动销售与管理费用每件 0.2 元，固定销售与管理费用总额为 300 元。

要求：

（1）根据给定的边际贡献率确定售价。

（2）用两种方法计算单位产品成本。

（3）用两种成本法编制损益表。

（4）说明两种成本法计算的营业利润不同的原因。

本章练习题

第6章

本量利分析

学习目标

1. 理解盈亏临界点分析的意义及其相关应用。
2. 理解利润敏感性分析的意义及其对企业经营管理的影响。
3. 掌握本量利分析的含义及其在保本及盈利状态下的应用。

第1节 本量利分析概述

在企业的成本管理领域,成本性态分析无疑是一项极具价值的工具。它成功地揭示了成本总额与业务量在数量层面的依存关系,让企业清晰地看到降低成本、提高利润的基本路径。例如,通过成本性态分析,企业能够明确哪些成本会随着业务量的增加而变动,哪些成本相对固定,从而有针对性地采取措施,如优化变动成本的支出结构,合理控制固定成本的规模等。

然而,尽管成本性态分析有着重要作用,但其局限性也较为明显。它无法充分满足企业在决策、计划与控制等关键环节的全面要求。通常情况下,追求利润最大化是企业决策者坚定不移的目标。毕竟,利润是衡量企业经营成果和竞争力的关键指标,关乎企业的生存与发展。

基于此,企业管理者迫切需要深入了解成本、业务量与利润之间更为复杂和全面的依存关系。这就要求构建一个易于操作且切实可行的数学模型。借助这个模型,管理者可以精准地估算各变量对息税前利润(EBIT)的影响。

正是在这样的背景下,本量利分析应运而生。本量利分析,是成本、业务量和利润依存关系分析的简称,也被称为 CVP 分析(cost-volume-profit analysis)。它聚焦于深入研究成本、业务量和利润之间的数量依存关系,全面揭示三者之间的变化规律。同时,凭借对这些规律的把握,本量利分析能够为企业的预测、决策、规划和控制等各环节提供坚实可靠的依据,助力企业在复杂多变的市场环境中做出科学合理的经营决策。

由于企业管理的复杂性,为简化分析过程,本量利分析基本假设如下:

(1)企业的全部成本按成本习性可分为固定成本和变动成本两部分。

（2）固定成本与变动成本都有其相关范围。

（3）企业每期生产的产品均可在当期销售出去。

（4）产销结构稳定,在多品种产销条件下,各种产品的销售收入在销售收入总额中也可以保持不变。

6.1.1　本量利分析的基本方程式及其变形

在企业管理中,其最终目标并非仅聚焦于成本的降低,而是要实现利润的显著提升。毕竟,利润才是衡量企业经营成效和可持续发展能力的核心指标。为了达成这一目标,企业管理者需要深入探寻成本、利润与业务量这三者之间错综复杂的内在联系。

将成本细致地划分为固定成本和变动成本,无疑是企业成本管理的重要一步。这种分类方式能够让企业清晰地了解成本的构成和变化规律,进而解决提高业务量与降低单位成本的问题。比如,通过分析固定成本,企业可以合理规划产能,避免过度投资造成资源浪费;对于变动成本,企业则可以通过优化生产流程、降低原材料采购成本等方式降低单位变动成本。

然而,仅仅关注成本的优化是远远不够的。企业效益的增加在很大程度上还依赖于收入的提高。只有当收入的增长幅度超过成本的增长幅度时,企业的利润才能真正实现提升。如果只考虑成本而忽视了收入因素,那么企业可能会陷入"节流有余、开源不足"的困境,无法实现利润最大化的目标。

因此,只有在成本习性分析的基础上,进一步把收入因素纳入考量范围,才能构建起一个完整的本量利分析体系。这个体系能够全面、系统地揭示成本、业务量和利润之间的数量关系,为企业的预测、决策、规划和控制提供有力的支持。

1. 本量利分析的基本方程式

因为：

$$总成本＝固定成本总额＋变动成本总额$$
$$＝固定成本总额＋销量×单位变动成本$$

$$息税前利润 ＝ 总收入 － 总成本$$

所以：

$$息税前利润＝总收入－（固定成本总额＋变动成本总额）$$
$$＝销量×单价－（销量×单位变动成本＋固定成本总额）$$
$$＝销量×单价－销量×单位变动成本－固定成本总额$$

这个方程式以简洁而精准的数学表达式,清晰地阐述了多个关键变量之间的内在联系。这些变量分别为:销量,它代表着企业在一定时期内销售产品的数量,是衡量企业市场份额和经营规模的重要指标;单价,即每件产品的销售价格,它直接影响企业的销售收入;单位变动成本,它随着业务量的变化而变动,反映了生产单位产品所额外增加的成本;固定成本总额,它不随业务量的增减而变动,是企业维持运营的基础投入。

这一方程式明确且直观地展现了上述这些变量与息税前利润之间的关联。也就是说,只要给出方程式右侧的销量、单价、单位变动成本和固定成本总额这些参数变量的具体数值,便能够迅速且准确地确定息税前利润。值得一提的是,"息税前利润"这一概念涵盖了两个重要组成部分,即税前目标利润和利息费用。前者是企业在一定时期内期望实现的利润目标,体现了企业的经营战略和发展愿景;后者是企业在债务融资过程中需要支付的成本,对企业的盈利状况有着直接影响。

例 6-1

某企业只产销甲产品,每月发生固定成本总额2 000元。产品单价为10元,单位变动生产成本为6元,计划产销量为1 000件。预期息税前利润为多少?

$$预期息税前利润=销量×单价-销量×单位变动成本-固定成本总额$$
$$=1\ 000×10-1\ 000×6-2\ 000=2\ 000(元)$$

2. 本量利分析基本方程式的变形

当预计的目标息税前利润及其他相关条件已经明确时,可以通过计算分别确定等式右侧的各个参数值,包括销量、单价、单位变动成本和固定成本总额等。

(1)确定单价:

$$单价 = 单位变动成本 + \frac{固定成本总额+目标利润}{销量}$$

(2)确定销量:

$$销量 = \frac{固定成本总额+目标利润}{单价-单位变动成本}$$

(3)确定单位变动成本:

$$单位变动成本 = 单价 - \frac{固定成本总额+目标利润}{销量}$$

(4)确定固定成本总额:

$$固定成本总额 = 销量×单价-销量×单位变动成本-目标利润$$

需要特别指出的是,在本量利分析中,所涉及的利润是指息税前利润。如果企业将税后利润作为经营目标,那么在进行相关指标计算时,应先将税后利润还原为息税前利润,再进行后续分析和计算。其计算公式如下:

$$税前目标利润 = \frac{目标税后利润}{1-所得税税率}$$

6.1.2 贡献毛益的基本方程式及其变形

1. 贡献毛益及其基本方程式

在企业的成本与利润分析体系里,贡献毛益也被称作贡献边际或边际贡献。从定义上来说,贡献毛益指的是产品的销售收入扣除其变动成本之后的余额。这一余额代表产品销售收入在补偿了随产量变动而产生的变动成本后,对企业整体盈利的贡献能力。当贡献毛益总额完成对固定成本总额的补偿后,所剩余的部分才是真正对企业利润有直接贡献的金额,它反映了企业在扣除所有必要成本后实际的盈利状况。

通过分析贡献毛益总额与固定成本总额之间的数量关系,能够清晰地判断企业的经营盈亏状态。若贡献毛益总额大于固定成本总额,则意味着企业在补偿了所有固定成本后还有盈余,表明企业处于经营盈利状态,并且超出的部分越多,企业的盈利水平越高;若贡献毛益总额恰好等于固定成本总额,则表明企业刚好实现收支平衡,也就是盈亏平衡,此时企业虽然没有盈利,但也没有出现亏损;而一旦贡献毛益总额小于固定成本总额,那就说明企业的销售收入在扣除变动成本后,不足以补偿固定成本,企业就会发生经营亏损,缺口越大,亏损也就越严重。

贡献毛益的三种表现方式分别为单位贡献毛益、贡献毛益总额和贡献毛益率,计算公式如下:

$$单位贡献毛益 = 单价 - 单位变动成本$$

$$贡献毛益总额 = 销售收入总额 - 变动成本总额$$

$$贡献毛益率 = \frac{贡献毛益总额}{销售收入总额} \times 100\% = \frac{单位贡献毛益}{单价} \times 100\%$$

需要明确的是,变动成本的范畴不仅涵盖制造过程中的变动生产成本,还包括变动营销费用和变动管理费用。与之相对应,贡献毛益也分为两种类型:制造贡献毛益(生产贡献毛益)和产品贡献毛益(总营业贡献毛益)。在日常讨论中,如果没有特别指明贡献毛益的类型,那么通常所说的贡献毛益是指产品贡献毛益,即销售收入扣除全部变动成本后的余额。

例 6-2

以例 6-1 的资料为例进一步分析,假设甲产品单位变动销售与变动管理费用为 1.5 元,固定销售及固定管理费用总额为 2 000 元。计算甲产品单位制造贡献毛益、制造贡献毛益总额、单位产品贡献毛益、产品贡献毛益总额及息税前利润。

单位制造贡献毛益=单价-单位变动生产成本=10-6=4(元)

制造贡献毛益总额=销售收入总额-变动生产成本总额

　　　　　　　　=销量×单位制造贡献毛益

　　　　　　　　=1 000×10-1 000×6=1 000×4=4 000(元)

制造贡献毛益总额扣除变动销售及变动管理费用,其差额即为产品贡献毛益总额。

单位产品贡献毛益=单位制造贡献毛益-单位变动及销售管理费用

　　　　　　　　=4-1.5=2.5(元)

产品贡献毛益总额=制造贡献毛益总额-变动销售及变动管理费用总额

　　　　　　　　=4 000-1 000×1.5=2 500(元)

产品贡献毛益与固定成本总额之间的差额为息税前利润,则:

息税前利润=贡献毛益总额-固定成本总额

　　　　　=销量×单位产品贡献毛益-固定成本总额

　　　　　=2 500-2 000=500(元)

2. 贡献毛益基本方程式的变形

息税前利润的大小主要取决于企业的销量、单位贡献毛益和固定成本总额的水平。通过提供贡献毛益基本方程式右侧的相关参数,可以确定息税前利润的具体数值。反之,在息税前利润已知的情况下,也可以通过该方程式反向计算出销量、单位贡献毛益和固定成本总额的具体数值。

（1）确定销量：

$$销量 = \frac{固定成本总额 + 目标利润}{单位贡献毛益}$$

（2）确定单位贡献毛益：

$$单位贡献毛益 = \frac{固定成本总额 + 目标利润}{销量}$$

（3）确定固定成本总额：

$$固定成本总额 = 销量 \times 单位贡献毛益 - 目标利润$$

6.1.3 贡献毛益率的基本方程式及其变形

1. 贡献毛益率与变动成本率

贡献毛益率是贡献毛益总额与销售收入总额的百分比或单位贡献毛益与单价的百分比。其计算公式如下：

$$贡献毛益率 = \frac{贡献毛益总额}{销售收入总额} \times 100\% = \frac{单位贡献毛益}{单价} \times 100\%$$

则：
$$贡献毛益总额 = 销售收入总额 \times 贡献毛益率$$

从贡献毛益率的方程式可以看出,贡献毛益总额的大小与在一定规模的销售收入下贡献毛益率的高低密切相关。加权平均贡献毛益率会受到不同产品的获利能力和各产品收入在总销售收入中所占比重的影响。因此,提高息税前利润不仅与增加销量或降低固定成本有关,还与提升贡献毛益率密切相关。企业可以通过优化产品结构,增加高贡献毛益率产品的比重,从而实现利润的增长。

与贡献毛益率相对应的概念是变动成本率。变动成本率是指变动成本总额在销售收入总额中所占的比重或单位变动成本与单价之间的比值关系。其计算公式如下：

$$变动成本率 = \frac{变动成本总额}{销售收入总额} \times 100\% = \frac{单位变动成本}{单价} \times 100\%$$

单位贡献毛益是单价与单位变动成本间的差额,因此贡献毛益率与变动成本率存在互补关系,即：

$$贡献毛益率 + 变动成本率 = 1$$

在多品种产销情况下,还可以用贡献毛益率的基本方程式确定息税前利润。其计算公式如下：

$$息税前利润 = 贡献毛益总额 - 固定成本总额$$
$$= 销售收入总额 \times 贡献毛益率 - 固定成本总额$$
$$= 销售收入总额 \times (1 - 变动成本率) - 固定成本总额$$

本公式可用于多品种的生产情况。

例 6-3

根据例 6-2 的资料确定甲产品的贡献毛益率、变动成本率和息税前利润。

$$贡献毛益率 = \frac{贡献毛益总额}{销售收入总额} \times 100\% = \frac{单位贡献毛益}{单价} \times 100\%$$

$$= \frac{2\,500}{10\,000} \times 100\% = 25\%$$

$$变动成本率 = \frac{变动成本总额}{销售收入总额} \times 100\% = \frac{单位变动成本}{单价} \times 100\%$$

$$= \frac{7\,500}{10\,000} \times 100\% = 75\%$$

$$息税前利润 = 10\,000 \times 25\% - 2\,000$$

$$= 10\,000 \times (1 - 75\%) - 2\,000 = 500(元)$$

2. 贡献毛益率基本方程式的变形

当目标利润已经明确,并且其他相关条件已知时,企业可以通过贡献毛益率基本方程式推导出为实现这一既定利润目标所需各项关键指标,包括应达到的销售收入总额、贡献毛益率和固定成本总额等。这一过程为企业的经营决策提供了明确的量化依据,帮助企业在实际运营中更好地规划和调整各项业务指标。

(1)确定销售收入:

$$销售收入 = \frac{固定成本总额 + 目标利润}{贡献毛益率} = \frac{固定成本总额 + 目标利润}{1 - 变动成本率}$$

(2)确定贡献毛益率:

$$贡献毛益率 = \frac{固定成本总额 + 目标利润}{销售收入}$$

(3)确定固定成本总额:

$$固定成本总额 = 销售收入 \times 贡献毛益率 - 目标利润$$

在企业经营管理中,本量利之间的基本关系蕴含着巨大价值。通过深入剖析这一关系,能够清晰展现成本、业务量和利润的内在联系,进而为企业提供切实可行的理论依据,助力企业从价格调整、成本管控、销量提升等多渠道实现既定目标利润,并有效落实经济责任。

第 2 节　盈亏临界点分析

企业作为以盈利为目的的经济实体,追求利润最大化是管理层的首要选择。鉴于盈利是在保本这一基础上管理水平的进一步提升,盈亏临界点分析构成了本量利分析的关键内容。探究盈亏临界点的宗旨在于为企业决策提供有力支撑,清晰界定企业在何种状况下可实现盈利,又在何种情形下会出现亏损,进而为企业探寻减少亏损或提升利润的努力方向。

6.2.1 盈亏临界点的确定

盈亏临界点,亦被称作保本点或损益平衡点,它指的是企业达到销售收入总额与销售成本总额相等,处于经营上既无盈利也无亏损的状态。具体而言,息税前利润为零,或者贡献毛益总额刚好能够抵补固定成本总额时,所对应的销售量或销售收入便是盈亏临界点。

1. 盈亏临界点销售量

$$息税前利润 = 销量 \times 单价 - 销量 \times 单位变动成本 - 固定成本总额$$
$$= 销量 \times (单价 - 单位变动成本) - 固定成本总额$$

当上式中息税前利润为零时,所计算出的销售量即为盈亏临界点的销售量。其计算公式如下:

$$盈亏临界点销售量 = \frac{固定成本总额 + 0}{单价 - 单位变动成本} = \frac{固定成本总额}{单位贡献毛益}$$

例 6-4

某公司生产 A 产品,单价为 10 元,单位变动成本为 6 元(其中单位变动生产成本为 4 元,单位变动销售及行政管理费用为 2 元),固定成本总额为 20 000 元(其中制造费用为 8 000 元、固定销售及行政管理费用为 12 000 元),甲产品目前产销量为 8 000 件。请确定甲产品盈亏临界点的销售量。

$$盈亏临界点销售量 = \frac{20\,000}{10 - 6} = \frac{20\,000}{4} = 5\,000(件)$$

盈亏临界点销售量适用于单一产品分析。

2. 盈亏临界点销售额

对于同时开展生产与销售多种产品业务的企业而言,鉴于不同产品的单价各异,且各类产品所采用的计量单位也不尽相同,销售量无法直接进行累加计算。在这种情况下,难以依据销售量来确定企业的盈亏临界水平但可以通过计算盈亏临界点销售额解决这一问题。因为销售收入的计算方式是销售量与单价的乘积,所以盈亏临界点的销售额能够基于盈亏临界点销售量进行换算,其换算关系如下:

$$盈亏临界点销售额 = 盈亏临界点销售量 \times 单价$$
$$= \frac{固定成本总额}{单价 - 单位变动成本} \times 单价$$
$$= \frac{固定成本总额}{1 - 变动成本率} = \frac{固定成本总额}{贡献毛益率}$$

$$目标利润 = 销售收入 \times 贡献毛益率 - 固定成本总额$$

盈亏临界点销售额既可用于多品种生产并销售的企业,也可用于单一产品的分析。

根据例 6-4 的资料,确定甲产品盈亏临界点销售额。

$$盈亏临界点销售额 = 5\,000 \times 10 = \frac{20\,000}{40\%} = 50\,000(元)$$

3. 多品种条件下的盈亏临界点分析

针对单一产品,当售价和成本水平都已确定时,计算出要销售多少件产品才能确保企业不亏损并非难事。但当企业生产多种产品时,确定保本销售量则较为困难。在此情形下,可以通过贡献毛益率方程式确定盈亏临界点销售收入。其中,加权平均贡献毛益率法最为常用,计算公式如下:

$$\text{加权平均贡献毛益率} = \frac{\text{贡献毛益总额}}{\text{销售收入总额}} \times 100\%$$

$$= \frac{\sum(\text{某种产品销售收入} \times \text{该产品贡献毛益率})}{\text{销售收入总额}}$$

$$= \sum(\text{某种产品销售收入比重} \times \text{该产品个别贡献毛益率})$$

例 6-5

某企业生产并销售 A、B 和 C 三种产品,每月固定成本总额为 10 800 元,相关资料如表 6-1 所示。

表 6-1　A、B、C 三种产品的相关资料

金额单位:元

项目	A 产品	B 产品	C 产品	合计
产销量(件)	1 000	2 000	2 500	
单价	50	15	8	
单位变动成本	40	9	6	
单位贡献毛益	10	6	2	
贡献毛益总额	10 000	12 000	5 000	27 000
贡献毛益率	20%	40%	25%	
销售收入	50 000	30 000	20 000	100 000
销售比重	50%	30%	20%	

要求:计算企业的加权平均贡献毛益率、贡献毛益总额、综合保本销售收入、各种产品保本销售收入、企业息税前利润和各种产品的息税前利润。

$$\text{加权平均贡献毛益率} = \frac{27\,000}{100\,000} \times 100\%$$
$$= 50\% \times 20\% + 30\% \times 40\% + 20\% \times 25\% = 27\%$$

贡献毛益总额 $= 100\,000 \times 27\% = 27\,000(\text{元})$

$$\text{综合保本销售收入} = \frac{\text{固定成本总额}}{\text{加权平均贡献毛益率}} = \frac{10\,800}{27\%} = 40\,000(\text{元})$$

各种产品保本销售收入 = 综合保本销售收入 × 各种产品占销售收入的比重

A 产品保本销售收入 $= 40\,000 \times 50\% = 20\,000(\text{元})$

B 产品保本销售收入 $= 40\,000 \times 30\% = 12\,000(\text{元})$

C 产品保本销售收入 $= 40\,000 \times 20\% = 8\,000(\text{元})$

企业息税前利润＝（销售收入总额－综合保本销售收入）×加权平均贡献毛益率
$$＝（100\ 000－40\ 000）×27\%＝16\ 200（元）$$

各种产品的息税前利润＝各产品安全边际额×个别贡献毛益率

A 产品息税前利润＝（50 000－20 000）×20%＝6 000（元）

B 产品息税前利润＝（30 000－12 000）×40%＝7 200（元）

C 产品息税前利润＝（20 000－8 000）×25%＝3 000（元）

需要注意的是，将综合保本销售收入依据收入权重进行分解，便能得到各种产品的保本销售收入。然而，鉴于每种产品的贡献毛益率存在差异，不能单纯按照比重对每一种产品的利润额进行分解，产品利润额实则由该产品的安全边际额和与之相对应的个别贡献毛益率决定。

总体来看，对于同时从事多种产品生产与销售的企业，影响息税前利润的因素，除单价、单位变动成本、销售量和固定成本总额之外，产品的品种结构同样不容忽视。倘若市场存在需求，企业应当尽可能提高贡献毛益率较高产品的产销占比，适度降低贡献毛益率较低产品的比重。

4. 盈亏临界点作业率

对于不同规模的企业来说，盈亏临界点的销售量（或销售额）虽然能够反映企业达到保本状态的基本要求，但仅凭这一指标很难清晰地解释企业在实际运营中的生产能力利用程度。因此，为了更全面地评估企业的运营状况，有必要引入"盈亏临界点作业率"这一指标。盈亏临界点作业率是指盈亏临界点销售量（或销售额）占企业正常销售量（或销售额）的比例。其计算公式如下：

$$盈亏临界点作业率 = \frac{盈亏临界点销售量（或销售额）}{企业正常销售量（或销售额）} × 100\%$$

例 6-6

根据例 6-4 资料，计算企业盈亏临界点作业率。

$$盈亏临界点作业率 = \frac{5\ 000}{8\ 000} × 100\% = 62.5\%$$

盈亏临界点作业率的大小对企业保本所需生产能力利用程度有着直接的指示作用。盈亏临界点作业率较低，意味着企业为了达到保本状态，所需利用的正常生产能力的比重也较低。通常情况下，企业的生产经营能力是根据正常销售水平规划和设计的，因此企业应当尽可能地充分利用其生产经营能力，以实现更高的经济效益。

以上文提到的盈亏临界点作业率 62.5% 为例，这表明企业至少需要利用其生产能力的62.5% 才能实现收支平衡，即保本。只有当企业的实际生产能力利用率超过 62.5% 时，超出的部分才能为企业创造利润。换句话说，企业的盈亏临界点作业率越低，企业在正常销售水平下，能够用于创造利润的生产能力占比就越高。这是因为只有当实际销售量超过盈亏临界点作业率对应的销售量时，超出部分的销售量才会为企业带来利润。因此，较低的盈亏临界点作业率意味着企业有更大的盈利空间，从而能够实现更高的经济效益。

由此可见，加强对盈亏临界点作业率的分析对于企业具有重要意义。通过深入分析这一指标，企业可以更清晰地了解自身生产能力的利用情况，从而制定更合理的生产计划和销售策略,进一步提高生产能力的利用程度,最终实现企业经济效益的提升。

6.2.2　安全边际及相关指标

安全边际是指企业正常销售量(或销售额)与盈亏临界点销售量(或销售额)之间的差额。这一指标能够直观地反映企业在经营过程中抵御风险的能力,即企业的经营安全程度。安全边际较大,意味着企业的实际销售量(或销售额)远高于盈亏临界点,这表明企业盈利的安全性较高,其即使面临一定的市场波动或销售下滑,仍能保持盈利状态。相反,如果安全边际较小,即企业的销售量(或销售额)仅略高于盈亏临界点,那么企业的经营安全程度就会较低,一旦销售量(或销售额)进一步下降,企业就很容易陷入亏损状态。如果企业的实际销售量(或销售额)低于盈亏临界点水平,那么企业将无法覆盖成本,从而出现亏损。安全边际可以通过多种方式衡量,具体包括安全边际量、安全边际额和安全边际率三种表现形式。

(1) 安全边际量。安全边际量是正常或实际销售量与盈亏临界点销售量之间的差额,计算公式如下:

$$安全边际量 = 正常或实际销售量 - 盈亏临界点销售量$$

例 6-7

根据例 6-4 的资料,计算其安全边际量。

$$安全边际量 = 8\,000 - 5\,000 = 3\,000(件)$$

(2) 安全边际额。安全边际额是正常或实际销售额与盈亏临界点销售额之间的差额,计算公式如下:

$$安全边际额 = 正常或实际销售额 - 盈亏临界点销售额$$

例 6-8

根据例 6-4 的资料,计算其安全边际额。

$$安全边际额 = 80\,000 - 50\,000 = 30\,000(元)$$

(3) 安全边际率。安全边际率是安全边际量与正常或实际销售量的比值,它能够更直观地反映安全边际在企业整体销售中的占比情况。其计算公式如下:

$$安全边际率 = \frac{安全边际量(或额)}{正常或实际销售量(或额)} \times 100\%$$

例 6-9

根据例 6-4 的资料,计算 A 产品的安全边际率。

$$安全边际率 = \frac{80\,000 - 50\,000}{80\,000} \times 100\% = 37.5\%$$

安全边际量(或额)的大小和安全边际率的高低,是衡量企业经营安全程度的重要指标。安全边际量(或额)和安全边际率越大,企业距离盈亏临界点的距离就越远,这意味着企业面临亏损的风险越低,经营状况也更稳健。换句话说,较大的安全边际为企业提供了一定的缓冲空间,使其能够更好地抵御市场波动、价格变化或成本上升等不利因素的影响。

在确定盈亏临界点时,通常假设产品的单价和成本水平保持不变。然而,在实际经营过程中,这些指标往往会受到市场环境、竞争态势和原材料价格等多种因素的影响而频繁发生变化。例如,如果产品的销量减少、单价下降,或者单位变动成本上升、固定成本增加,企业的盈利空间就会被压缩,甚至可能从保本状态转变为亏损状态。因此,分析安全边际的目的在于帮助企业更加谨慎、全面地评估经营状态,提前识别潜在的风险,并采取相应的措施加以应对。

为了更好地借鉴先进的管理经验,可以参考西方国家在企业管理方面的成功做法。在企业经营安全方面,西方国家积累了许多有价值的经验数据,这些数据可以为企业提供一定的参考依据。例如,根据表 6-2 中的企业经营安全检测标准,可以了解到不同类型企业在不同安全边际水平下的经营风险状况,从而帮助企业制定更加科学合理的经营策略,提升企业的抗风险能力和整体竞争力。

表 6-2　企业经营安全检测标准

安全边际率	10%以下	10%~20%	20%~30%	30%~40%	40%以上
安全程度	危险	值得注意	较安全	安全	很安全

正常或实际销售量被分为盈亏临界点销售量和安全边际量两部分,因此安全边际率与盈亏临界点作业率存在互补关系,即:

$$安全边际率 + 盈亏临界点作业率 = 1$$

安全边际是一个正向指标,其数值越大,表明企业的经营安全程度越高,抵御风险的能力越强。因此,企业通常会努力通过多种途径来增加安全边际。这些途径包括提高产品单价、降低单位变动成本、减少固定成本总额,以及增加销售量或销售收入等。

企业的核心目标是追求利润最大化。为了实现这一目标,在固定成本总额保持不变的前提下,企业会努力实现贡献毛益的最大化。在盈亏临界点,企业的全部固定成本和在保本业务量下所发生的变动成本已经得到完全补偿。此时,安全边际部分的销售不仅能够覆盖其自身的变动成本,还能为企业提供额外的利润。换句话说,安全边际中的贡献毛益直接转化为企业的盈利。引入安全边际的概念后,企业的息税前利润可以通过多种方式表达。其计算公式如下:

$$息税前利润 = 销售收入 - 变动成本总额 - 固定成本总额$$
$$= 贡献毛益总额 - 固定成本总额$$
$$= 正常销售额 \times 贡献毛益率 - 盈亏临界点销售额 \times 贡献毛益率$$
$$= (正常销售额 - 盈亏临界点销售额) \times 贡献毛益率$$
$$= 安全边际额 \times 贡献毛益率$$
$$= (正常销售额 - 盈亏临界点销售额) \times 单位贡献毛益率$$
$$= 安全边际量 \times 单位贡献毛益$$

如果上式两侧同时除以正常或实际销售额,则:

$$销售利润率 = 安全边际率 \times 贡献毛益率$$
$$= (1 - 盈亏临界点作业率) \times (1 - 变动成本率)$$

上述公式提供了一种新的视角来表达销售利润率。对于企业来说,提升销售利润率是一个多维度的管理目标,可以从多个方面入手。从整体战略层面来看,企业可以通过降低成本、减少不必要的开支和进行有效的纳税筹划等方式直接提高销售利润率。此外,企业还可以通过优化内部运营和财务指标间接提升利润水平。例如,企业可以努力提高安全边际率(或降低盈亏临界点作业率),以增强自身的盈利能力和抗风险能力;同时,企业可以通过提高贡献毛益率(或降低变动成本率),更有效地将销售收入转化为利润。这些方法相互补充,共同作用于企业的利润增长,为企业实现可持续发展奠定基础。

第 3 节　利润敏感性分析

敏感性分析是指对一个系统因周围环境和条件发生变化而引起的状态或输出结果改变的程度进行研究和分析。利润敏感性分析则专注于研究当每个参数值以相同的方向和幅度发生变化时,在其他因素保持不变的情况下,利润会发生多大程度的变化。同时,它还关注每个指标各自变化到什么程度时,企业仍然能够保持盈利,不至于陷入亏损。

6.3.1　敏感系数的确定

单价、销售量、单位变动成本和固定成本总额的变动均会对利润产生影响,然而,当这些因素各自发生变化时,它们对息税前利润的影响程度存在显著差异。例如,某些参数即使只有小幅波动,也可能导致目标利润值发生显著变化;而另一些参数即使自身发生较大变化,对利润的影响却可能微乎其微。这种敏感性是相对的,取决于具体情境和条件。因此,开展利润敏感性分析的目的在于帮助企业在经营管理实践中准确识别并抓住主要矛盾,从而实现更有效的决策和资源配置。确定敏感系数有以下两种方法:

方法一:用敏感系数表示参数变量敏感程度。其计算公式如下:

$$敏感系数 = \frac{目标值变动百分比}{参数值变动百分比}$$

例 6-10

某企业产销 B 产品,单价为 5 元,单位变动成本为 4 元,固定成本总额为 40 000 元,当前产销量为 100 000 件。计算当前利润水平,并分析每个因素提高 10% 的情况下对息税前利润的影响,确定各参数值的敏感系数。

息税前利润 $= 100\,000 \times (5-4) - 40\,000 = 60\,000$(元)

(1) 单价变动的敏感程度:

单价变动后的利润 $= 100\,000 \times [5 \times (1+10\%) - 4] - 40\,000 = 110\,000$(元)

$$目标值变动百分比 = \frac{110\,000 - 60\,000}{60\,000} \times 100\% \approx 83.3\%$$

$$单价敏感系数 = \frac{+83.3\%}{+10\%} = +8.33$$

单价与息税前利润同方向变化,单价每上涨 1%,息税前利润增加 8.33%;反之,单价每下降 1%,息税前利润减少 8.33%。

(2) 单位变动成本变动的敏感程度:

单位变动成本变动后的利润 $= 100\,000 \times [5 - 4 \times (1 + 10\%)] - 40\,000 = 20\,000$(元)

$$目标值变动百分比 = \frac{20\,000 - 60\,000}{60\,000} \times 100\% \approx -66.7\%$$

$$单位变动成本敏感系数 = \frac{-66.7\%}{+10\%} = -6.67$$

单位变动成本与息税前利润反方向变化,单位变动成本每上涨 1%,息税前利润减少 6.67%;反之,单位变动成本每下降 1%,息税前利润增加 6.67%。

(3) 销售量变动的敏感程度:

销售量变动后的利润 $= 100\,000 \times (1 + 10\%) \times (5 - 4) - 40\,000 = 70\,000$(元)

$$目标值变动百分比 = \frac{70\,000 - 60\,000}{60\,000} \times 100\% \approx 16.7\%$$

$$销售量敏感系数 = \frac{+16.7\%}{+10\%} = +1.67$$

销售量与息税前利润同方向变化,销售量每增加 1%,息税前利润增加 1.67%;反之,销售量每减少 1%,息税前利润减少 1.67%。

(4) 固定成本总额变动的敏感程度:

固定成本总额变动后的利润 $= 100\,000 \times (5 - 4) - 40\,000 \times (1 + 10\%) = 56\,000$(元)

$$目标值变动百分比 = \frac{56\,000 - 60\,000}{60\,000} \times 100\% \approx -6.67\%$$

$$固定成本总额敏感系数 = \frac{-6.67\%}{+10\%} \approx -0.67$$

在其他因素不变的情况下,固定成本总额每增加 1%,息税前利润减少 0.67%;反之,固定成本总额减少 1%,息税前利润增加 0.67%。

在利用上述公式计算敏感系数时,通常需要在经济事项完成后才能确定各因素的敏感系数。这种事后计算的方式无法为预测和控制风险提供及时的帮助。实际上,在确定各参数值的敏感系数的过程中,通常假设各参数值是单独发生变化的,即在计算某一参数的敏感系数时,其他参数保持在当前水平不变。因此,每个参数值的变化只会直接影响中间变量,而息税前利润则通过这些中间变量间接受到影响。基于这一原理,可以采用更加简便的方法确定各参数值的敏感系数。具体的关系如表 6-3 所示。

表 6-3　敏感系数与参数值及目标值的关系

参数值	中间变量	目标值
单价	销售收入	息税前利润
单位变动成本	变动成本总额	
销售量	贡献毛益总额	
固定成本总额	固定成本总额	

从表 6-3 所展示的关系中可以看出,当某一因素单独发生变化时,参数值与中间变量同方向同比例变化。同时,中间变量与目标值之间的比值和参数值与目标值之间的比值相等。基于这一规律,可以利用基期的相关数据计算报告期的敏感系数。

方法二:利用基期资料确定敏感系数。其计算公式如下:

$$某参数值敏感系数 = \frac{该参数值中间变量基期数}{目标值基础数}$$

根据例 6-10 中的数据可以得出:

$$单价敏感系数 = \frac{100\,000 \times 5}{60\,000} \approx +8.33$$

$$单位变动成本敏感系数 = \frac{-100\,000 \times 4}{60\,000} \approx -6.67$$

$$销售量敏感系数 = \frac{500\,000 - 400\,000}{60\,000} \approx +1.67$$

$$固定成本总额敏感系数 = \frac{-40\,000}{60\,000} \approx -0.67$$

通过对上述分析的总结,可以得出关于敏感系数的以下结论:

(1) 参数值的敏感程度是根据各参数的敏感系数绝对值大小进行排序的,绝对值越大,表明该参数对目标值的影响越显著。

(2) 敏感系数的正负性反映了参数值与目标值之间的变化方向关系。敏感系数为正数,表示参数值与目标值同方向变化;而敏感系数为负数,则表示参数值与目标值反方向变化。

(3) 在盈利产品中,单价是最敏感的因素,销售量不是最不敏感的因素。

(4) 根据本量利分析中各要素之间的关系,单价与单位变动成本的灵敏度之差等于业务量的敏感系数,同时,业务量的敏感系数与固定成本总额的敏感系数之间相差 1。

在例 6-10 中,单价是影响利润最敏感的因素,其次是单位变动成本,再次是销售量,而固定成本总额则是最不敏感的因素。基于这种敏感性排序,企业在寻求利润增长时,应优先考虑提高单价,再考虑降低单位变动成本和增加销售量。

然而,利润敏感性分析本身存在一定的局限性。例如,当单价上升时,由于价格弹性的作用,销售量可能会下降,而不会保持固定不变。此外,单位变动成本的降低也可能不是完全独立实现的,而是通过引入高效率的固定资产实现的。这些因素之间的相互关联表明,单纯依赖单因素的敏感性分析是不够的。

因此,为了更全面地评估利润的变化,企业有必要对多因素共同变动的影响进行综合分析,以更准确地制定策略并优化利润。

6.3.2　参数变量临界值的确定

对企业来说,追求利润增长是最基本的目标,但在实际经营中,企业有时需要在某些方面做出妥协。然而,这种妥协的底线是确保企业不亏损。所谓"临界值",就是在做出相关决策时,以保证企业不亏损为前提所确定的各因素变动的最大限度。一旦超过这一限度,企业的经营状况就会发生实质性变化。

具体而言,当销售量下降或单价降低时,企业的利润会减少。因此,企业在制定策略时,必须确定能够承受的最低销售量和最低价格,以确保不亏损。另外,当单位变动成本或固定成本总额增加时,利润也会受到影响。在这种情况下,企业只能接受一定上限的单位变动成本和固定成本总额。这种通过确定各因素的最大或最小可承受限度的方法,也被称为"最大最小法"。

除了采用传统方法计算每个参数值所允许的最大或最小变化范围,还可以借助敏感系数确定这些极限值。这是因为当企业从盈利状态转变为亏损状态时,目标利润值的变化百分比为-100%。基于这一关键节点,通过敏感系数的计算,可以更便捷地确定每个因素所允许的最大或最小变化范围,从而为决策提供更直观的依据。其计算公式如下:

$$某参数值最大(最小)值 = \frac{-100\%}{该参数值敏感系数}$$

以例6-10中的数据为例。

(1) 单价的最小值。单价与利润同方向变化,因此单价降低到使利润为零时的水平是企业所能够容忍的最小值。

因为:

$$单价敏感系数 = \frac{利润变动百分比}{单价变动百分比}$$

所以:

$$单价变动百分比 = \frac{利润变动百分比}{单价敏感系数} = \frac{-100\%}{+8.33} \approx -12\%$$

单价最小值 $= 5 \times (1 - 12\%) = 4.4(元)$

息税前利润 $= 100\,000 \times (4.4 - 4) - 40\,000 = 0$

只要单价的降幅不超过12%,控制在4.4元以上,其他因素保持不变,企业仍有可能盈利。但是,企业采取"薄利多销"的政策,以提高企业或产品的竞争力时,则另当别论。

(2) 单位变动成本的最大值。单位变动成本与利润反方向变化,因此单位变动成本的提高会使息税前利润降低并趋近于零,此时的单位变动成本是企业所能接受的最大值。

$$单位变动成本变动百分比 = \frac{利润变动百分比}{单位变动成本敏感系数} = \frac{-100\%}{-6.67} \approx +15\%$$

单位变动成本最大值 $= 4 \times (1 + 15\%) = 4.6(元)$

息税前利润 $= 100\,000 \times (5 - 4.6) - 40\,000 = 0$

当企业面临原材料价格上涨或人工费用增加等情况时,单位变动成本会相应提高,这将直接导致企业的息税前利润减少。为了维持盈利状态,企业需要将单位变动成本的上升幅度控制在一定范围内。具体而言,单位变动成本的最高允许升幅不应超过15%。换言之,只要单位变动成本保持在4.6元以内,企业便不会陷入亏损。

(3) 销售量的最小值。销售量增加通常会带动利润增加,销售量下降则往往导致利润减少。当利润减少到盈亏临界点的水平时,对应的销售量是企业可以容忍的最低销售量。

$$销售量变动百分比 = \frac{利润变动百分比}{销售量敏感系数} = \frac{-100\%}{+1.67} \approx -60\%$$

销售量最小值 $= 100\,000 \times (1 - 60\%) = 40\,000(件)$

息税前利润＝40 000×(5－4)－40 000＝0

在现有水平下,销售量的降幅不能超过 60％,即若保证企业盈利,其销售量应不低于 40 000 件,否则会发生亏损。

(4) 固定成本总额的最大值。在确定利润的过程中,固定成本总额是唯一一个不通过中间变量而直接影响息税前利润的因素。由于固定成本总额与息税前利润反方向变化,人们通常希望固定成本不要超过某一上限,以避免对利润产生过大的负面影响。

$$固定成本总额变动百分比＝\frac{利润变动百分比}{固定成本总额敏感系数}＝\frac{-100\%}{0.67}≈+150\%$$

固定成本总额最大值＝40 000×(1＋150％)＝100 000(元)

息税前利润＝100 000×(5－4)－100 000＝0

当企业需要在现有基础上增加固定成本时,其允许的固定成本总额应控制在 100 000 元以内。一旦超过这一限额,企业可能会由盈利状态转为亏损状态。

需要注意的是,前文所述的分析过程都是基于假设其他因素保持不变的前提进行的。然而,在市场经济条件下,各因素之间往往存在相互影响,这种复杂性会使问题变得更加难以把握。因此,掌握每一个数据的变化程度及其极限水平至关重要。通过精准把握主要矛盾,企业可以更好地制定决策,确保经营活动始终处于盈利的范围内。

第 4 节　本量利分析的应用

企业经营管理的核心目标是实现息税前利润的最大化。然而,利润水平的高低受到多种因素的影响,如销售量、单价、固定成本总额和单位变动成本等关键参数的变化。因此,为了有效增加息税前利润,企业必须采取一系列措施:一是努力增加销售量,开拓市场,扩大市场份额;二是提高产品或服务的单价,优化定价策略;三是尽量减少固定成本总额,通过优化资源配置、提高运营效率等方式降低不必要的开支;四是降低单位变动成本,提升生产效率,优化供应链管理。盈亏临界点分析是一种重要的财务分析工具,它从保本的角度出发,帮助企业确定收支平衡的最低销售水平。然而,企业经营的最终目标绝不能仅停留在保本的水平上。为了实现既定的利润目标,企业必须对各项经营活动进行全面的部署和安排,制定切实可行的策略,以确保在市场竞争中脱颖而出,实现利润的最大化。

6.4.1　各因素变动对利润的影响

企业在开展生产经营活动之前,必须全面了解现有条件下各因素所决定的利润水平。同时,企业需要深入分析每一个关键因素的变化可能对利润产生的具体影响。通过对这些因素的综合评估,企业可以准确判定某一经济行为在经济上是否具有可行性,从而为决策提供科学依据,确保资源的有效配置和经营目标的顺利实现。

例 6-11

甲公司产销 C 产品,单价为 10 元,单位变动成本为 4 元,固定成本总额为 4 000 元,目前的产销量为 2 000 件。

当前 C 产品息税前利润＝2 000×(10－4)－4 000＝8 000(元)

如果上述因素中的任何一个或多个发生变化,企业的息税前利润就会受到影响而发生改变。对于盈利企业来说,它们总是希望进一步增加利润,实现更高的经济效益;而对于亏损企业而言,扭亏为盈是它们迫切渴望的目标。然而,没有企业愿意被动地接受外部环境带来的不利影响。相反,大多数企业会选择主动出击,积极应对挑战,努力化解外部环境所带来的各种不利因素,从而在竞争中占据有利地位。

外部环境对所有企业的影响是公平的。当外部环境出现有利的变化时,本企业的利润可能会增加,但与此同时,其他企业的利润也会相应地提高。在这种情况下,本企业并不会因此获得特别的竞争优势。相反,当外部环境恶化时,企业必须主动调整战略,通过灵活的应对措施,将不利影响降到最低程度,从而在复杂的经济环境中保持稳健的发展态势。

(1) 扩大产品影响力。沿用例 6-11 的资料,假设该企业为扩大 C 产品的影响,拟作广告宣传,由于知名度提高,销售量会增加 20%。确定广告费用的上限。

改变后的息税前利润＝2 000×(1＋20%)×(10－4)－4 000＝10 400(元)

增加的息税前利润＝10 400－8 000＝2 400(元)

从短期效果来看,实施广告宣传所带来的 2 400 元息税前利润增加,是本次广告费用投入的合理上限。如果该公司本次广告宣传费用超过 2 400 元,那么从短期经济收益的角度来看,这次广告行动将会是得不偿失的。然而,需要特别指出的是,广告宣传的作用并不仅限于短期的经济收益。广告还可能产生长期的社会影响,如提升品牌知名度、增强消费者好感度,甚至逐渐沉淀为品牌文化的一部分。因此,仅从短期效果分析广告的价值是远远不够的。企业在评估广告投入时,应综合考虑其短期经济回报与长期品牌建设的潜在价值,以实现更全面、可持续的发展。

(2) 提高产品质量。沿用例 6-11 的资料,假设该企业拟对员工进行技术培训,工作效率的提高预计使产品的单位变动成本下降 3%。确定职工培训费的上限。

改变后的息税前利润＝2 000×[10－4×(1－3%)]－4 000＝8 240(元)

增加的息税前利润＝8 240－8 000＝240(元)

通过培训员工,企业的生产效率得到了提升,从而在当年实现了 240 元的利润增长。从短期来看,如果培训费用不超过 240 元,那么这笔费用完全可以通过当年增加的息税前利润得到补偿,这意味着培训在经济上是可行的。然而,需要指出的是,员工技术水平的提高所带来的影响并不仅限于当年的利润提升。培训的效果可能会持续体现在未来的工作效率和生产质量上,进而为企业带来长期的收益。因此,即使员工培训费用超过了 240 元,企业也应当从长远的角度进行统筹考量,综合评估培训投入与未来潜在收益之间的关系,而不能局限于短期的利润补偿。

(3) 提高产品价格。沿用例 6-11 的资料,假设该企业 C 产品一直以来委托经销商销售。为提高产品的价格,该公司准备以业务提成的方式鼓励本企业员工自行销售,因为减少了中间环节,单价可以提高 15%;由于员工的努力,C 产品销售量还将增加 5%。确定业务员提成的上限。

改变后的息税前利润＝2 000×(1＋5%)×[10×(1＋15%)－4]－4 000＝11 750(元)

增加的息税前利润＝11 750－8 000＝3 750(元)

企业采用积极的推销政策,成功地使息税前利润增加了 3 750 元。这一显著的成果离不开推销人员的辛勤努力和付出。如果按照承诺兑现奖励,企业支付给推销员的提成费用应当控制在 3 750 元以内。然而,需要注意的是,产品推销的积极影响往往是短期的,通常不会对企业未来的长期价值产生显著的提升作用。因此,在考虑支付业务提成时,企业应当保持谨慎,充分权衡其长期效益。

在日常经营活动中,企业实施的每一项行动都需要付出相应的成本。无论是人力、物力还是财力的投入,都意味着一定的代价。因此,企业在决策过程中必须全面权衡各种利弊得失,确保每一笔支出都能带来相应的价值回报。只有通过精准的成本控制和效益评估,企业才能在激烈的市场竞争中实现资源的最优配置,确保每一分钱的投入都能发挥其应有的价值,从而推动企业的可持续发展。

6.4.2 目标利润下各因素应达到的水平

在企业管理实践中,大多数企业都会提前制订详细的利润计划,并将这一计划设定为明确的经营目标,以此作为企业运营的核心指引。为了确保能够顺利达成这一利润目标,企业需要对现有的各类资源进行全面梳理和整合。通过优化资源配置,提高资源利用效率,企业能够在有限的资源条件下,充分发挥自身潜力,从而最大限度地实现既定的利润目标。这一过程不仅需要精准的战略规划,还需要各部门之间的协同合作,以确保资源的有效分配和利用,最终推动企业在市场竞争中实现预期的经济效益。

1. 目标利润下某因素应达到的水平

为了实现既定的利润目标,企业可以采取多种策略,包括提高产品或服务的单价、增加销售量、减少固定成本总额或降低单位变动成本。这些措施都是提升利润的有效途径,企业可以根据自身情况灵活选择并综合运用。

如果企业仅通过单一渠道或单一策略就能顺利实现利润目标,这实际上反映出企业在经营过程中仍有未被充分发掘的潜力。在这种情况下,企业不应满足于现状,而应进一步挖掘这些潜在的增长机会。通过深入分析市场、优化运营流程、提升产品竞争力及拓展销售渠道等举措,企业可以进一步提高利润水平,从而实现更高的经济效益。同时,这也表明企业具备全面提升管理水平的空间。通过加强内部管理、优化资源配置、提高决策效率及增强团队协作能力,企业不仅能够巩固当前的利润水平,还能在激烈的市场竞争中保持优势,实现可持续发展。因此,企业应持续探索和创新,不断提升自身综合实力,以应对不断变化的市场环境。

例 6-12

甲公司产销 C 产品,单价为 10 元,单位变动成本为 4 元,固定成本总额为 4 000 元,目前的产销量为 2 000 件。若甲公司不满足现状,拟提高利润 25％,达到 10 000 元,可采取哪些措施?

(1)提高单价:

$$目标单价＝单位变动成本＋\frac{固定成本＋目标利润}{销售量}$$

$$=4+\frac{4\,000+10\,000}{2\,000}=11(元)$$

如果其他条件不变,C产品单价至少要提高到11元,才能够确保目标利润的实现。

(2) 增加销售量:

$$目标销售量=\frac{固定成本+目标利润}{单价-单位变动成本}=\frac{4\,000+10\,000}{10-4}\approx2\,334(件)$$

如果其他条件不变,C产品销售量增加到2334件,就能够实现目标利润。

(3) 减少固定成本:

$$目标固定成本=销售量\times(单价-单位变动成本)-目标利润$$
$$=2\,000\times(10-4)-10\,000=2\,000(元)$$

如果企业将C产品固定成本控制在2000元以内,预计的目标利润能够实现。

(4) 降低单位变动成本:

$$目标单位变动成本=单价-\frac{固定成本+目标利润}{销售量}$$
$$=10-\frac{4\,000+10\,000}{2\,000}=3(元)$$

如果其他条件不变,C产品单位变动成本控制在3元以内,预计的目标利润可以实现。

2. 采取综合措施实现目标利润

在现实生活中,企业的利润受到多种因素的影响,而这些因素之间往往是相互关联、相互作用的。其中一个指标发生变化,往往会引发一系列连锁反应,导致其他相关指标也发生改变。这种变化的方向可能不同,影响程度也各不相同,这就使企业很难仅依靠单一措施来实现目标利润。相反,企业通常需要采取综合性策略,多管齐下,充分调动各部门的积极性,让全体员工为实现目标利润共同努力。

沿用例6-12,为了充分利用闲置的生产能力,公司计划通过降价销售产品来提高市场占有率。为此,公司拟采取"薄利多销"的策略,将产品价格下调10%。然而,为了确保这一策略能够有效实现目标利润,公司必须确保销售量达到2800件。这一策略的实施需要各部门的紧密配合,从生产部门确保足够的产能,到销售部门积极拓展市场,再到财务部门评估成本与收益,每一个环节都至关重要。甲公司的计算过程如下:

$$目标销售量=\frac{固定成本+目标利润}{新单价-单位变动成本}=\frac{4\,000+10\,000}{10\times(1-10\%)-4}=2\,800(件)$$

销售部门认为尽最大努力也仅能销售2500件,并鼓励生产部门共同参与,为落实目标利润,单位变动成本应控制为3.4元。其计算过程如下:

$$目标单位变动成本=新单价-\frac{固定成本+目标利润}{新销量}$$
$$=9-\frac{4\,000+10\,000}{2\,500}=3.4(元)$$

生产部门经过初步分析后认为,以现有的生产技术,目前只能将单位变动成本控制在3.6元,欲完成10 000元的目标利润,还需要从降低固定成本入手。

$$目标固定成本=新销量\times(新单价-新单位变动成本)-目标利润$$
$$=2\,500\times(9-3.6)-10\,000=3\,500(元)$$

　　如果降价 10% 是实现市场目标的必要条件,那么为了完成 10 000 元的目标利润,企业必须同时满足以下条件:销售量至少达到 2 500 件,单位变动成本严格控制在 3.6 元以内,以及将固定成本降低至 3 500 元。只有这样,才能在降价的情况下维持目标利润水平。然而,如果这些条件难以同时实现,就需要各部门重新进行协商,进一步探索增加销售量或降低成本费用的可行途径。这个过程可能需要经过多轮反复讨论和调整。如果经过多方努力后,目标利润仍然难以达成,那么企业就需要对目标利润进行实事求是的修正,以使其更符合实际经营情况。

　　尽管本量利分析是基于一定的假定条件进行的,但它仍然是一个非常有用的工具。其一,它能帮助企业解决经营中的利润规划问题,如何设定合理的目标利润;其二,它能帮助企业控制经营风险,如通过分析盈亏平衡点评估市场变化对企业的影响;其三,它能为企业的短期决策提供有力支持,如是否调整价格、是否增加产量等。因此,尽管本量利分析存在一定的局限性,但它在企业管理中仍然具有重要的应用价值。

思政小课堂

本量利分析:从"大庆算盘"到"价值高地"

　　在"大庆精神"的传承中,本量利分析始终与国家工业命脉同频共振。20 世纪 60 年代,大庆油田会战指挥部将钻井成本分为"千米进尺变动成本""单井材料损耗成本""能耗强度归因成本",通过"斤两必争"的成本文化,使每米进尺成本从 1 200 元降至 360 元,累计节约勘探开发成本超 1.2 万亿元。其"成本红旗班组竞赛"与新时代"中国芯"研发形成历史回响。中芯国际在 14 nm 芯片的量产中,通过本量利分析将"光刻胶消耗成本""良率损失成本""设备折旧成本"纳入动态监测,使单片晶圆成本降低 37%,终结了"无芯之痛"。这种"把成本算到分子级"的执着,诠释了成本管理会计人"精于算计、忠于使命"的职业信仰。

　　在"一带一路"建设中,中国中车将本量利分析升级为"ESG 成本共生模型"。在雅万高铁项目中,其成本管理团队将成本归集为"地缘政治风险成本""本土化适配成本""社区共建成本"三类,通过"成本—就业—技术"三赢分配,将本地化采购率从 35% 提升至 78%,培训印尼籍工程师 2 300 余人,使项目综合成本较日德方案降低 19%,同时带动沿线就业增长 2.6 万人。其"成本穿透—价值共生"机制被世界银行评为"全球基础设施项目成本治理典范"。这一实践证明,以"人类命运共同体"为坐标,让本量利分析成为全球治理的"中国方案"。

思考题

1. 简述本量利分析的定义,并说明本量利分析的基本公式。
2. 简述什么是贡献毛益和贡献毛益率。
3. 说明盈亏临界点在单一产品下的销售量和销售额如何确定。
4. 安全边际率与盈亏临界点作业率之间存在怎样的关系? 这种关系对企业评估经

营状况有何帮助？

5. 从利润敏感性分析的角度，解释为什么单价是盈利产品中最敏感的因素，并说明影响利润的其他因素有什么。

📝 练习题

1. 某企业生产并销售 A、B 和 C 三种产品，相关资料如表 6-4 所示。

表 6-4　产品资料

项目	A 产品	B 产品	C 产品
产销量（件）	2 000	3 000	1 500
单价（元）	80	40	60
单位变动成本（元）	50	25	40
单位变动销售及管理费用（元）	10	5	8
固定制造费用总额（元）	30 000	20 000	15 000
固定销售及管理费用总额（元）	15 000	10 000	8 000

要求：请根据以上信息计算：（1）加权平均贡献毛益率；（2）综合保本销售收入；（3）各产品保本销售量。

2. 某企业生产一种产品，当前单价为 50 元，单位变动成本为 30 元，固定成本总额为 80 000 元，当前销售量为 6 000 件。该企业预计下一年度市场竞争加剧，为保持市场份额，计划将单价降低 8%，同时增加广告投入 15 000 元以提高销售量。

要求：根据上述信息，计算单价、单位变动成本、销售量和固定成本总额分别提高 10% 后的各自敏感系数，并根据敏感系数分析在当前情况下企业应重点关注哪些因素以实现利润最大化。

本章练习题

第7章　经营预测

第1节　预测概述

7.1.1　经营预测的含义

"预则立,不预则废"。有效的预测机制能够为企业铺设一条更通畅的发展道路,减少不必要的曲折与失误。它是构建科学决策体系的坚固基石,也是决策有效性的重要保障。企业经营活动是系统性且目的明确的行为,依据精心制定的战略规划,通过一系列有序安排的生产、销售以及其他相关运营活动,追求并实现利润最大化。在这一过程中,经营活动展现出其内在的逻辑性和规律性,无论是市场需求的变化、生产成本的波动,还是销售策略的调整,都遵循一定的经济法则和市场规律。

经营预测是一个综合性的过程,它基于企业生产经营活动的历史数据以及当前所能获取的相关信息,运用一系列科学且系统的预测技术和方法,旨在对企业未来的经济活动、经济效益及其发展趋势做出全面而精确的预估与判断。这不仅涉及对历史数据的深入分析,还需要对市场动态、行业趋势、消费者行为等多方面的信息进行综合考量,以确保预测结果的准确性和实用性。通过经营预测,企业能够更好地把握未来的经济走向,为战略规划制定、资源配置和风险管理提供有力的数据支持,从而有效提升企业的竞争力和市场适应性。

7.1.2　预测的分类

根据预测时间跨度,预测分为短期预测与长期预测两大类别。短期预测聚焦于企业未来一年以内的发展前景,旨在通过分析近期市场动态、企业运营状况等因素,为企业提供及时且精确的决策支持。相比之下,长期预测则针对一年以上的时间范围,由于未来不确定性显著增加,其预测结果的误差范围往往较大,但其对企业长期战略规划仍具有重要意义。本章节将重点探讨短期预测的相关内容及其实施方法。

短期预测依据其涵盖的具体内容,又可细分为销售预测、成本预测、利润预测和资金需求量预测。销售预测旨在评估企业未来一段时间内的产品销售量,为生产计划、库存管理提供关键数据;成本预测则关注企业运营成本的变动趋势,有助于企业合理控制成本、提升盈利能力;利润预测基于销售与成本预测,综合考量其他影响因素,预测企业未来的盈利水平;而资金需求量预测在企业日常运营基础上,评估未来一段时间内企业对资金的总体需求,以确保企业资金链的稳健运行。这四项预测活动共同构成了企业短期预测的核心内容,本章节后续部分将逐一深入探讨各项预测的意义、实施步骤和具体方法,以期为企业提供全面、精准的决策依据。

7.1.3 预测分析的一般程序

无论企业开展的是短期还是长期预测活动,预测分析的流程都遵循一套系统而严谨的程序,具体可以分为以下几个核心环节。

1. 明确预测目标

预测工作的首要任务是精准界定预测的具体对象,这一环节不仅要求明确预测的核心内容和涵盖范围,还需清晰设定预测的时效期限和预测对象的量化标准。通过这一环节,企业能够确保预测活动有的放矢,为后续环节奠定坚实基础。

2. 广泛搜集信息资料

企业的生产经营活动是一个由多维度指标交织而成的复杂系统,因此全面且精准的历史数据和经营环境信息是提升预测精度的关键。为确保预测的有效性和可靠性,企业需掌握预测对象详尽的历史数据,并积极搜集竞争对手动态、市场趋势等多元信息,从而构建一个丰富、全面的信息库,为预测分析提供有力支撑。

3. 科学选择预测方法

鉴于不同预测对象所展现出的规律性和受其他因素影响的程度各异,预测方法的选择也需因对象而异。企业应基于预测的具体目标和所掌握的信息资源,审慎挑选最为适宜、高效的预测方法。对于能够建立数学模型的预测对象,企业应通过反复对比分析,选定最适合的定量预测条件;而对于定量资料不足或难以进行定量分析的预测对象,则应结合专家经验和行业知识,灵活选用定性预测方法。值得注意的是,预测方法的复杂性并非衡量其优劣的唯一标准,关键在于能否与预测对象实现最佳匹配,以充分发挥预测效能。

4. 实施预测分析

在搜集了充分信息和确定了预测方法后,企业需运用这些信息,结合所选预测方法,对预测对象进行深入分析,最终提出切实可行的预测方案和预期结果。这一过程要求企业保持高度的专业性和严谨性,以确保预测结果的准确性和可信度。

5. 评估预测误差并适时修正

鉴于预测活动面向未来,充满不确定性,加之影响因素复杂多变,因此通过所选预测方法得出的预测结果往往难以完全贴合实际情况。为此,企业需对预测结果进行细致评估,识别并量化预测误差,进而根据实际情况对预测信息进行必要的修正和调整。这一过程旨在使预测结果更加贴近现实,从而增强预测的指导性和实用性,为企业决策提供有力支持。

7.1.4 预测分析的基本方法

预测分析领域涵盖的多种方法总体上可依据其本质特征分为两大类:定量预测法与定性预测法。两者在实践中各具特色,互为补充。

1. 定量预测法

定量预测法是一种基于经济变量间的相互依赖关系及历史数据中蕴含的经济规律,通过建立数学模型揭示变量间数量关系的预测技术方法。该方法的核心在于利用经济变量间的逻辑联系和变化趋势,构建数学模型,进而预测目标对象未来可能达到的数量水平。值得注意的是,由于市场环境和经济条件的变化,基于历史数据建立的模型具有一定的时效性,因此定量模型的应用需限定在特定时间框架内。定量预测法可进一步细分为趋势分析法和因果关系分析法等多种具体方法,这些方法共同构成了企业预测分析的重要"工具箱"。

2. 定性预测法

定性预测法侧重于依赖专家学者的专业知识、主观判断能力和实践经验,结合对宏观环境、行业动态及竞争对手策略的深入理解,对事物的本质特征及未来发展趋势进行预测。随着市场环境的日益复杂,外部宏观因素(如政治、经济、社会文化和技术变革)的不确定性增加,且竞争对手策略的保密性增强,许多预测对象难以直接量化。在这种情况下,定性预测法因其灵活性和对复杂情境的综合考量而显得尤为重要。尽管定性预测法具有较强的主观色彩,但它在原始资料缺失、规律不明显或影响因素错综复杂的情况下尤为适用,如专家意见调查、深度市场访谈等均为其典型应用方式。

在实践中,定量预测法与定性预测法并非孤立存在,而是相辅相成、互为补充。即便历史数据能够清晰展现规律,企业也应将两者结合使用,以定性预测法把握外部环境的大方向,指导预测对象的总体趋势,同时借助定量预测法提高预测的具体性和精确度。这种综合应用策略有助于提升预测的全面性和准确性,为企业决策提供更坚实的依据。

第 2 节 销 售 预 测

7.2.1 销售预测的意义

销售预测是一项基于企业过往销售数据与消费者需求变化动态,结合对未来特定时间段内产品或服务发展趋势的深入洞察,而进行的科学预估活动。它旨在通过对市场行为的精密分析,为企业的战略决策提供有力的数据支撑。

作为一个以追求经济效益最大化为核心目标的经济实体,企业的一切运营活动都围绕实现最大利润这一愿景展开。因此,销售预测不仅是预测分析体系中的核心内容,更是企业战略规划的基石。为了精准把握市场动态,企业需密切关注消费者需求的细微变化,并严格遵循"以市场需求为导向,以销售数据为依据"的原则,开展有效的销售预测工作。

在此过程中,企业不仅要全面了解自身产品在市场中的占有率情况,还要客观评估自身的竞争地位,以便在激烈的市场竞争中保持敏锐的洞察力与快速的反应能力。通过销售预测,企业能够预见未来市场的需求变化,从而及时调整生产策略,优化产品结构,以确保自身能够在竞争激烈的市场环境中稳步前行,实现可持续发展。此外,销售预测在预测分析体系中扮演着至关重要的角色,它不仅为企业提供了关于未来销售情况的清晰蓝图,还为成本预测、利润预测和资金需求预测等后续环节提供了重要参考依据。因此,加强销售预测工作,提升预测准确性,对于企业的整体运营和长远发展具有深远的意义。

鉴于企业销售受到众多因素的影响,这些影响因素既包括市场环境、消费者行为等外部条件,也涵盖企业内部的生产能力、营销策略等内部要素,因此在进行销售预测时,企业通常需要综合运用定性与定量两种分析方法,以确保预测结果的全面性和准确性。

7.2.2 销售预测的定性分析方法

1. 判断分析法

判断分析法是一种基于销售人员深厚销售经验与直觉洞察的销售预测策略。其过程涉及销售人员初步预测与销售经理综合评估两个阶段。销售人员因长期活跃于销售前线,对市场"脉搏"有着最直接的把握,他们对所推广产品的特性了如指掌,对负责区域内消费者的偏好与消费模式有着深入的理解。凭借这些优势,销售人员能够敏锐捕捉市场风向,清晰定位企业在竞争格局中的位置,并迅速做出初步的销售预测。然而,销售人员可能出于个人利益最大化或绩效考核的考量,其预测数据有时会存在一定的乐观或保守倾向,导致预测结果出现偏差。鉴于此,销售经理的角色尤为重要,他们需在全面考量企业资源状况与市场实际的基础上,对初步预测数据进行审慎调整,以确保最终形成的销售预测结论既符合企业战略目标,又贴近市场真实需求。

判断分析法以其便捷性、高效性、低成本以及对业绩考核的促进作用,展现出显著的实用价值。但值得注意的是,一线销售人员的直接参与虽能增强预算的可行性与团队的参与度,却也可能引发"预算松弛"现象,即为了更容易达成目标而有意低估所需资源或高估预期成果的风险。因此,在实施过程中,企业应建立科学的监督机制与反馈机制,确保预测结果的客观性与准确性。

2. 专家预测法

专家预测法是一种借助专家学者对市场外部环境、市场趋势及竞争对手的深刻理解开展的独特预测手段。它依赖于专家们广博的知识体系,旨在对企业特定时间段内某产品的销售数据进行精准预估。在这一方法体系下,德尔菲法与专家会议法是最为突出的两种实践形式。

1) 德尔菲法

德尔菲法也称专家调查法,其历史可追溯至 20 世纪 40 年代,由 O. 赫尔姆与 N. 达尔克开创,后经 T. J. 戈尔登及兰德公司的深化发展而广为人知。1946 年,兰德公司首次运用此法进行预测,并迅速获得了业界的广泛接纳。该方法的核心在于通过匿名通信的方式,向各位专家逐一发送待解问题,收集并整合他们的初步意见,随后将综合意见及预测问题再次反馈给每位专家,如此往复,直至达成较为一致的预测共识。

德尔菲法的独特之处在于其"背对背"的交流模式,专家们彼此隔离,仅与调查人员保持联系,通过多轮次的信息交换与意见修正,最终汇聚成专家群体的一致看法,以此作为预测的最终结果。此法因其广泛的适用性,在众多预测场景中均展现出强大的生命力。

2)专家会议法

专家会议法是另一种集合专家群体智慧进行预测的方式。它要求企业精心挑选一定数量的专家,将其组织成专家小组,通过面对面的会议形式,共同探讨预测对象的未来发展趋势。该方法具体分为头脑风暴法、交锋式会议法及混合式会议法等多种形态。在会议中,各路专家围绕核心议题畅所欲言,通过座谈、调研、研讨等多种方式,充分激发彼此的灵感与创造性思维,形成成长性思维。

专家会议法的显著特点是"面对面"交流,专家们通过集体讨论与相互启发,有效弥补了个人见解的局限性。信息的内外交流与反馈循环激发"思维共振",从而在较短时间内产生富有成效的创新性成果。然而,该方法亦存在潜在缺陷,即预测结果可能受到少数权威专家意见的主导,从而影响预测的客观性与多样性。因此,在实施过程中,企业需确保会议的开放性与包容性,鼓励多元声音的表达,以保障预测结果的全面性与准确性。

3. 市场调查法

市场调查法是一个系统性过程,旨在广泛搜集、精确记录并有效整合市场营销相关的信息数据,进而深入分析市场现状及其未来走向,为企业的销售策略规划与营销决策制定提供可靠且精确的参考依据。依据调研焦点的差异,市场调查法可分为市场环境分析、市场状态评估、销售潜力调查等多个维度,同时深入探究消费者偏好、企业产品线、产品定价、影响销售的社会与自然要素、分销渠道等多个层面。

1)对市场环境的调查

国家政策导向、经济发展水平、科技进步和社会文化变迁等外部因素,均对企业的产品销售产生间接但深远的影响。因此,企业需契合政策脉搏,以政策导向为市场营销的风向标,并在此基础上,结合产品销售量、价格定位、成本控制、市场竞争激烈程度及经营风险等因素,综合判断自身产品所处的生命周期阶段。通过详尽的市场调研,企业可进一步识别其主要竞争压力源自何方——是潜在市场进入者的挑战、替代品的威胁、上游供应商的议价能力,还是下游消费者的需求变化。同时,对宏观环境及行业动态的综合分析,有助于企业准确把握产品的市场潜力与销售前景。

2)对竞争对手的调查

在激烈的市场竞争中,企业不仅要清晰认知自身的竞争优势,还需密切关注竞争对手的动态。这包括但不限于对手在产品研发设计、生产制造、市场营销和售后服务等方面的战略规划与未来目标。通过深入了解竞争对手,企业能够更准确地评估自身产品的市场地位,实现"知己知彼,百战不殆"。

3)对消费者的调查

"顾客至上"的理念被视为企业实现销售增长的基石。消费者的经济状况、消费观念、个人兴趣、地域习俗乃至宗教信仰等多元因素,均可能对其产品需求产生直接或间接的影响。因此,精准捕捉消费者的偏好与购买意向,成为市场调研工作不可或缺的一环。

综合上述多维度的市场调查结果,企业在充分把握国家政策导向、市场环境动态、竞争对手态势和消费者需求的基础上,结合其他先进的分析工具与方法,可更加科学地进行销售预测,为企业的长远发展奠定坚实基础。

7.2.3 销售预测的定量分析方法

定量预测是一个运用数学工具对与销售活动紧密相关的经济数据进行系统性分析和处理的过程。它旨在通过科学的方法,构建精确的数学模型,以深入探索和展现不同自变量(如市场需求、消费者行为、竞争态势等)与销售业绩之间的内在联系和规律性,并在此基础上,进一步做出合理且可靠的预测。具体而言,定量预测的方法体系丰富多样,主要包括趋势分析法和因果预测法两大类。

1. 趋势分析法

趋势分析法是一种基于时间序列数据的分析方法。它按照时间的先后顺序,系统地整理企业与销售相关的历史数据,形成一系列销售数据序列。通过仔细分析和归纳这些数据的变化模式与规律,企业可以利用趋势外推的原则,对未来销售的变化趋势进行合理的预测。在这一框架内,趋势分析法拥有多种常用的技术手段,具体包括算术平均法、加权平均法和指数平滑法等。

1)算术平均法

算术平均法是一种基于历史销售数据的预测方法。该方法选取多个历史时期的销售数据作为参考基准,在假设这些历史数据对未来销售预测的影响程度是等同的基础上,计算这些历史数据的简单算术平均值,并将这个平均值作为对未来一期销售量的预测值。这种方法的核心在于利用过去的销售数据估计未来的趋势。其计算公式如下:

$$预计销售量(或额) = \frac{各期销售量(或额) 之和}{期数} = \frac{\sum x}{n}$$

例 7-1

某企业 20×5 年 1—6 月某产品的销售量如表 7-1 所示。

表 7-1　20×5 年 1—6 月某产品销售量

单位:件

月份	1	2	3	4	5	6
实际销售量	425	430	440	430	460	455

根据表 7-1 的资料,运用算术平均法预测 7 月的销售量:

预计 7 月销售量 $x_7 = \dfrac{425+430+440+430+460+455}{6} = 440$(件)

算术平均法具有操作简便的优点,它不需要复杂的计算过程即可得出结果。然而,这一方法在处理数据时存在一定的局限性,因为它未将市场变化趋势纳入考量范围。具体而言,算术平均法将远期与近期的实际销售量对未来预测值的影响视为等同的,这忽略了时间序列数据中可能存在的动态变化。因此,当市场环境或消费者需求发生显著波动时,采用该方法可能导致预测结果产生较大的误差。尽管如此,算术平均法在某些特定情境下仍具有一定的应用价值,对于市场销售相对稳定、需求波动较小的生活必需品而言,该方法能够提供一个相对可靠的预测基准。

2) 加权平均法

随着市场环境的演变,预测期与当前时间的距离越远,环境的相似程度就相应地减弱。为了应对这种不确定性,加权平均法被广泛应用于预测销售量的过程中。该方法基于"近大远小"的逻辑原则,将历史各期实际销售数据与对应权重系数相乘,然后将这些乘积求和,再除以所有权重系数的总和,从而得出加权平均数,以此作为预测期的销售量估计值。在运用加权平均法时,合理地为每个观察期的销售数据分配权重至关重要,这取决于各期数据对预测期预期影响的程度。权重系数设定是该方法的核心环节,直接关系预测结果的准确性和可靠性。

移动平均法中的权重系数则是根据历史周期相对于预测期的远近来确定的,这是另一种确定权重的方法。为了确保加权平均数的有效性和合理性,权重系数设定需要满足以下两个关键条件:

(1) 权重系数 w_i 取值必须介于 0 和 1 之间,且随着观察期逐渐接近预测期,相应的权重系数应该逐渐增大。

(2) 权重系数之和 $\sum w_i$ 必须等于 1。

加权移动平均法的计算公式如下:

$$\hat{x}_t = \frac{\sum x_i w_i}{\sum w_i}$$

该公式中,w_i 为各期的权重系数,其他符号如前所述。

例 7-2

沿用例 7-1 中表 7-1 的资料,假定移动期数为 4,按照自然权数得到 7 月的预计销售量,计算如下:

$$\hat{x}_7 = \frac{440 \times 1 + 430 \times 2 + 460 \times 3 + 455 \times 4}{1 + 2 + 3 + 4} = 450(件)$$

在运用加权平均法时,权数的分配可以遵循"近大远小"的逻辑原则进行人为调整,关键是要确保权重系数的总和等于 1。仍以 4 期为移动期,假设各期的权重系数被设定为 0.1、0.2、0.3 和 0.4,确定 7 月的销售量。计算如下:

$$\hat{x}_7 = 440 \times 0.1 + 430 \times 0.2 + 460 \times 0.3 + 455 \times 0.4 = 450(件)$$

加权平均法不仅纳入了以往各时期已锁定的观测值,还兼顾了这些观测值与环境条件相似程度的关系。在确定权重时,该方法遵循"近大远小"的权重分配逻辑原则。然而,这一方法也存在完全依赖历史数据的局限性,未能充分考虑环境变化对未来数据可能产生的潜在影响。

3) 指数平滑法

指数平滑法是一种在时间序列预测领域内广泛应用的方法,它根植于加权平均法,并对其进行了拓展和优化。该方法的核心在于引入了关键参数——平滑系数 α,以及与之对应的

（1－平滑系数 α）。这两个参数分别被用作基期实际销售数据和基期预测销售数据的权重，企业通过计算这两者的加权平均数，得出预测期的销售预计数。其计算公式如下：

$$\hat{x}_{t+1} = \hat{x}_t + \alpha(x_t - \hat{x}_t)$$
$$= \alpha x_t + (1-\alpha)\hat{x}_t$$

该公式中，α 为平滑系数，介于 0 和 1 之间，用于衡量历史销售数据对未来预期销售量的影响程度。α 的取值在实践中通常被设定在 0.3～0.7；$\hat{x}_{t+1}$ 为 $t+1$（预测期）的预计销售量；$\hat{x}_t$ 为基期的预测值。

指数平滑法本质上是一种特殊的加权平均方法。该方法的核心在于，其预测结果的准确性依赖于基期实际观测值与预测值之间的差异，以及这一差异所赋予的权重（平滑系数 α）。在分析基期实际值与预测值之间的差距时，可以将其分解为两部分：一部分是源自事物内在发展趋势而导致的必然差异，这部分需要被调整以优化预测；另一部分则是由于随机或偶然因素而引发的波动，通常不需要特别调整。平滑系数 α 扮演着衡量内在发展趋势所致差额在总差额中占比的角色，例如，当 α 被设为 0.6 时，这意味着基期实际观测值与预测值之间的差异中，有 60％需要通过调整反映事物真实发展动向。

在实际操作中，如果基期的实际观测值 x_t 与预测值 $\hat{x}_t$ 之间存在较大偏差，为了提高近期数据在预测中的影响力，企业会倾向于选择一个较大的 α 值。相反，如果两者之间的偏差相对较小，企业可能会适当调低 α 的值，以便让近期的预计数据（可能是基于历史趋势或外部因素的分析）在预测销售量时发挥更大的作用，从而平衡短期波动与长期趋势的影响。

例 7-3

仍沿用例 7-1 的资料，假设 1 月预计销售量为 440 件，假设平滑指数为 0.3，对该企业 2—7 月的销售量进行预测，各月的销售量预测值如表 7-2 所示。

表 7-2　2—7 月的销售量预测值

月份	αx_{t-1}	$(1-\alpha)\hat{x}_{t-1}$	$\hat{x}_t$
1			440
2	0.3×425	(1−0.3)×440	436
3	0.3×430	(1−0.3)×436	434
4	0.3×440	(1−0.3)×434	436
5	0.3×430	(1−0.3)×436	434
6	0.3×460	(1−0.3)×434	442
7	0.3×455	(1−0.3)×442	446

注：中间过程四舍五入保留整数。

相较于加权平均法，指数平滑法展现出两大优势：第一，它能够全面考量各因素变动对当前报告期销售量的影响。通过整合前一期的历史销售数据与当前的预测信息，并利用平滑系数 α（α 值可在一定范围内任意设定），指数平滑法能够精确地计算出报告期的预测销售量。这一过程不仅简便快捷,而且能够根据市场变化及时做出调整,表现出较强的适应性。第二,指数平滑法在数据处理上更加全面细致,它并非仅依赖近期的几期数据,而是不同程度地融入了过往所有时期的历史销售数据。这种做法使预测模型能够捕捉更广泛的市场趋势和历史规律,从而提高预测结果的准确性和可靠性。因此,指数平滑法不仅灵活多变,而且在充分利用历史信息方面展现出独特的优势。

2. 因果预测法

因果预测法是一种深入剖析销售影响因素的方法,其核心在于识别并确定对销售业绩产生显著影响的要素。该方法通过探寻产品销售(因变量)与一系列相关因素(自变量)之间的内在联系,构建一个能够反映这些主要因素与产品销售数量之间函数关系的数学模型。这一模型为产品销售预测提供了有力的工具。

在因果预测分析中,回归分析法占据举足轻重的地位。鉴于影响产品销售的因素错综复杂,当多个因素同时作用于销售时,通常构建多元回归方程以捕捉这种多维度关系。然而,不同因素对销售的影响程度存在显著差异,将所有变量都纳入函数关系进行考量并不总是切实可行的。因此,在实际操作中,常做出简化假设,即假定影响预测对象的因素为单一变量,据此建立一元直线回归方程 $y=a+bx$,以此来预测产品销售量。

(1) 在运用因果预测法时,先确定影响产品销售量的主要变量。当存在两个或更多影响因素时,需要采用多元线性回归模型,形式为 $y=\alpha+\beta x_1+\cdots+\epsilon$。然而,随着影响因素的增多,所建立的函数模型也会变得更加复杂,这可能导致预测结果因各因素间的交互作用而降低准确性。因此,计算过程并非越复杂越好。为了简化计算并提高效率,应优先考虑选择对销售影响最为显著的因素,或者尝试将多个相关因素整合为一个综合指标。

(2) 根据已有的数据资料,确定因变量销售量 y 与自变量 x 之间的数量关系,并据此建立因果预测模型。在假设只有一个自变量 x 的情况下,可以利用回归分析原理,构建一元直线回归方程 $y=a+bx$ 来描述这种数量关系。

(3) 确定函数关系后,可根据未来自变量 x 的变动情况预测销售量 y。在将一元直线回归方程 $y=a+bx$ 应用于销售预测时,y 代表销售量,x 代表对销售变动产生主要影响的因素,如个人可支配收入、相关产品的销售量、需求价格弹性和收入价格弹性等。其中,a 代表基本销售量,即在没有这些影响因素作用下的销售量;b 代表随着影响因素的变动而相应变化的销售量。

其中,参数 a 和 b 的计算公式如下:

$$a=\frac{\sum y-b\sum x}{n}$$

$$b=\frac{n\sum xy-\sum x\sum y}{n\sum x^2-\left(\sum x\right)^2}$$

例 7-4

甲公司专门生产电冰箱的压缩机,而决定电冰箱压缩机销售量的主要因素是电冰箱的销售量。假设近 5 年全国电冰箱的生产量统计资料和甲公司电冰箱压缩机的实际销售量相关资料如表 7-3 所示。

表 7-3　相关资料

年度	20×1	20×2	20×3	20×4	20×5
甲公司箱压缩机销售量 y（万只）	20	25	30	36	40
全国电冰箱生产量 x（万台）	100	120	140	150	165

若计划年度（20×6 年）预计全国电冰箱的生产量为 200 万台，利用因果预测法预测 20×6 年甲公司电冰箱压缩机的销售量。

首先，计算、整理数据资料，如表 7-4 所示。

表 7-4　数据计算表

年度	全国电冰箱生产量 x（万台）	甲公司电冰箱压缩机销售量 y（万只）	xy	x^2
20×1	100	20	2 000	10 000
20×2	120	25	3 000	14 400
20×3	140	30	4 200	19 600
20×4	150	36	5 400	22 500
20×5	165	40	6 600	27 225
合计	675	151	21 200	93 725

其次，根据表 7-4 的计算结果，代入公式，分别确定参数 b 和 a 的值。

$$b = \frac{5 \times 21\,200 - 675 \times 151}{5 \times 93\,725 - 675 \times 675} \approx 0.313$$

$$a = \frac{151 - 0.313 \times 675}{5} \approx -12.06$$

最后，将 b 和 a 的值代入一元直线回归方程，预测 20×6 年甲公司压缩机销售量。

$$y = a + bx = -12.06 + 0.313 \times 200 = 50.54（万只）$$

在企业的决策过程中，无论采用何种手段，仅依赖定量分析法构建一个涵盖所有影响因素的数学模型总是存在局限性。鉴于此，将定性分析与定量分析紧密结合，两者相辅相成，共同发挥作用才是更为全面且有效的方式。在此过程中，企业应充分利用大数据技术的力量，深入挖掘市场趋势、客户偏好、潜在模式和其他宝贵信息。通过大数据分析，企业能够从源头提前洞察市场变化，据此制定更具前瞻性和针对性的营销策略，从而更好地满足消费者的现有需求，并通过创新产品和服务，激发、引领新的消费需求，进而在激烈的市场竞争中占据有利地位。

第 3 节　成 本 预 测

7.3.1　成本预测的意义

成本预测是一个综合性的管理过程，它紧密围绕企业的经营目标展开，深入剖析预测周期内所有可能作用于成本变动的因素。这一过程不仅融合了定性与定量分析的手段,以精准描绘成本的未来走向,还致力于预测成本发生的具体水平及确立目标成本。成本预测构成了成本预算编制的基石,并为绩效评估提供了不可或缺的参照标准。在财务管理领域,财务会计的核心在于对历史财务数据的严谨确认、精确计量及详尽报告,而管理会计则更侧重于前瞻性的成本预估、明智的决策制定、严格的预算管控及有效的业绩考核。成本预测在为企业制定科学合理的生产经营策略及实施公正透明的绩效考核中扮演着信息支柱的角色,提供了宝贵的数据支撑。

对于现代企业而言,成本预测工作需紧密贴合企业的总体战略规划,确保企业内各部门、各层级单位能够围绕共同的经营目标协同作业,从而维持整个企业成本预测体系的统一性和协调性,推动企业持续健康发展。

7.3.2 成本预测的过程

成本预测的过程通常涵盖以下三个核心阶段。

1. 设定初步目标成本框架

此阶段紧密围绕企业的战略导向与经营目标,确立旨在实现预期利润及保持市场竞争优势的目标成本水平。这一目标成本不仅代表了企业未来成本管理的方向,还可能以"标准成本""计划成本"或"定额成本"等形态呈现,作为衡量成本管理成效的基准。

2. 探索与实施成本优化策略

基于初步的成本预测数据,企业需深入探索并实施一系列成本降低方案,其涵盖优化产品设计、业务流程再造及强化管理费用控制三个维度。

1)优化产品设计

产品的材料、人工及能源消耗量在很大程度上受设计影响。设计不当或功能冗余往往导致资源浪费。因此,追求以最低成本实现必要功能的优化设计至关重要。

2)业务流程再造

高效的组织架构与合理的生产流程是控制成本的关键。这包括优化内部生产布局、合理选择工艺方案、推行作业成本管理理念和减少非增值作业,以提升资源使用效率,实现业务流程的持续优化。

3)强化管理费用控制

管理费用种类繁多,其中研发支出尤为显著。对于这类大额费用,企业需平衡短期与长期利益,针对具体项目制定针对性的控制策略,确保费用使用的合理性与效益。

3. 正式确立目标成本

在综合考量初步成本预测数据及各成本优化措施的实际影响后,企业需对目标成本进行必要的调整与修订。这一过程涉及对各项成本降低措施的深入评估,最终确定一套既符合企业实际情况又具备前瞻性的正式成本预测数据,为后续的预算制定、成本控制及绩效评价提供坚实基础。

7.3.3 成本预测的方法

成本预测是一个基于历史成本数据的过程,它通过分析这些数据中的规律与趋势,预估企业在特定业务计划周期内完成既定业务量所需总成本及单位产品成本。这一过程不仅涵盖了直接成本,还间接考虑了各种变动因素及固定成本的影响。

在成本预测的多种方法中,加权平均法是一种常用的技术手段。该方法依据过去多个时间段内的单位变动成本和固定成本总额的历史记录,采用"近大远小"的原则分配权数。通过计算加权平均的单位变动成本和固定成本,可以更加精确地反映成本变化的实际情况。随后,利用这些加权平均成本数据,结合专门构建的成本预测模型,就能够对报告计划期内的成本水平进行更为准确的预估。其计算公式如下:

$$y = a + bx = \frac{\sum a_i w_i}{\sum w_i} + \frac{\sum b_i w_i}{\sum w_i} x$$

加权平均法在计算过程中,会运用两种不同类型的权数:自然权数和算术权数。

例 7-5

某公司生产 A 产品,20×1—20×5 年的固定成本与单位变动成本数据如表 7-5 所示。

表 7-5　固定成本与单位变动成本数据

单位:元

年度	固定成本 a	单位变动成本 b
20×1	22 000	26
20×2	21 000	25
20×3	21 500	25
20×4	25 000	23
20×5	26 000	22

要求:用加权平均法预测 20×6 年的成本,建立成本预测模型,并预测生产 10 000 件 A 产品的总成本和单位成本(假定五期的权数分别为 0.03、0.07、0.15、0.25 和 0.5)。

因为:

$$\sum a_1 w_i = 22\,000 \times 0.03 + 21\,000 \times 0.07 + 21\,500 \times 0.15 + 25\,000 \times 0.25 + 26\,000 \times 0.5$$
$$= 24\,605(\text{元})$$

$$\sum b_i w_t = 26 \times 0.03 + 25 \times 0.07 + 25 \times 0.15 + 23 \times 0.25 + 22 \times 0.5 = 23.03(\text{元})$$

所以:

成本预测模型 $y = a + bx = 24\,605 + 23.03x$

20×6 年 A 产品总成本的预测值 $= 24\,605 + 23.03 \times 10\,000 = 254\,905(\text{元})$

A 产品单位成本的预测值 $= \dfrac{254\,905}{10\,000} = 25.49(\text{元})$

加权平均法适用于企业成本管理,特别是能够根据其成本性态对成本进行分类,并且已经积累了详尽的固定成本与变动成本历史数据的企业环境。这种方法能够有效地利用这些丰富的历史资料,帮助企业更精确地计算和控制成本,从而提升财务管理的效率和准确性。

第 4 节 利 润 预 测

7.4.1 利润预测的意义

企业的利润是衡量其在特定时间段内经营成效的关键指标,综合体现了企业在生产、销售、成本控制和定价策略等多个经营环节上的表现。这一指标不仅揭示了企业经营活动实现其预设目标的程度,还深刻反映了企业的管理水平、运营效率和市场竞争力的强弱。通过利润的表现,可以全面评估企业在复杂市场环境中的适应能力和持续发展的潜力。

企业生产经营活动的成效直接体现在利润上,而准确预测利润对于制定科学合理的经营决策至关重要。利润涵盖了营业利润、利润总额、息税前利润和净利润等多个层面。本章节特别聚焦于息税前利润的预测。这一指标不仅反映了企业在扣除利息和税费前的盈利能力,还是评估企业经营绩效和制订财务规划时的重要参考依据。通过精确预测息税前利润,企业能够更有效地进行成本控制、投资决策及资源配置,从而确保生产经营活动的稳健性和可持续性。息税前利润计算公式如下:

$$息税前利润 = 净利润 + 所得税 + 利息费用$$

值得注意的是,利润表中并未单独列示"利息费用"这一具体项目,在实际操作中,通常选择以"财务费用"作为利息费用的替代指标。这一替代处理是基于两者在经济实质上的紧密关联性。

目标利润预测工作的首要步骤是明确企业在计划期间预期能够达成的利润水平。这一预期利润水平的设定,需充分考量企业的实际生产能力、现有的生产技术条件及市场环境等多方面的因素。在此基础上,企业将进一步细化并确定其目标利润值。为确保目标利润的实现,企业还需对影响利润的各类关键因素进行详尽而合理的预测。这些因素包括但不限于销售价格、预计销售量、变动成本水平和固定成本总额等。通过精确预测与把控这些因素,企业能够更加稳健地推进其盈利目标的实现进程。

7.4.2 目标利润预测

1. 目标利润预测的一般程序

制定目标利润是一项复杂且难度较大的任务,它涵盖了多个层面的步骤,主要包括以下几个关键环节。

1)设定利润率基准

在确立利润基础时,企业应广泛搜集所有可得的利润率数据及其相关财务指标。常用的利润率基准涵盖销售利润率、资金利润率和成本利润率等多个维度。通过深入的市场调研与同行业分析,企业需掌握当前行业的平均利润率水平或社会的普遍利润率指标,并从中挑选出最能贴切反映本企业盈利特性的利润率作为目标利润率基准。为确保这一基准既具有挑战性又切实可行,它应紧密贴合企业的实际情况。

2)核算目标利润基数

目标利润基数的计算依据以下公式进行:

$$目标利润基数 = 预计销售收入 \times 销售利润率$$

$$目标利润基数 = 预计资金平均占用额 \times 资金利润率$$

$$目标利润基数 = 预计总成本 \times 成本利润率$$

从上述公式可见,目标利润的预测建立在对预计销售收入、资金平均占用额或总成本等关键指标的精准预估之上。这些指标及利润率预测的准确性,将直接影响目标利润基数的可靠性。

3)调整优化目标利润基数

为确保目标利润的实现,企业需将初步计算出的目标利润基数与基期的实际利润水平进行对比分析。通过单项因素与综合因素的全面考量与评估,筛选出最优方案。若该方案显著偏离企业的实际运营状况,则需对目标利润基数进行相应的调整优化。

4)正式确立目标利润并将其纳入预算体系

正式确立的目标利润代表了企业未来可望达成的最优利润预期。一旦正式确定目标利润,它将被纳入企业的全面预算管理体系,通过层级分解与落实,成为指导企业各层面生产经营活动的核心指标。这一过程旨在确保企业各项决策与行动均围绕实现既定利润目标展开。

2. 企业目标利润预测分析

例 7-6

某企业产销 A 产品,销售单价为 300 元,单位变动成本为 150 元,固定成本为 100 000 元,本年度实现销售 1 000 件。若保持当前各指标的水平,当前息税前利润为 50 000 元。企业不满足目前的利润水平,决定采用竞争对手的利润率 20% 预测计划期本企业的目标利润。

现分析如下:

$$当前企业利润 = 1\,000 \times (300 - 150) - 100\,000 = 50\,000(元)$$

$$计划期目标利润基数 = 300 \times 1\,000 \times 20\% = 60\,000(元)$$

1)采取单项措施实现目标利润

依据本量利分析的核心理论,提升利润的途径多种多样,包括但不限于扩大产销量、上调销售单价、削减单位变动成本和缩减固定成本等策略。假设采取单一措施实现目标利润,计算分析如下:

(1)目标利润的销售量:

$$目标利润的销售量 = \frac{100\,000 + 60\,000}{300 - 150} = 1\,067(件)$$

销量增加 67 件,即销售量增长 6.7%,可实现利润目标。

(2)目标利润的单位变动成本:

$$目标利润的单位变动成本 = 300 - \frac{100\,000 + 60\,000}{1\,000} = 140(元)$$

单位变动成本降低 10 元,单位变动成本降低 6.7%,可实现目标利润。

(3) 目标利润的固定成本:

$$目标利润的固定成本 = (300 - 150) \times 1\,000 - 60\,000 = 90\,000(元)$$

压缩固定成本开支 10 000 元,固定成本降低 10%,可实现目标利润。

(4) 目标利润的单价:

$$目标利润的单价 = 150 + \frac{100\,000 + 60\,000}{1\,000} = 310(元)$$

提高销售单价 10 元,销售单价增长率为 3.3%,可实现目标利润。

显然,企业在追求目标利润实现的过程中,采取上述的任何单一策略,在理想条件下,均有可能达成目标。然而,当企业面临高度竞争的市场环境或是行业步入衰退期时,这些单一措施的有效性往往会大打折扣,甚至可能无法确保目标利润的顺利实现。面对这样的挑战,企业应当考虑采取一种更全面且多元化的策略组合,即通过多种渠道和方法的协同作用,增强自身的市场竞争力和盈利能力。

2) 采取综合措施实现目标利润

上述分析忽略了各指标间存在的复杂相互作用与制约关系,它基于某一变量单独变动,而其他条件保持不变的假设。然而,在实践中,情况往往更为复杂,产品单价的提升很可能会抑制销售量的增长;而固定成本总额的缩减,很多时候是通过增加单位产品的变动成本实现的。这表明单一的管理措施或策略调整往往难以确保目标利润的顺利达成。为了实现目标利润,企业通常需要采取综合性管理手段,全面考量包括价格策略、成本控制、销售策略和生产效率提升等在内的多重因素。这种综合管理的思维方式,旨在通过优化资源配置和协调各项经营活动,共同促进目标利润的实现。如果在充分考虑多种因素的协同作用的情况下,仍然无法达到既定的目标利润水平,那么这表明初始设定的目标利润基数可能过于乐观或不切实际。面对这种情况,企业应当重新审视并适当调整其目标利润基数,从而为企业稳健发展和利润最大化奠定坚实的基础。

第 5 节　资金需求预测

资金需求预测是一个综合性的过程,它建立在销售预测、成本分析及利润预估的基础之上,旨在结合企业未来的生产运营规模及资金运作效率,通过应用特定的技术和手段,估算和预测企业在某一未来时间段内的资金需求规模(包括必要的增量资金)。鉴于企业各项运营活动无不依赖于资金的支撑,因此影响资金需求预测的因素十分多样。在这些因素中,预测周期内的预期销售水平通常被视为影响资金需求预测最为根本的一环,强调了精准的销售预测对于构建资金需求预测框架的基础性意义。

为了更有效地进行资金需求预测,企业常采用多种方法,其中销售百分比法和资金习性预测法是两种较为普遍的手段。

7.5.1 销售百分比法

销售百分比法依据的是基期资产、负债各项目与销售收入之间的关联性,识别并计算出这些项目相对于销售收入的特定比例,同时假设这些比例在未来一段时间内将维持稳定。基于这些预设的比例和预计的销售增长量,销售百分比法进一步预测企业在计划期内所需的额外资金量,其核心理念植根于会计的基本等式(资产=负债+所有者权益)。作为资金需求预测的一种主流手段,销售百分比法因其直观性和实用性而在财务管理实践中得到广泛应用。

运用销售百分比法预估资金需求的具体流程如下。

1. 分析基期资产负债表

深入分析基期资产负债表,明确各项目与总体销售收入之间的内在联系,这一环节要求计算资产销售百分比与负债销售百分比。

1) 资产类项目

企业销售收入的增长通常会直接带动一系列流动资产项目的相应变动,包括但不限于货币资金、应收账款及存货。这些项目的规模会随着销售额的提升按比例扩大,反映了业务扩张对运营资金的直接需求。对于固定资产的需求评估则需更加审慎,需考察基期内固定资产的生产能力状态:若已接近或达到满载,则意味着进一步增加销售将超越现有产能,从而需要投资增设新设备以支撑增长;反之,若固定资产尚有闲置或未充分利用的产能,企业则可通过优化利用现有资源增加产出,无须立即追加固定资产投入。至于长期投资、无形资产等其他非流动资产,它们与销售收入之间的关联性往往不够稳定或直接。这类资产的增长通常不直接跟随销售额的提升,而是基于企业战略规划、市场环境变化等多重因素的综合考量。

2) 负债类项目

企业在寻求增加收入的过程中,往往需要采购更多的原材料以支持生产规模的扩大。在这一过程中,如果采用赊购方式,即延迟支付货款,则会导致诸如应付账款、应付票据等流动负债项目的相应增加。同时,随着销售活动的扩大,企业还需面对应交税费及其他应付款项等流动负债项目的增长,这些增长通常与销售收入的增加成正比。相比之下,长期负债和股东权益等项目则较为稳定,它们一般不会随着销售收入的短期波动而显著变化。

为了更精确地预测和规划企业的资金需求,企业需要对资产负债表中随销售额增长而增加的各项目进行详细分析。具体而言,企业需确定这些项目占销售额的百分比,并基于历史数据和市场趋势,合理假设这些比例在未来一段时间内保持不变。在此基础上,企业可以根据预期的销售收入增长,分别计算所增加的资产和负债。其计算公式如下:

$$增加的资产 = 增加的销售收入 \times 资产销售百分比$$
$$增加的负债 = 增加的销售收入 \times 负债销售百分比$$

2. 评估留存收益对外部融资需求的作用

当企业实现盈利且决定不将全部利润以股利形式分配给股东时,留存收益便成为推动股东权益自然增长的重要力量。这部分未分配的利润,即留存收益,能够在一定程度上缓解企业的融资压力,满足其部分资金需求。值得注意的是,若企业持有金融资产,在面临资金缺口时,应优先考虑通过出售金融资产筹集资金,以最大化利用现有资源。增加的股东权益的计算公式如下:

增加的股东权益 ＝ 预计销售收入 × 预计销售净利率 × 留存收益率

3. 计算计划期间预计对外追加资金数额

借助会计恒等式,依据下列公式计算计划期间预计的对外追加资金数额:

$$\Delta F = \left(\frac{A}{S_0} - \frac{L}{S_0} \right) \times (S_1 - S_0) - S_1 R_0 (1 - d_1)$$

该公式中,ΔF 代表计划期间预计需要对外追加的资金数额;S_0 为基期销售收入总额,反映企业过去的经营规模;S_1 为计划期销售收入总额;A 为资产负债表中随销售额变动的资产项目基期金额;L 为资产负债表中随销售额变动的负债项目基期金额;$\left(\frac{A}{S_0} - \frac{L}{S_0} \right)$ 代表资本销售百分比与负债销售百分比的差值,这一差值反映企业每增加一单位销售额所需额外投入的资本净额;R_0 为预计销售利润率;d_1 为计划期股利发放率。

例 7-7

假设甲公司在 20×5 年度销售收入的实际数额为 500 000 元,获得税后净利 40 000 元,并发放股利 10 000 元。经分析,该公司基年生产能力已达饱和状态。该公司 20×5 年度期末的简略资产负债表如表 7-6 所示。

表 7-6　资产负债表

20×5 年 12 月 31 日　　　　　　　　　　　　　　　　　　　　　　　　　单位:元

资产	期末余额	负债及所有者权益	期末余额
1. 现金	10 000	1. 应付账款	50 000
2. 应收账款	85 000	2. 应交税费	25 000
3. 存货	100 000	3. 长期负债	115 000
4. 厂房设备(净额)	150 000	4. 普通股股本	200 000
5. 无形资产	55 000	5. 留存收益	10 000
资产总计	400 000	负债及所有者权益总计	400 000

假设该公司在计划期间(20×6 年)销售收入总额预计达到 1 000 000 元,仍然保持 20×5 年的销售净利润和股利支付率水平,并仍按基期股利发放率支付股利。要求预测 20×6 年公司需要追加资金的数额。

根据 20×5 年期末资产负债表各项目的性质,分析其与当年销售收入总额的依存关系。公司的厂房设备利用率已达饱和状态。该公司每 1 元销售额占用现金 0.02 元,占用应收账款 0.17 元,占用存货 0.2 元,占用固定资产 0.3 元,形成应付账款 0.1 元,形成应交税费 0.05 元。20×5 年 12 月 31 日资产负债表中随销售收入变动的项目销售百分比如表 7-7 所示。

表 7-7　20×5 年资产负债表销售百分比

金额单位:元

资产项目	金额 (A)	销售百分比 (A/S₀,S₀=50 万元)	负债及所有者 权益项目	金额 (L)	销售百分比 (L/S₀,S₀=50 万元)
1. 现金	10 000	2%	1. 应付账款	50 000	10%

（续表）

资产项目	金额（A）	销售百分比（A/S_0，S_0＝50万元）	负债及所有者权益项目	金额（L）	销售百分比（L/S_0，S_0＝50万元）
2. 应收账款	85 000	17％	2. 应交税费	25 000	5％
3. 存货	100 000	20％	3. 长期负债	115 000	—
4. 厂房设备(净额)	150 000	30％	4. 普通股股本	200 000	—
5. 无形资产	55 000	—	5. 留存收益	10 000	—
$\sum A/S_0$		69％	$\sum L/S_0$		15％

由表7-7中合计值可知：$\dfrac{\sum A}{S_0}-\dfrac{\sum L}{S_0}=69\%-15\%=54\%$，即该公司每增加1元的销售额需追加外部资金0.54元。

$$预计20×6年需追加的外部资金数额＝(1\,000\,000-500\,000)×(69\%-15\%)$$
$$-1\,000\,000×\frac{40\,000}{500\,000}×\left(1-\frac{10\,000}{40\,000}\right)$$
$$=500\,000×54\%-1\,000\,000×8\%×(1-25\%)$$
$$=210\,000(元)$$

在预测资金需求的过程中，销售百分比法基于相关资产和负债项目会随着销售收入的增加而成比例增长的假设。然而，这一假设忽略了实际情况中这些要素与销售收入之间可能并不总是保持稳定的比例关系，同时相关数据也可能随时间发生变化。因此，销售百分比法更适用于预测短期内需要追加的资金量。若要进行更长期限的资金需求预测，需将各年度的销售量作为自变量(或称原因变量)，而将资金需求量作为因变量(或称结果变量)，通过回归分析探究两者之间的数量关系。这种方法能够更准确地捕捉到销售量变化对资金需求量产生的长期影响，从而提高预测的准确性和可靠性。

7.5.2　资金习性预测法

资金习性预测法基于资金需求量与产品产销量之间的内在联系，通过分析一系列历史数据，识别并量化这两者之间的函数关系，进而构建数学模型，以便对未来资金需求量做出精确预估。

"资金习性"这一概念本质上揭示了资金变动与产销量变动之间的依赖模式。依据这种依赖关系的特性，可以将资金细分为不变资金、可变资金和半变动资金三大类别。

不变资金是指在一定产销量波动范围内，其数额保持恒定，不受产销量变化影响的资金部分。这类资金通常包括维持日常运营所需的最低现金储备、在现有信用政策下形成的应收账款、为确保生产连续性而持有的原材料安全库存、必要的成品库存，以及用于厂房、机器设备等固定资产投资的资金。

可变资金是指随着产销量增减而按相同比例变化的资金。这类资金主要包括直接用于产品生产的原材料、外购零部件等所占用的资金。此外，超出最低储备要求的现金、存货及应收账款等也展现出可变资金的特性,即它们的增减与产销量变化紧密相关。

半变动资金是指虽然受到产销量变化的影响,但变动幅度并不与产销量成正比的资金。对于这类资金,可以采用高低点分析法、直线回归分析法等统计工具,将其进一步细分为不变资金和变动资金两部分,以便更精确地理解和预测其变动趋势。

在进行资金需求预测的过程中,通常选择销售量作为核心自变量,而资金需求总量则被视为因变量。基于资金需求总量与销售量之间可能存在的线性假设,可采用直线回归分析方法确定预测模型中的关键参数,从而实现资金需求的精准预估。该预测模型的数学表达式可以表述为:

$$y = a + bx$$

该公式中,y 代表资金需求总量,a 为不变资金(不随销售量变化而变动的部分),b 则反映每增加一个单位的销售量所需增加的变动资金量,x 为销售量。

为了构建这一预测模型,需要先收集历年资金需求量与对应的销售量数据。随后通过回归分析方法,求解出参数 a 和 b 的具体数值,从而建立完整的预测模型 $y = a + bx$。借助这一模型,根据预计的销售量,可以预测相应期间的资金需求总量。

参数 a、b 值的计算公式如下:

$$a = \frac{\sum y - b \sum x}{n}$$

$$b = \frac{n \sum xy - \sum x \sum y}{n \sum x^2 - (\sum x)^2}$$

例 7-8

甲企业近五年产销量和资金需求总量如表 7-8 所示。

表 7-8 产销量和资金需求总量

年度	20×1	20×2	20×3	20×4	20×5
产销量 x(万件)	40	43	42	44	48
资金需求总量 y(万元)	25	27	26	28	29

若该企业计划年度(20×6 年)预计产销量为 52 万件,预计产销 52 万件的资金需用总量,并预测该企业 20×6 年度需追加多少资金。

根据表 7-8 的资料计算整理数据,如表 7-9 所示。

表 7-9 数据计算表

年度	产销量 x(万件)	资金需求总量 y(万元)	xy	x^2
20×1	40	25	1 000	1 600
20×2	43	27	1 161	1 849
20×3	42	26	1 092	1 764
20×4	44	28	1 232	1 936

（续表）

年度	产销量 x（万件）	资金需求总量 y（万元）	xy	x^2
20×5	48	29	1 392	2 304
$n=5$	$\sum x = 217$	$\sum y = 135$	$\sum xy = 5\ 877$	$\sum x^2 = 9\ 453$

将表7-9最后一行的数据代入参数 b、a 值的计算公式，分别确定 b 和 a 的值。

$$b = \frac{5 \times 5\ 877 - 217 \times 135}{5 \times 9\ 453 - 217 \times 217} = 0.511$$

$$a = \frac{135 - 0.511 \times 217}{5} = 4.823$$

将 b 与 a 的值代入资金需求总量 y 的公式：

预计 20×6 年资金需求总量：$y = a + bx = 4.823 + 0.511 \times 52 = 31.395$（万元）

预计 20×6 年需追加资金数额 $= 31.395 - 29 = 2.395$（万元）

在对资金习性进行深入分析的过程中，将资金细分为不变资金、可变资金和半变动资金的分类方法有助于从数量维度上清晰地把握资金量与产销量之间的内在联系和规律性变化，这对于精确预测企业未来的资金需求起到了至关重要的作用。

不仅如此，企业还可以依托全面预算的编制工作进一步预测其资金需求。全面预算作为一种综合性的财务管理工具，能够全面考虑企业运营中的各环节和因素，从而为企业提供更准确、更全面的资金需求预测，确保企业在运营过程中资金流的稳定和充足。

📋 思政小课堂

经营预测：穿透市场迷雾，锚定国家战略坐标

在 2024 年中央财政稳增长政策中，经营预测成为地方政府专项债项目成本穿透的核心工具。以长三角储能电站项目为例，其成本管理团队通过经营预测将项目成本归集为"固定成本""变动成本""政策性成本"三类，建立"成本—能效—政策补贴"联动模型。在测算项目盈亏平衡点时，该团队发现若将碳交易成本纳入变动成本，则需年发电量达到 1.2 亿千瓦时才能覆盖固定成本；而通过引入 2024 年国家"绿电补贴"政策，将补贴收入作为边际贡献增量，可使盈亏平衡点发电量降至 0.9 亿千瓦时，带动项目提前 6 个月投产。成本管理会计让经营预测成为国家"逆周期调节"的精准标尺，助力地方政府专项债项目穿透经济周期迷雾，为稳增长战略注入确定性动能。

在 2024 年国家"双碳"战略推进中，经营预测成为钢铁企业绿色转型的"成本基因链"重组器。以宝武集团湛江基地为例，其成本管理团队通过经营预测将吨钢成本归集为"高炉燃料成本""环保设备摊销成本""碳交易成本"三类，建立"成本—能耗—碳足迹"三维模型。在测算氢基竖炉项目时，该团队发现若将传统高炉燃料成本作为变动成本，则项目需年产量 500 万吨才能覆盖固定成本；而通过引入 2024 年国家"氢能产业补贴"政策，将补贴收入作为边际贡献增量，可使项目盈亏平衡点产量降至 350 万吨，带动湛江基地提前 3 年实现"碳中和"目标。经营预测成为企业"双碳"转型的数据引擎，助力中国钢铁工业突破绿色技术成本临界点，为全球气候治理贡献"中国方案"。

🔍 思考题

1. 企业进行经营预测包含哪几个方面?
2. 企业销售预测的方法有哪些?
3. 企业资金需求预测的方法有哪些?

✏️ 练习题

1. 某公司20×5年上半年各月份的实际销售额如表7-10所示。

表7-10 20×5年上半年各月份的实际销售额

月份	1月	2月	3月	4月	5月	6月
实际销售额(元)	23 000	24 500	27 000	26 200	27 500	28 500

要求:

(1) 利用上半年最后三个月(4~6月)的实际销售额数据,采用加权平均法预测7月的销售额,其中4月、5月、6月的权重分别为0.2、0.3、0.5。

(2) 基于6月的实际销售额数据,运用指数平滑法预测7月的销售额,平滑系数设定为0.4(若前期平滑值未给出,可假设5月的平滑值等于5月的实际销售额)。

2. 甲公司20×5年实现销售收入4 000万元,实现净利润200万元,其中发放现金股利60万元。该公司20×5年的固定资产已被充分利用,且预计20×6年无重大资产更新或扩张计划,但考虑到市场增长,计划扩大销售规模。20×5年期末有关财务数据如表7-11所示。

表7-11 20×5年期末有关财务数据

项目	金额(万元)	占销售收入百分比
流动资产	1 400	35%
长期资产	2 600	65%
资产合计	4 000	—
短期借款	600	无稳定关系
应付账款	400	10%
长期负债	1 000	无稳定关系
实收资本	1 200	无稳定关系
留存收益	800	无稳定关系
负债及所有者权益合计	4 000	—

要求:

(1) 假设该公司20×6年的销售净利润率、资产周转率和股利支付率仍保持20×5

年的水平,预计 20×6 年销售收入增长 25%。计算 20×6 年需要追加多少资金以满足运营需求。

（2）假设 20×6 年该公司欲加强成本控制并扩大经营规模,预计销售净利润率提升至 8%,同时为加速资本积累,拟取消现金分红,预计 20×6 年销售收入同样增长 25%。计算 20×6 年需要追加的资金量,并讨论可能的资金来源。

本章练习题

第8章　经 营 决 策

学习目标 ///

1. 了解决策的含义和分类。
2. 掌握差量成本、边际成本等相关概念及其在短期决策中的应用。
3. 熟练运用差量分析法、贡献毛益分析法、本量利分析法等短期决策方法,理解并掌握生产特点与成本计算方法的关系。
4. 理解产品定价决策的意义及各种定价方法。

第 1 节　决 策 概 述

8.1.1　决策的含义

决策是指为了实现特定的目标,在占有一定信息和经验的基础上,借助一定的方法和工具,对影响目标实现的各种因素进行分析、计算和判断选优,从多个可行方案中选取一个满意方案并付诸实施的过程。在管理会计领域,决策分析特指企业各级管理人员针对未来经营活动中可能遇到的问题,制定相关经营策略、方针、目标、措施和方法的过程。这一过程是经营管理的关键环节,对企业的兴衰与长远发展具有决定性影响。

在市场经济背景下,企业需密切关注市场需求动态,依据需求变化进行科学决策,合理配置人、财、物资源,以顺应市场经济规律。经营决策的正确性直接体现在企业经济效益上,甚至决定了企业的未来发展方向。因此,如何进行科学决策成为企业经营管理者面临的核心挑战。决策分析贯穿企业生产经营的各个阶段,包括长期战略决策、技术发展与投资决策、资源开发与利用决策和日常经营决策等多个层面。本章将聚焦于日常经营决策的讨论。

8.1.2　决策的分类

决策涵盖广泛内容,可根据不同标准进行分类。了解不同类型决策的特点,有助于管理者更合理地进行决策。

1. 按决策影响的时间长短分类

按照影响的时间长短,决策可分为长期决策和短期决策。

(1) 长期决策是指有关企业未来发展方向的、具有战略性和全局性的重大决策,如对企业的投资方向、生产规模扩大等方面的决策。其影响时间通常在一年以上。

(2) 短期决策是为实现长期战略目标而采取的短期战术手段,主要涉及企业日常经营活动中的一些具体问题,如生产安排、成本控制、短期资金筹集等。其影响时间一般在一年以内。

2. 按决策的风险程度分类

按照风险程度,决策可分为确定型决策、风险型决策和不确定型决策。

(1) 确定型决策是指在决策过程中,各种备选方案的条件都是已知的,而且每个方案只有一种确定的结果,决策者可以准确地计算出各方案的经济效益,从而做出最优选择。例如,企业在利率固定的情况下,选择存款期限最长的储蓄方案。

(2) 风险型决策是指决策方案的自然状态有多种,每种自然状态发生的概率可以估计,但决策结果存在一定的不确定性和风险。例如,企业进行新产品市场推广时,根据市场调研可以估计不同市场需求状态下的销售概率,但实际销售情况仍存在风险。

(3) 不确定型决策是指决策时面临的自然状态不确定,且各种自然状态发生的概率也无法估计,决策者只能根据自己的主观判断和经验做出决策。例如,企业在一个全新的、完全没有数据参考的市场中推出一种全新概念的产品时的决策。

3. 按决策的重要程度分类

按照重要程度,决策可分为战略决策、战术决策和业务决策。

(1) 战略决策是对企业全局和长远发展具有重大影响的决策,如企业的经营目标、发展战略、业务转型等,其往往决定了企业的兴衰成败。

(2) 战术决策是为了实现战略决策目标,在组织、管理、技术等方面采取的具体决策,如生产计划的制订、市场营销策略的选择等,主要是在战略决策的框架内,对具体业务进行的决策。

(3) 业务决策是企业基层管理者为解决日常工作中的具体问题而进行的决策,如任务分配、库存管理等,其直接影响企业的生产经营效率和效益。

8.1.3 决策常用的方法

1. 差量分析法

差量分析法是指在进行决策分析时,通过比较两个或两个以上备选方案之间的差量收入与差量成本,确定最优方案的方法。这里的差量是指不同方案之间的差异,差量收入是两个方案预期收入的差异,差量成本是两个方案预期成本的差异。如果差量收入大于差量成本,那么前一个方案更优;反之,则后一个方案更优。

2. 贡献毛益分析法

贡献毛益是指销售收入减去变动成本后的余额,贡献毛益分析法通过比较备选方案的贡献毛益总额确定最优方案。在生产决策中,生产能力相对稳定,固定成本通常保持不变,因此只需比较各方案提供的贡献毛益总额,或单位资源(如人工工时、机器工时等)所创造的贡献。单位资源贡献毛益是单位贡献毛益与单位产品资源消耗定额的比值。在决策分析中,应追求贡献毛益总额或单位资源贡献毛益的最大化。

3. **本量利分析法**

本量利分析法(CVP 分析)是对成本、业务量、利润之间相互关系进行分析的一种数学分析方法。它以成本性态分析为基础,通过研究成本、业务量和利润三者之间的依存关系,为企业的预测、决策、规划和控制等提供必要的财务信息。该方法关键在于确定成本平衡点,即两个方案在预期成本相等时的业务量。明确了成本平衡点,即可根据业务量范围判断哪个方案更优。

8.1.4　决策分析的相关成本

在决策分析过程中,最根本的目标就是从众多备选方案中精准地选出最优方案。判断一个方案优劣的关键经济指标主要涵盖两个方面:成本(费用)和经济效益(利润)。其中,成本因素又从根本层面制约着经济效益。所以,清晰明确与决策相关的各类成本概念就显得极为必要。除了前面章节已经介绍过的变动成本和固定成本,这些成本还包括差量成本、边际成本、机会成本、付现成本、专属成本、可避免成本以及相关成本等。具体内容参见第 2 章第 3 节成本的分类。

第 2 节　生产决策分析

在经营总体目标的约束下,生产经营决策是企业基于现有的实际生产能力与其他资源状况,为实现资源的合理利用、提升经济效益,针对产品品种、产品数量和批量、设备使用、工艺流程、特殊订单处理、产品加工程度、零部件获取方式以及亏损产品处置等一系列生产环节中亟待解决的问题所进行的抉择。生产经营决策涵盖的内容广泛,贯穿生产领域的各个层面。决策对象各不相同,因此适宜采用不同的方法加以分析和判断,从而做出最符合企业利益的决策。

8.2.1　开发新产品的决策

企业的兴衰成败,关键在于生产的产品能否及时契合市场需求。市场环境不断变化,企业若想立足,就必须持续研发出畅销的新产品,同时及时改造跟不上市场节奏的老产品,或直接将其淘汰。在这个过程中,科学开展开发新产品的决策就显得尤为重要。贡献毛益分析法通常是做这类决策时采用的有效方法,能帮助企业更好地评估新产品开发的可行性与效益。

例 8-1

假设某企业现有设备生产能力是 30 000 个机器小时,其利用率为 80%,现准备利用剩余生产能力开发新产品 A、B 或 C,三种产品的有关资料如表 8-1 所示,假设三种产品市场销售不受限制。

表 8-1　三种产品的有关资料

项目	A 产品	B 产品	C 产品
单位产品定额工时(小时)	2	3	5
单位销售价格(元)	15	25	35
单位变动成本(元)	5	13	20

(1) 采用贡献毛益分析法做出开发新产品的决策。

(2) 假设在开发 A 产品时,需增加一台专用设备,相应追加专属成本 8 000 元;开发 B、C 产品不需要增加设备。分析开发哪一种新产品最有利。

解:

(1) 该企业剩余生产能力＝30 000×(1－80％)＝6 000(小时),根据已知资料,可以计算 A、B、C 三种产品的贡献毛益总额及单位资源贡献毛益,据此进行决策。其具体分析如表 8-2 所示。

表 8-2　开发新产品的决策分析

项目	A 产品	B 产品	C 产品
最大产量(件)	6 000÷2＝3 000	6 000÷3＝2 000	6 000÷5＝1 200
单位销售价格(元)	15	25	35
单位变动成本(元)	5	13	20
单位贡献毛益(元)	10	12	15
贡献毛益总额(元)	30 000	24 000	18 000
单位产品定额工时(小时)	2	3	5
单位工时贡献毛益(元)	5	4	3

从贡献毛益总额上看,A 产品提供的贡献毛益总额大于 B、C 产品各自提供的贡献毛益总额,所以开发 A 产品最有利。从单位资源贡献毛益来看,A 产品提供的单位工时贡献毛益大于 B、C 产品各自提供的单位工时贡献毛益,同样得出开发 A 产品最有利的决策。需要说明的是,以单位资源贡献毛益为依据进行决策,主要是考虑产品生产能力的约束,例如,本例中 B、C 产品的单位贡献毛益比 A 产品多,但单位产品所耗工时也比 A 产品多,所以不能仅看单位产品贡献毛益的大小,必须考虑生产能力这一约束条件。

(2) A 产品的剩余贡献毛益总额为 22 000 元(30 000－8 000),而 B、C 产品各自提供的贡献毛益总额不变,此时生产 B 产品的贡献毛益总额 24 000 元最大,因此开发 B 产品有利。

例 8-2

某企业原来生产 A 产品,现拟利用现有的生产能力生产新产品 B 或 C。其有关资料如表 8-3 所示。

表 8-3　三种产品的有关资料

金额单位:元

项目	A 产品	B 产品	C 产品
预计销售量(只)	200	500	200
单位销售价格	10	8	15
单位变动成本	5	6.10	10.45
共同固定成本	15 000		

假设该企业投产 B 产品,老产品减产 60%;投产 C 产品,老产品减产 40%。要求做出开发新产品的决策。

解:固定成本 15 000 元无论是否生产新产品都要发生,故为无关成本,在决策时不予考虑。决策时,可以先计算投产新产品 B 或投产新产品 C 这两个方案的贡献毛益总额,然后分别减去因投产新产品而造成的 A 产品的减产损失。其具体分析如表 8-4 所示。

表 8-4　开发新产品的决策分析

单位:元

项目	新产品 B	新产品 C
销售收入	500×8＝4 000	200×15＝3 000
变动成本	500×6.10＝3 050	200×10.45＝2 090
贡献毛益总额	950	910
A 产品减产损失	200×(10−5)×60%＝600	200×(10−5)×40%＝400
增加剩余贡献毛益	350	510

从表 8-4 可知,投产 B 产品的贡献毛益(950 元)比 C 产品(910 元)多,但投产 B 产品所造成的 A 产品减产损失(600 元)比投产 C 产品的减产损失(400 元)多,从而使投产 C 产品所能提供的剩余贡献毛益大于 B 产品 160 元(510−350),所以投产 C 产品为宜。

8.2.2　追加订货的决策

在企业的日常经营进程中,生产任务不饱和是常有的事。在这种情况下,如果有客户提出以较低价格追加一定数量的订单,企业在做决策时,就得全面考量各种因素。

(1)追加的订单不会影响本期正常销售任务的完成,也不需要额外投入专属成本,同时企业的剩余产能又无法用于其他方面,那么此时决策的核心就在于对比特殊订单的单价和单位变动成本。只要特殊订单的单价高于单位变动成本,企业便可以考虑接纳这份追加订单。其原因在于,企业能够利用闲置的生产能力完成追加订单的生产,进而增加边际贡献,创造更多的收益。

例 8-3

某公司某产品计划生产 20 000 件,单位售价为 40 元,单位成本为 34 元(其中单位变动成本为 30 元)。现某客户愿以单位售价 32 元追加订购 2 000 件。该公司尚有一定的生产能力,恰好能够满足追加订货的要求,且该生产能力无法转移。做出该公司是否接受这批追加订货的决策。

解:例 8-3 只要比较特殊订货单价与该产品的单位变动成本即可。特殊订货单价 32 元大于该产品的单位变动成本 30 元,接受这批追加订货能为公司增加贡献毛益 4 000 元(2 000×2)。无论是否接受该项订货,公司的固定成本都不会发生变动,所增加的贡献毛益即为增加的利润。

例 8-3 也可以采用差量分析法,具体分析如表 8-5 所示。

表 8-5　确定是否接受追加订货的分析

单位:元

项目	追加订货 (1)	拒绝订货 (2)	差量 (1)-(2)
一、差量收入			+64 000
1.追加订货的收入	2 000×32=64 000		
2.拒绝订货的收入		0	
二、差量成本			+60 000
1.追加订货的成本	2 000×30=60 000		
2.拒绝订货的成本		0	
三、差量收益			+4 000

由表 8-5 可知,追加订货使公司增加 4 000 元的贡献毛益,故可以接受这批追加订货。

(2) 追加订货需要追加专属成本。在这种情况下,只有当追加订货的贡献毛益大于专属成本时,接受追加订货才有利可图,否则会导致企业利润下降。

例 8-4

如果例 8-3 中生产追加订货的 2 000 件产品要发生 5 500 元的固定费用,那么该公司是否可以接受这批追加订货?

解:5 500 元的固定费用是因追加订货而发生的,故其为专属固定成本,应视为相关成本予以考虑。发生的此项专属固定成本 5 500 元大于追加订货后增加的贡献毛益 4 000 元,故该公司不能接受这批追加订货。

本例也可以按照下式进行决策,如果满足以下条件,就可接受订货;反之则拒绝:

$$特殊定价 > 原单位变动成本 + \frac{专属成本}{追加订货量}$$

而本例中 $32 < \left(30 + \dfrac{5\ 500}{2\ 000}\right) = 32.75$,所以应拒绝订货。

(3) 追加订货冲击正常任务。在这种情况下,既要考虑追加订货的变动成本,也要考虑因冲击正常销售而减少的贡献毛益,即机会成本。当追加订货的贡献毛益大于因冲击正常销售而减少的贡献毛益时,可接受追加订货;否则,应拒绝。

例 8-5

假设例 8-3 中客户要求订货 2 200 件产品,原有剩余生产能力不能满足客户要求。分析是否可以接受这批追加订货。

解:若接受订货,则需要减产 200 件,由此减少正常销售所损失的贡献毛益为 2 000 元[200×(40-30)],追加订货提供的贡献毛益为 4 400 元[2 200×(32-30)],大于正常销售所损失的贡献毛益,接受订货能为企业增加利润 2 400 元,所以应接受这批追加订货。

(4)剩余生产能力可以转移。在这种情况下,应将生产能力转移所产生的收益作为追加订货方案的机会成本。

例 8-6

如果例 8-3 中该公司剩余生产能力可以转移,设备可以对外出租,可获租金收入 3 000 元,那么是否可以接受这批追加订货?

解:显然,接受订货增加的 4 000 元贡献毛益大于对外出租的租金收入 3 000 元,所以可以接受这批追加订货。

8.2.3 亏损产品的决策

企业生产多种产品时,经常会碰到某一产品利润呈现负数的现象。而该亏损产品是否要停产,是企业常常面临的抉择。这其中有一个极为关键的问题,即判断该产品究竟是虚亏损产品还是实亏损产品。若产品的单位贡献毛益为正,那么它属于虚亏损产品;若单位贡献毛益为负,则它是实亏损产品。通常来说,虚亏损产品应当持续生产,实亏损产品在一般情况下则要果断停产。针对这类决策问题,企业通常会运用贡献毛益分析法,依据不同情形展开分析。

1. 剩余生产能力无法转移时,亏损产品是否停产的决策

若亏损产品的边际贡献大于零,即单价大于单位变动成本,则继续生产能为企业补偿部分固定成本,该产品不应停产;若边际贡献小于或等于零,则停产可避免亏损,该产品应停产。

例 8-7

某企业生产 A、B、C 三种产品,有关资料如表 8-6 所示。做出 C 产品是否停产的决策。

表 8-6 三种产品的有关资料

单位:元

项目	A 产品	B 产品	C 产品	合计
销售收入	180 000	210 000	225 000	615 000
变动成本	90 000	120 000	172 500	382 500
贡献毛益	90 000	90 000	52 500	232 500
固定成本	45 000	52 500	60 000	157 500
营业净利	45 000	37 500	-7 500	75 000

解:如果停产 C 产品,该企业利润为 22 500 元(45 000+37 500-60 000 或 90 000+

90 000−157 500)。

通过计算可知,C产品虽然是亏损产品,但它提供了 52 500 元的贡献毛益,能补偿一些固定成本。如果停产 C 产品,该产品应负担的固定费用 60 000 元(因其为共同性固定成本)就要转给 A、B 两种产品负担。如果停产 C 产品,则会减少利润 52 500 元(75 000−22 500),所以 C 产品不应停产。

2. 剩余生产能力可以转移时,亏损产品是否停产的决策

例 8-8

假设例 8-7 中该企业准备停产 C 产品。停产后腾出的生产能力可以用来转产 D 产品。D 产品的销售单价为 95 元,单位变动成本为 60 元,销售量预计为 1 700 件。如果将停产后腾出的机器设备出租,可得到租金收入 60 000 元,但要发生机器维修费 1 000 元,且该项固定资产的折旧尚有 15 000 元未提完。

(1) 是否应停产 C 产品?

(2) 若停产 C 产品,企业应选择转产还是出租?

解:

(1) 转产 D 产品获得的贡献毛益为 59 500 元[(95−60)×1 700],大于 C 产品提供的贡献毛益 52 500 元,所以应停产 C 产品。

(2) 租金净收入为 59 000 元(60 000−1 000),转产 D 产品获得的贡献毛益为 59 500 元,所以应转产 D 产品,这样可多获利润 500 元。

另一解题思路为:把出租方案的净收入 59 000 元作为转产 D 产品方案的机会成本,结果与上述相同。

无论是出租还是不出租,固定资产的折旧费用都要发生,故在决策时不予考虑。

8.2.4　半成品是否进一步加工的决策

企业在日常运营中,经常会面临这样的情况:所生产的产品在完成特定加工程序后,存在两种销售选择,既能够直接以半成品的形式推向市场,也可以投入更多资源继续深加工,使其更为完善后再进行售卖。以纺织厂为例,其既可以选择将生产出的棉纱直接售卖,也能够对其进一步加工,制成坯布后再出售。通常情况下,经过深加工的产品售价会高于半成品,但在继续加工的过程中,不仅要追加变动成本,有时还会涉及一些专属固定成本。

如何抉择半成品是即刻出售还是进一步加工,成为企业日常经营中频繁遭遇的决策难题。针对这类问题,差量分析法是一种行之有效的决策工具,通过对不同方案之间的收入、成本差异进行细致分析,从而为企业提供科学的决策依据。

例 8-9

某企业生产某种半成品 1 600 件,单位成本为 10 元(其中单位变动成本为 7 元),单位售价为 13 元。若将该种产品进一步加工成产成品,销售单价可提高到 18 元,但需追加单位变动成本 5 元,专属固定成本为 6 500 元。分析该种半成品是否应立即出售。

解:该种半成品无论是否进一步加工,其进一步加工前发生的成本(包括固定成本和变

动成本)都属于无关成本,在决策时不必考虑。应该考虑的是,进一步加工所获得的收入是否大于进一步加工所追加的变动成本和固定成本。如果小于,则进一步加工得不偿失。

根据上述资料,分析过程如表 8-7 所示。

表 8-7　确定产品进一步加工还是立即出售的分析

单位:元

项目	进一步加工 (1)	立即出售 (2)	差量 (1)−(2)
差量收入			+8 000
进一步加工的收入	18×1 600＝28 800		
立即出售的收入		13×1 600＝20 800	
差量成本			+14 500
进一步加工的成本			
其中:变动成本	5×1 600＝8 000		
固定成本	6 500		
立即出售的成本			
差别收益			−6 500

进一步加工的收入比立即出售的收入多 8 000 元(差量收入),但进一步加工的成本是 14 500 元(差量成本),差量收入小于差量成本 6 500 元,故立即出售有利。

本例也可以按下述公式进行决策,如果满足以下条件,则应进一步加工;反之,则应立即出售:

进一步加工后的销售收入−半成品销售收入＞进一步加工所追加的成本

把例 8-9 相关数据代入上式可知,进一步加工后所增加的销售收入小于进一步加工所追加的成本,故应立即出售。

如果例 8-9 中进一步加工不需要追加固定成本,分析如下:

进一步加工后增加的收入＝28 800−20 800＝8 000(元)

进一步加工后增加的成本＝5×1 600＝8 000(元)

两者相等,说明进一步加工既不盈利也不亏损。因此,可以进一步加工,也可以立即出售。企业在实际工作中可酌情而定。

8.2.5　零部件是自制还是外购的决策

企业在日常生产运营中,时常会面临零部件自制与外购的决策难题。有一部分零部件,企业自身具备自制能力,且自制过程不会额外增加固定成本,然而其从市场上也能够便捷获取,不仅价格较为合理,质量也有可靠保障。另有一部分零部件,虽然可以从外部采购,但若企业放弃自制转而选择外购,则会导致企业内部的剩余生产能力无法得到充分运用,并且企业原本承担的固定成本并不会因为外购行为而有所减少。还有一部分零部件,当产量达到一定规模之上时,自制的成本效益更具优势,而若产量低于这一特定限额,外购则显得更为划算。此外,还有一种情况,对于某些零部件选择外购时,企业闲置下来的生产设备可以通过出租获取一定的租金收益。

面对如此复杂多样的情况,企业管理决策者需要运用科学的方法,全面考量机会成本等关键因素,从而做出关于零部件自制还是外购的最优决策。针对这类问题,通常采用差量分析法或本量利分析法进行深入分析,具体分析过程如下。

1. 自制不增加固定成本、外购不减少固定成本

例 8-10

某企业装配产品需甲、乙两种零件,其外购价格和自制成本的资料如表 8-8 所示。

表 8-8 两种零件的有关资料

零件名称	需求量(个)	单位外购价格(元)	自制:预计单位变动费用(元)	自制:预计单位固定费用(元)
甲零件	30 000	1.00	0.80	0.40
乙零件	20 000	3.00	3.20	1.50

根据上述资料确定甲、乙两种产品是自制还是外购。

解:编制差量成本分析表,如表 8-9 所示。

表 8-9 两种零件的差量成本分析表

单位:元

项目	甲零件	乙零件
购买单价(1)	1.00	3.00
自制单位变动成本(2)	0.80	3.20
差量成本(1)-(2)	+0.20	-0.20
节约(-)或超支(+)总额	(+0.20)×30 000=+6 000	(-0.20)×20 000=-4 000

由表 8-9 可知,甲零件的自制单位变动成本小于外购成本,应自制;乙零件的自制单位变动成本大于外购成本,应外购。

因为自制不增加固定成本,而外购也不减少固定成本,所以本例中甲、乙两种零件如果自制,单位零件应负担的固定成本不用考虑。

2. 零部件需求量确定,且自制需增加专属固定成本

例 8-11

如果例 8-10 中甲零件自制需要增加专属固定成本 3 000 元,已知需要甲零件 12 000 个,那么自制好还是外购好?

解:因为自制需要增加专属固定成本 3 000 元,所以在决策时要考虑这一因素。

自制方案的总成本=3 000+12 000×0.8=12 600(元)

外购方案的总成本=1×12 000=12 000(元)

经计算可知,外购比自制节约 600 元,应该外购。

当然,在这种需求量已知的情况下,也可用自制和外购两个方案的单位成本进行比较。外购单位成本 1 元比自制单位成本 1.05 元(3 000÷12 000+0.8)节约 0.05 元,所以外购有利。

3. 零部件需求量不确定,且自制需增加专属固定成本

在这种情况下,需要计算自制方案与外购方案成本相等时的需求量以做出决策。其原因在于自制方案的单位专属固定成本是随数量成反比例变动的,此时应计算出自制方案与外购方案成本相等时的成本分界点。当需求量低于分界点时,外购有利;当需求量高于分界点时,自制有利。

例 8-12

沿用例 8-11 中的甲零件成本资料,假设甲零件的需求量不确定,则甲零件需求量为多少时外购合算?

解:设 y_1 为外购总成本,b_1 为外购单价,y_2 为自制总成本,b_2 为自制单位变动成本,a 为自制增加的专属固定成本,x 为成本分界点的数量。

由 $y_1＝y_2$ 得:

$$b_1 x＝a＋b_2 x$$

整理后,得:

$$x＝\frac{a}{b_1－b_2}$$

本例中:

$$x＝\frac{3\,000}{1－0.8}＝15\,000(个)$$

结论:当需求量大于 15 000 个时,自制合算;当需求量小于 15 000 个时,外购合算;当需求量等于 15 000 个时,自制与外购均可。

4. 如果不自制零件,生产设备可以出租

在前面的情况下,外购零件时,剩余生产能力无法利用。下面所要讨论的是外购零件时,剩余生产设备可以出租的情况。

例 8-13

假设某企业每年需用某种零件 2 000 个,自制单位变动成本为 24 元,外购单价为 30 元。若企业选择外购,自制零件的设备可以出租,租金净收入为 14 000 元。做出外购还是自制的决策。

解:自制零件时,企业要放弃 14 000 元的租金收入,因此租金净收入 14 000 元是自制零件时的机会成本,成为自制方案中成本的一部分。此时,应将自制变动成本及租金收入之和与外购成本进行比较,以做出决策。

外购成本＝30×2 000＝60 000(元)

自制成本＝24×2 000+14 000＝62 000(元)

由此可见,自制成本大于外购成本,故企业应外购该种零件,同时将剩余的生产设备出租。

如果外购时剩余生产能力可用于生产另一种产品或零件,那么该种产品或零件所提供的贡献毛益与出租设备的租金一样,是自制方案的机会成本,应予以考虑。

8.2.6 不同加工工艺方案的决策

企业在生产运营过程中,加工特定产品或零部件时,可选用的设备并非单一,不同设备所产生的成本各有不同。为实现降本增效,企业一般会选择相关成本最低的设备来完成加工任务。要达成这一目标,关键在于明确产品在各类设备下的相关成本及其具体构成。

在这类决策中,设备的调整准备费与加工费是重要的相关成本,企业在决策分析时必须将其纳入考量。对于设备的调整准备费,无论每批产品的加工数量多少,费用数额始终恒定,呈现出固定成本的特性;而加工费会随着产品加工数量的增减而相应变化,具有变动成本的属性。

同时,不同先进程度的设备,在调整准备费和单位产品加工费上存在明显差异。通常情况下,先进设备的单次调整准备费高于普通设备,但单位产品加工费却更低;普通设备则相反,单次调整准备费低于先进设备,但单位产品加工费更高。因此,计算出两个加工方案成本相等时的加工数量,即成本分界点,就成为了决策的关键依据。

例 8-14

某企业生产某型号的齿轮,该齿轮既可用普通铣床加工,又可用万能铣床或数控铣床加工,有关资料如表 8-10 所示。

表 8-10 某企业加工用铣床的有关资料

单位:元

设备类型	每次调整准备费	每个齿轮加工费
普通铣床	10	0.5
万能铣床	30	0.3
数控铣床	60	0.1

要求:为使该齿轮的生产成本最低,该企业应选用哪一种铣床对其进行加工?

解:设 x_1 为普通铣床与万能铣床的成本分界点,x_2 为万能铣床与数控铣床的成本分界点,x_3 为数控铣床与普通铣床的成本分界点,则:

$$10+0.5x_1=30+0.3x_1$$
$$30+0.3x_2=60+0.1x_2$$
$$60+0.1x_3=10+0.5x_3$$

解得:

$$x_1=100$$
$$x_2=150$$
$$x_3=125$$

以上计算结果如图 8-1 所示。

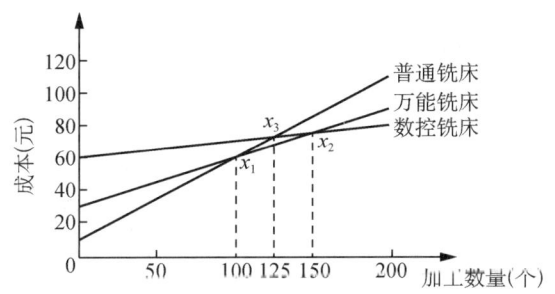

图 8-1　选择不同铣床加工的决策

图 8-1 表明,当该齿轮实际加工数量小于 100 个时,应选用普通铣床进行加工;当该齿轮实际加工数量大于 100 个且小于 150 个时,应选用万能铣床进行加工;当该齿轮实际加工数量大于 150 个时,应选用数控铣床进行加工;若万能铣床因故不能加工该齿轮,当其实际加工数量小于 125 个时,应选用普通铣床进行加工,而实际加工数量大于 125 个时,应选用数控铣床进行加工。

8.2.7　最优生产批量的决策

进行成批生产的企业时常会遇到这样的状况:同一条生产线需按批次转换,进行多种不同产品的生产;一些设备也需分批更换以生产不同的半成品。这时候,企业就会面临一个关键问题,即每批产品生产多少,每年(或者每季度、每月)分几批进行生产,才能让相关成本最低。企业可以通过确定最优生产批量做出决策。在运用这种决策方式时,企业需要确定最优批量和最优批数。

(1) 同一生产设备生产一种半成品(或零件)时确定最优批量和批数的方法。

设 A 代表每年产量,Q 代表每批产量(生产批量),则:

$$批数 = \frac{全年产量}{每批生产量} = \frac{A}{Q}$$

很明显,批量和批数呈反比,即批量越大,批数越少;批量越小,批数越多。在对这类问题进行决策分析时,有两种成本必须重点关注,即调整准备成本和储存成本。而制造产品过程中产生的直接材料、直接人工等成本,与该决策无关,无须考虑。

调整准备成本是指每批生产开始前,为完成各项准备工作所产生的成本,如调试机器、下达生产指令、清理生产场地、准备工装模具、领取原材料、准备生产记录和成本核算资料等活动产生的费用。这类成本与生产批数呈正相关,与生产批量没有直接关联。

储存成本是指产品在存储期间产生的各项费用,涵盖仓库及其设备的维护和折旧费、保管人员薪资、保险费、资金占用的利息、产品损坏或失窃造成的损失等。这类成本与产品批量呈正相关。

调整准备成本和储存成本相互制约,一方增加,另一方往往减少,因此如何确定最佳的批量和批数,使这两种成本之和达到最低,是管理部门极为关心的问题。

最优生产批量是指调整准备成本与储存成本之和最小时对应的批量,又称经济生产批量。

确定最优生产批量的方法有逐次测试列表法、图示法和公式法等。下面主要介绍公式法,并结合图示,以便更直观地理解。

$$每批生产终了时的最高储存量 = \frac{每批产量}{每日产量} \times (每日产量 - 每日耗用量)$$

$$= 每批产量 \times \left(1 - \frac{每日耗用量}{每日产量}\right)$$

$$= Q \times \left(1 - \frac{d}{p}\right)$$

$$年平均储存量 = \frac{1}{2} \times 每批生产终了时的最高储存量$$

$$= \frac{每批产量}{2} \times \left(1 - \frac{每日耗用量}{每日产量}\right)$$

$$= \frac{Q}{2} \times \left(1 - \frac{d}{p}\right)$$

$$年调整准备成本 = 每批产品的调整准备成本 \times 批数 = S \times \frac{A}{Q}$$

$$年储存成本 = 每单位半成品(或产成品)年储存成本 \times 年平均储存量$$

$$= C \times \frac{Q}{2} \times \left(1 - \frac{d}{p}\right)$$

$$全年总成本(T) = 全年调整准备成本 + 全年储存成本$$

$$= S \times \frac{A}{Q} + C \times \frac{Q}{2} \times \left(1 - \frac{d}{p}\right) \qquad 式(8-1)$$

式(8-1)中,A 为全年产量;Q 为每批产量;$\frac{A}{Q}$ 为批数;S 为每批产品的调整准备成本;p 为每日产量;d 为每日耗用量;C 为每单位半成品(或产成品)年储存成本;T 为年储存成本和年调整准备成本合计(以下简称全年总成本)。

式(8-1)给出了全年总成本(T)的方程式。下面利用微分学知识,建立经济批量的财务模型。以 Q 为自变量,求 T 的一阶导数:

$$T' = \frac{C}{2} \times \left(1 - \frac{d}{p}\right) - \frac{SA}{Q^2}$$

令 $T' = 0$,可得

$$Q = \sqrt{\frac{2SA}{C\left(1 - \frac{d}{p}\right)}} \qquad 式(8-2)$$

式(8-2)就是最优生产批量的公式,用文字表示如下:

$$最优生产批量 = \sqrt{\frac{2 \times 每批调整准备成本 \times 全年产量}{每单位半成品(或产成品)年储存成本 \times \left(1 - \frac{每日耗用量}{每日产量}\right)}}$$

将式(8-2)代入式(8-1)可得到最优生产批量的全年总成本:

$$T = \sqrt{2SAC\left(1 - \frac{d}{p}\right)} \qquad\qquad 式(8-3)$$

例 8-15

某企业某种零件全年需用 90 000 个,每日生产量为 100 个,每日耗用 60 个,每批调整准备成本为 400 元,单位零件年储存成本为 5 元。其最优生产批量为多少?

解: 已知 $A = 90\,000$, $S = 400$, $C = 5$, $d = 60$, $p = 100$。

根据式(8-2),求出最优生产批量:

$$Q = \sqrt{\frac{2SA}{C\left(1 - \frac{d}{p}\right)}} = \sqrt{\frac{2 \times 400 \times 90\,000}{5 \times \left(1 - \frac{60}{100}\right)}} = 6\,000(个)$$

最优生产批数:

$$\frac{A}{Q} = \frac{90\,000}{6\,000} = 15(批)$$

根据式(8-3),求出最优生产批量的全年总成本:

$$T = \sqrt{2SAC\left(1 - \frac{d}{p}\right)} = \sqrt{2 \times 400 \times 90\,000 \times 5 \times \left(1 - \frac{60}{100}\right)} = 12\,000(元)$$

全年生产 15 批,每批生产 6 000 个,可以使全年总成本最低,此时为 12 000 元。本例用坐标图表示,最优生产批量的决策如图 8-2 所示。

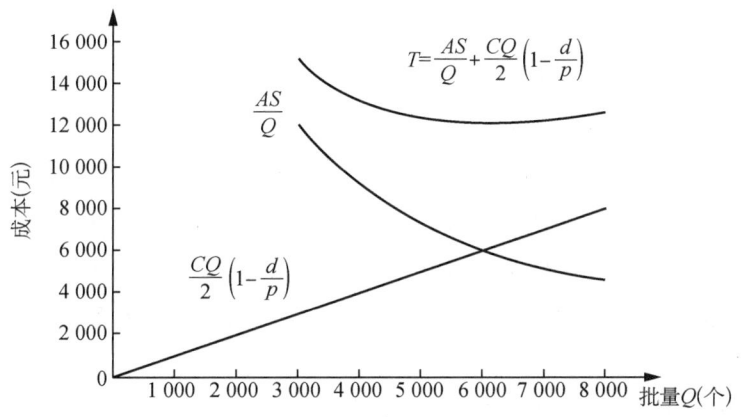

图 8-2 最优生产批量的决策

从图 8-2 可以看出,全年总成本是一条凹形曲线,其最低点坐标为(6 000,12 000),即当批量为 6 000 个时,最低总成本为 12 000 元。年储存成本曲线与年调整准备成本曲线相交点为 6 000,即批量为 6 000 个,成本(两种成本)为 6 000 元。由此得出结论:两种成本相等时的全年总成本最低。

(2)如果同一生产设备分批轮换生产几种零件或半成品时,就不能应用上述财务模型,因为它们的最优批数各不相同,企业不可能据以在同一设备上生产。这时就要根据下面公式计算共同最优生产批数:

$$\text{共同最优生产批数} = \sqrt{\frac{\sum A_i C_i \left(1 - \dfrac{d_i}{p_i}\right)}{2\sum S_i}} \qquad \text{式}(8\text{-}4)$$

式(8-4)中,i 表示半成品或零件的品种,S 表示每次调整准备成本,即由一种半成品或零件的生产转为另一种半成品或零件的生产而发生的成本。

由式(8-4)得出各半成品或零件的最优生产批量公式:

$$\text{各半成品或零件的最优生产批量} = \frac{\text{各半成品或零件的全年需求量}}{\text{共同最优生产批数}}$$

例 8-16

某企业有设备一台,分批轮换生产甲、乙两种零件,其有关资料如表 8-11 所示。

要求:确定甲、乙两种零件的最优生产批量。

表 8-11　有关资料

项目	甲零件	乙零件
全年产量(件)	8 800	6 000
每次调整成本(元)	180	192.2
每件零件年储存成本(元)	2	4
每日耗用量(件)	20	40
每日产量(件)	50	60

解:由式(8-4)得出:

$$\text{共同最优生产批数} = \sqrt{\frac{8\,800 \times 2 \times \left(1 - \dfrac{20}{50}\right) + 6\,000 \times 4 \times \left(1 - \dfrac{40}{60}\right)}{2 \times (180 + 192.2)}} = 5(\text{批})$$

$$\text{甲零件最优生产批量} = 8\,800 \div 5 = 1\,760(\text{个})$$
$$\text{乙零件最优生产批量} = 6\,000 \div 5 = 1\,200(\text{个})$$

全年生产 5 批,每批生产甲零件 1 760 个、乙零件 1 200 个,这时的全年总成本最低。

8.2.8　产品最优组合的决策

当生产的产品品种确定后,决策者就会面临如何确定产品最优组合的问题。产品最优组合的决策旨在通过计算与分析,确定每种产品的最佳生产数量,从而实现生产要素的合理、充分利用,获取最大利润。这类决策可运用线性规划的分析方法,具体步骤如下:

(1)确定目标函数。这种目标函数必须为最大值或最小值,如目标函数最大值一般是指利润(贡献毛益)最大,最小值一般是指相关成本最小。

(2)确定若干限制条件。若干限制条件(因素)一般是指机器设备、人工、原材料等。

(3)上述目标函数及限制条件,必须能以等式或不等式表示。只有这样,才能就一类问题以数学方式建立模型。

（4）上述目标函数及限制条件必须具有线性的关系或至少具有接近线性的关系。

例 8-17

某公司有甲、乙、丙三个车间,制造 X 和 Y 两种产品,有关资料如表 8-12 所示。

表 8-12 某公司三个车间连续加工两种产品的数据资料

项目	X 产品	Y 产品
甲车间单位产品加工时间（小时）	3	5
乙车间单位产品加工时间（小时）	—	1
丙车间单位产品加工时间（小时）	5	4
单位变动成本（元）	7	12
单位售价（元）	11	22

甲车间生产加工能力 450 小时,乙车间生产加工能力 60 小时,丙车间生产加工能力 600 小时。

要求:该公司的目标为寻求最大利润(贡献毛益),做出产品最优组合的决策。

依照前述步骤,求解如下:

（1）目标函数。公司目标是寻求最大利润。固定成本为无关成本,故目标为寻求最大贡献毛益。由上述资料可知,该公司每出售一件 X 产品,可获单位贡献毛益 4 元(11－7);每出售一件 Y 产品,可获单位贡献毛益 10 元(22－12)。因此,该公司所获的贡献毛益总额,可用下列方程式表示:

$$目标函数（贡献毛益）＝4X＋10Y$$

（2）限制条件。将限制条件以等式及不等式表示:

$$3X＋5Y\leqslant450$$
$$Y\leqslant60$$
$$5X＋4Y\leqslant600$$
$$X,Y\geqslant0$$

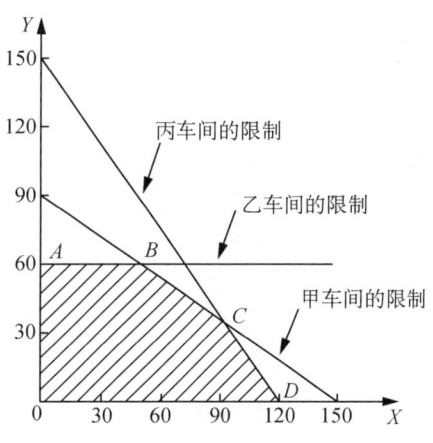

图 8-3 产品组合可行解的分析

（3）产品组合的可行解。将限制条件绘于图形上,在图形上确定可行解,该项可行解必在限制条件的直线所共同包围的范围内。

如图 8-3 所示,阴影部分即为产品组合的"可行区域",但只有一点为 X 产品和 Y 产品的最佳组合。

最佳产品组合必为可行解的某一顶点。图 8-3 所示可行区域内剔除原点后共有 4 个顶点（A、B、C、D）。为求得最佳组合,必须计算每一顶点的贡献毛益。

计算各顶点产品组合的贡献毛益,如表 8-13 所示。

表 8-13　各顶点产品组合的贡献毛益

顶点	X产品(件)	Y产品(件)	贡献毛益(元)
A	0	60	600
B	50	60	800
C	92	35	718
D	120	0	480

在该公司受制于生产加工能力的条件下,B 点所表示的生产组合最优,此时该公司生产 X 产品 50 件、Y 产品 60 件,实现贡献毛益 800 元,为这几种组合中的最佳组合。

第3节　定价决策分析

前文探讨的内容均围绕生产层面的决策。但对于企业而言,若想实现发展壮大,产品能否成功推向市场并顺利销售是极为关键的环节。销售工作的成效不仅取决于营销手段的运用是否得当、产品规划是否合理,产品定价是否科学同样具有举足轻重的作用。那么,在给产品定价时,企业需要从哪些方面着手考量呢? 从平衡客户、竞争对手和成本这三方面的关系出发,不失为一个有效的思考方向。

8.3.1　影响价格的基本因素

1. 客户

客户在产品定价环节有着不可忽视的作用,这主要体现在他们对产品需求的影响上。产品的外在形象、社会形象及产品质量是左右客户对产品产生兴趣的关键要素。因此,企业要常常站在客户的立场审视自家产品,思考如何通过提升产品形象和质量,激发客户的购买欲望,从而为合理定价提供依据。

2. 竞争对手

任何商业活动都处在竞争环境之中,企业必须时刻密切关注竞争对手的一举一动。生产相同产品或可替代产品的竞争对手,会对客户需求造成分流,迫使企业不得不采取降价策略维持市场份额。反之,若市场中不存在竞争对手,企业在定价上确实会拥有较大的自由度。所以,企业在定价时,深入了解竞争对手的技术水平、生产能力和运营策略等信息至关重要。只有这样,企业才能制定出更具竞争力的价格。

3. 成本

成本与价格之间存在紧密联系,它通过影响产品供给作用于价格。成本越低,企业扩大生产的积极性就越高。通常情况下,在企业增加产量的过程中,每新增一个产品所产生的成本会呈现先降后升的态势。只要产品销售收入高于加工成本,企业就会有持续生产的动力。所以,管理人员在定价时,既要充分掌握产品的生产成本,又要兼顾价格对消费者的吸引力,从而实现营业利润的最大化。

8.3.2　企业的定价目标

产品定价是一个复杂的过程,企业不能只依据经济学理论,更要紧密结合经营战略与定价目标,全面综合地考虑市场供求状况、竞争对手态势等关键因素,灵活且动态地完成价格制定。定价目标,即产品定价实现后期望达成的目标,主要有以下几种类型。

1. 追求最高利润

追求最高利润并不等同于把产品价格设定最高,其通常是针对实现企业在特定经营期限内的利润而言。虽然价格是影响企业利润的关键因素,但它绝非唯一决定因素。企业利润的实现,归根结底取决于产品能否顺利售出并满足顾客需求。如果产品定价过高导致无人购买,利润就无从谈起,失去市场带来的损失远比少赚一些要严重得多。不过,在某些特定情况下,企业的部分产品会将获取短期最大利润作为定价目标,适度提高价格。特别是一些中小企业,采用这种追求短期最大利润的定价策略比较常见。当然,这种短期最大利润的获取只是暂时的,毕竟在竞争激烈的市场环境中,对某一产品的高价垄断很难长期维持。

2. 完成投资收益指标

投资收益指标主要用于衡量企业的投资利润率。按照投资收益制定价格的方式是指企业管理层面设定一个特定的投资收益率,以此作为新产品定价的重要依据。如果低于这个指标,企业就不会进行相应的投资。例如,一家企业以 10% 的利率从银行贷款 100 万元用于新产品研发,必然期望这笔投资的收益超过 10%,因为这是用于偿还银行利息的最低额度。一些在同行业中实力雄厚、竞争力强的大型生产企业,常常将这种定价方式作为定价目标,即确保企业投资新产品预计价格的成本加成率不低于 10%。另外,一些小型生产企业常以一定时期内利润达到销售额的一定比例作为定价目标,也就是通过预估销售利润率进行定价,这本质上也是投资收益定价目标的一种实际应用。

3. 夺取最高市场占有率

市场占有率是指某一特定品牌产品的销售量在本行业同种产品总销售量中所占的比例。维持或提高销售额和市场占有率,是许多企业定价时追求的重要目标。企业要实现持续发展,其产品必须拥有稳定的销售渠道。只有销售额不断增加,才能在满足市场需求的同时,稳步提升企业利润。一些大企业在保证一定利润率的情况下,通常会制定对潜在客户极具吸引力的较低价格,通过薄利多销的方式,最终获得较高的市场占有率。

4. 获取稳定利润

保持价格稳定是实现一定投资效益和长期利润的重要途径。因此,一些在同行业中能够主导市场价格的大企业,为了长期稳定地经营产品,稳固占领目标市场,往往倾向于保持价格稳定,进而在稳定的价格体系中获取稳定的利润。这种做法对于大企业来说是一种稳健的市场保护策略。而中小企业虽然在同类产品定价上不必与大企业完全一致,但也会受到同行业中大企业稳定价格的影响,所以中小企业通常会采取"跟随定价"的策略。一般来说,稳定的价格可以有效避免不必要的市场竞争,有利于企业实现目标利润。

8.3.3 产品生命周期与价格策略

1. 产品生命周期

产品生命周期是指产品从进入市场开始,直到最终退出市场为止所经历的全部时间,一般分为导入、成长、成熟和衰退四个阶段。处于不同生命周期的产品,其市场需求和市场竞争差异较大。在导入时期,产品刚进入市场,知名度低,销售量增长缓慢。此时,消费者对产品了解有限,企业需投入大量资金进行市场推广,引导消费者认知产品,生产成本也相对较高,利润微薄甚至可能亏损。在成长时期,产品逐渐被市场接受,销量快速增长,市场份额不断扩大。消费者对产品的认知度和认可度提升,企业的生产规模扩大,成本降低,利润开始大幅增加,同时竞争对手也可能开始进入市场。在成熟时期,产品市场趋于饱和,销售增长速度放缓。由于市场竞争激烈,企业为维持市场份额增加营销成本,利润增长变缓甚至开始下滑。企业常通过优化产品、拓展新市场、调整营销策略等方式延长成熟期。在衰退时期,产品销量急剧下降,逐渐被市场淘汰。这可能是消费者需求变化、技术更新换代或新的替代品出现等造成的。企业的利润大幅减少,最终可能停止生产该产品。

2. 价格策略

市场环境复杂多变,竞争对手的动态难以精准预测,需求状况也难以准确测定,诸多客观影响因素难以在决策分析中完全体现。企业在定价时,不仅要依靠分析计算,还需凭借丰富的经验,进行深入思考和长远谋划,运用灵活多样的定价方法和必要的策略,以此来适应瞬息万变的市场需求。

企业在定价过程中常用的策略包含以下几种。

1)新产品策略

新产品的定价是企业经营策略里极为关键的一环。新上市产品所采用的价格,不仅决定了它能否在市场中站稳脚跟,还会对潜在的竞争态势产生影响。新产品定价一般有两种策略:

(1)"撇脂"定价策略。这种策略是在产品刚进入市场时,将价格设定得较高,力求在产品生命周期的初始阶段获取丰厚利润。随后,随着产品市场销路逐渐拓宽,再逐步降低价格。该策略通常适用于容易开拓市场的产品。但对于一般性产品而言,若采用这种短期策略,往往难以取得成功。

(2)渗透定价策略。与"撇脂"定价策略截然不同,它是以略高于成本的较低价格将产品推向市场,待在市场中具有一定影响力后,再逐步提高价格。这种策略有助于产品迅速打开市场,能够有效阻止竞争者进入市场。从长期来看,企业依然可以收获可观的利润,它属于一种长期策略。

2)折扣与分期付款

(1)折扣。折扣策略常用于拓展老产品的市场销量,主要涵盖以下几种类型:①现金折扣。现金折扣是指为按约定日期付款的顾客提供一定比例的价格减免,其主要目的是激励顾客及时偿还欠款,从而加快企业资金的周转速度,使资金得到更高效的流动和利用。②数量折扣。数量折扣是指依据顾客购买产品数量的多少,给予不同程度的折扣优惠。购买量越大,享受的折扣力度就越大,企业以此鼓励顾客大量采购,提升产品的销售总量。③交易折扣。交易折扣是指鉴于各类中间商在市场营销过程中承担的功能各异,给予他们不同额度的折扣。例如,企业给予批发商的折扣幅度相对较大,而给予零售商的折扣幅度相对较小,以适应不同渠道的特点和需求。④季节性折扣。生产季节性产品的企业,会对非旺季进行采购的客户给予折扣优惠,以此鼓励中间商提前储备商品,有效降低季节性因素对企业生产计划的影响,实现生产的相对稳定。

(2) 分期付款。企业针对价格较为高昂的耐用消费品,采用分期付款的方式,能够显著提升产品对消费者的吸引力,吸引更多顾客购买。将一次性大额支付分解为多个阶段性小额支付,可减轻消费者的付款压力,使更多人有能力购买原本超出预算的商品。

3) 心理价格策略

心理价格策略聚焦于依据各类消费者的不同心理特点制定价格。比如,针对普通日常用品,奇数定价法较为常见,如定价 9.9 元而不是 10 元,利用消费者对价格尾数的心理感知,营造价格便宜的错觉。对于高档商品,往往采用整数定价,如某款高端手表定价 50 000 元,借此凸显产品的高品质与尊贵感,满足消费者彰显身份地位的心理需求。对于知名度较低的商品,常运用心理定价手段,先抬高原价,再进行折扣促销,同时配合发放优惠券、开展有奖销售活动、赠送小礼品等方式,刺激消费者购买。

4) 综合定价策略

综合定价策略在定价时,会全面考量与产品销售相关的所有因素。以销售电子产品为例,产品可能会附带额外配件,如充电器、耳机等,还可能涉及运送服务以及后续的修理服务,这些环节都产生费用。在定价时,企业需要综合分析研究,确定将哪些因素纳入基准价格,并据此制定相应的宣传策略,以更好地开拓市场,提升产品的市场竞争力。

5) 声望定价策略

有些产品如果按照普通产品的定价方式定价,不仅无法体现其品牌声誉,还难以凸显使用该产品的消费者的社会地位,进而对产品的销售产生不利影响。所以,如高级轿车、名牌套装这类产品,通常会采用较高的价格彰显其独特的声望和价值。高定价不仅代表产品本身的高品质,还满足了消费者追求高品质生活、展示身份地位的心理诉求,从而吸引目标客户群体购买。

6) 配套定价策略

配套定价策略是指将相关联的产品组合在一起销售,并对组合内产品分别定价。其中部分产品定价低于成本,利用组合中其他产品的利润弥补亏损,以此吸引消费者购买整套产品,提升整体销量与收益。一种是主产品与附属产品搭配,如智能手机与手机壳、充电器等配件组合,主产品正常定价,附属产品以优惠价或赠品形式出现,以刺激消费者购买主产品;另一种是互补产品搭配,如牙膏与牙刷、汽车与汽油,对其中需求弹性大的产品(如牙刷)以低价甚至低于成本销售,凭借需求弹性小的产品(如牙膏)获取利润。

8.3.4 定价方法

1. 成本加成定价法

成本加成定价法是指在产品或服务的成本基础上,加上一定比例的利润确定价格的方法。其基本原理是确保企业在补偿成本的同时,能够获得预期的利润,以维持运营和实现盈利目标。成本加成定价法中的成本,可以是按全部成本法计算的全部成本,也可以是按变动成本法计算的变动成本。

1）全部成本加成定价法

全部成本加成定价法中，其"成本"基数是指单位产品的制造成本，"成本"内容包括非制造成本（如推销成本及管理成本）和目标利润。

例 8-18

某公司正研究甲产品的定价，预计生产 10 000 件，其相关单位成本及其总成本资料如表 8-14 所示。

表 8-14　甲产品相关单位成本及总成本资料

单位：元

项目	单价	合计
直接材料	14	140 000
直接人工	10	100 000
变动制造费用	8	80 000
固定制造费用	16	160 000
变动推销及管理费用	4	40 000
固定推销及管理费用	3	30 000
合计	55	550 000

该企业经研究决定，在制造成本的基础上加成 50% 作为甲产品的售价。

按照全部成本法计算甲产品的单位制造成本，并以此作为成本加成定价的基础，其单位制造成本如表 8-15 所示。

表 8-15　甲产品单位制造成本

单位：元

项目	单价
直接材料	14
直接人工	10
变动制造费用	8
固定制造费用	16
单位产品的制造成本	48

以制造成本为基础，加上相当于制造成本的 50%，作为甲产品的售价，即：

$$甲产品售价 = 48 + 48 \times 50\% = 48 + 24 = 72（元）$$

成本加成 24 元中包含了单位产品的非制造成本 7 元（变动推销及管理费用和固定推销及管理费用）及利润 17 元（24-7）。

2）变动成本加成定价法

变动成本加成定价法中，其"成本"基数是指单位产品的变动成本，"成本"内容包括全部固定成本和目标利润。

例 8-19

沿用例 8-18 的估计成本资料,计算在变动成本基础上加成 100% 作为甲产品售价的目标售价。

按照变动成本法计算甲产品的单位变动成本,如表 8-16 所示。

表 8-16 甲产品的单位变动成本

单位:元

项目	单价
直接材料	14
直接人工	10
变动制造费用	8
变动推销及管理费用	4
变动成本合计	36

以变动成本为基础加成 100%,作为甲产品的目标售价,即:

$$甲产品售价 = 36 + 36 \times 100\% = 36 + 36 = 72(元)$$

成本加成 36 元中包含了固定成本(固定制造费用和固定推销及管理费用)19 元及利润 17 元(36-19)。

3)加成百分比的确定

在成本加成定价公式的运用中,核心要点在于明确添加至成本基数上的加成百分比。如前文所述,无论是选用全部成本加成定价法,还是变动成本加成定价法,都存在部分成本项目被纳入加成数据。所以,最终确定的加成数值,除了要保证能够带来预期利润,还需要覆盖这部分成本。

至于如何确定加成百分比,其中所包含的利润部分,是依据公司既定的利润目标或者期望达成的资产报酬率确定的。

(1)若采用全部成本加成定价法,百分比按下列公式确定:

$$加成百分比 = \frac{资产占用额 \times 期望的资产报酬率 + 非制造成本}{产量 \times 单位制造成本}$$

例 8-20

沿用例 8-18 的资料,假设该公司的资产占用额为 1 000 000 元,每年产销甲产品 10 000 件。若该公司期望的资产报酬率为 17%,则采用全部成本加成定价法,其加成百分比计算如下:

$$加成百分比 = \frac{(1\,000\,000 \times 17\%) + 70\,000}{10\,000 \times 48} = 50\%$$

(2)若采用变动成本加成定价法,百分比按下列公式确定:

$$加成百分比 = \frac{资产占用额 \times 期望的资产报酬率 + 固定成本}{产量 \times 单位变动成本}$$

例 8-21

沿用例 8-18 及例 8-20 的资料,采用变动成本加成定价法,其加成百分比计算如下:

$$加成百分比 = \frac{(1\,000\,000 \times 17\%) + 190\,000}{10\,000 \times 36} = 100\%$$

2. 以变动成本为基础定价法

以变动成本为定价基础的特点是,在某种产品预计变动成本的基础上,追加一定数量的贡献毛益,作为确定该种产品销售价格的依据。其计算公式如下:

$$价格 = \frac{单位变动成本}{变动成本率} = \frac{单位变动成本}{1 - 贡献毛益率}$$

例 8-22

某企业预计在下半年生产某产品,单位产品直接材料费为 8 元,直接人工费为 4 元,变动制造费用为 3 元,预计贡献毛益率为 25%。计算单位产品价格。

单位产品价格计算如下:

$$单位产品价格 = \frac{8 + 4 + 3}{1 - 25\%} = 20(元)$$

3. 薄利多销定价法

薄利多销定价法是指企业在制定产品价格时,有意识地降低单位产品的利润空间,以相对较低的价格出售产品,通过增加产品的销售量获取更多的总利润。

例 8-23

假设某产品售价 12 元,现销售量为每月 360 只,单位变动成本 5 元,固定成本 1 440 元。若采取薄利多销政策,使单位售价逐步下降至 11.5 元、11 元、10.5 元、10 元、9.5 元,预计销量分别增加到 400 只、460 只、500 只、540 只、560 只。试确定最佳售价。

根据上述资料,该产品单位售价不同情况下的利润比较如表 8-17 所示。

表 8-17　某产品单位售价不同情况下的利润比较

金额单位:元

销售单价 (1)	预计销售 (只) (2)	销售收入 (3)=(1)× (2)	变动成本 (4)	固定成本 (5)	边际收入 (6)	边际成本 (7)	边际利润 (8)=(6)− (7)	利润 (9)=(3)− (4)−(5)
12	360	4 320	1 800	1 440	0	0	—	1 080
11.5	400	4 600	2 000	1 440	280	200	80	1 160
11	460	5 060	2 300	1 440	460	300	160	1 320
10.5	500	5 250	2 500	1 440	190	200	−10	1 310
10	540	5 400	2 700	1 440	150	200	−50	1 260
9.5	560	5 320	2 800	1 440	−80	100	−180	1 080

在表 8-17 中,边际收入是指增加销售数量所增加的收入,边际成本是指增加销售数

量所增加的成本,边际利润是指增加销售数量净增的利润,即边际收入减去边际成本的数额。

当销售价格下降时,若边际收入大于边际成本,边际利润为正数,表示降价是有利的;若边际收入等于边际成本,边际利润为零,表示降价没有意义(如果为了竞争,扩大市场影响,也可以降价);若边际收入小于边际成本,边际利润为负数,表示降价是不利的。

由此可知,销售价格下降的最大限度对应边际收入约等于边际成本的临界点。价格最接近于边际利润为零的数值为最优价格。在例 8-23 中,产品最优价为 11 元,此时利润也最高。

4. 损益平衡定价法

损益平衡定价法也称保本定价法,是指企业在一定时期内,通过确定产品价格,使总销售收入等于总成本,从而实现不盈不亏的一种定价方法。该方法以总成本和预计销量为基础计算产品的保本价格,帮助企业明确在何种价格水平下能够覆盖成本,确保经营不出现亏损。

例 8-24

某企业生产一种产品,发生专属固定成本 10 000 元。该产品的单位变动成本为 8 元,该企业正准备就该种产品价格与顾客商谈,请会计师提供有关的谈判基础数据资料。在损益平衡时,总收入＝总成本,即

$$单价 \times 销量 = 固定成本总额 + 单位变动成本 \times 销量$$

所以:

$$单价 = \frac{固定成本总额}{销量} + 单位变动成本$$

$$单价 = \frac{10\,000}{销量} + 8$$

依据这一价格公式,可以得出很多组价格和销售量,同时,对于一个任意给定的销售量,也可以计算出一个相应的价格,如表 8-18 所示。

表 8-18　价格和销售量的组合

项目	组合一	组合二	组合三	组合四	组合五	组合六
单价(元/件)	55	50	40	35	30	25
销售量(件)	213	239	313	372	455	589

在表 8-18 的计算资料中,当销售量确定时,利用上述公式和资料将会给我们提供最低的价格数据,以供谈判时参考;当价格确定时,这些资料能够为企业提供可以接受的最低产销量。

同时,损益平衡定价法也可应用于为保证目标利润的实现销售价格的确定。可用下式得出所需价格:

$$单价 = \frac{固定成本总额 + 目标利润}{销量} + 单位变动成本$$

该方法的具体计算已在本量利分析章节阐述过,这里不再赘述。

 思政小课堂

经营决策:守护"粮食安全",穿透农资成本波动

在 2024 年中央一号文件《保障粮食和重要农产品稳定安全供给》的要求下,经营决策成为农资企业"抗灾保供"的"成本穿透器"。以中化化肥公司为例,其成本管理团队通过经营决策模型将复合肥成本归集为"钾肥进口成本""极端天气损失成本""政策性补贴收入"三类,建立"成本—灾害风险—政策红利"三维联动模型。在 2025 年春耕备肥决策中,公司发现若延续传统采购策略,需承受钾肥价格波动导致的 15% 成本增加;而通过引入"国家钾肥储备轮换+期货套期保值"组合策略,将政策性补贴收入作为边际贡献增量,可使吨肥综合成本降低 9%,同时带动 3 000 万亩耕地化肥供应稳定性提升。成本管理会计人需以"民生成本守护者"为责,让经营决策成为粮食企业"穿越气候周期"的导航仪,助力中国 18 亿亩耕地红线守护工程,为端牢"中国饭碗"注入确定性。

思考题

1. 在短期经营决策中,机会成本如何影响特殊订货决策?请举例说明。

2. 简述在亏损产品决策时,需要考虑哪些相关成本与无关成本,如何据此判断是否停产亏损产品。

3. 在短期经营决策中,定价决策有哪些常用方法,各自的适用范围是什么?

4. 当企业生产能力有剩余时,在开发新产品的决策中,应主要考虑哪些因素来选择最优产品?

5. 在短期经营决策中,为什么要区分相关收入和无关收入?怎样判断一项收入是否相关?

练习题

1. 某企业现有生产能力为 10 000 机器小时,目前生产 A、B 两种产品,相关资料如表 8-19 所示。

表 8-19 A、B 产品的相关资料

项目	A 产品	B 产品
单位售价(元)	50	40
单位变动成本(元)	30	25
单位机器工时(小时)	4	3

为充分利用剩余生产能力,企业拟开发新产品 C 或 D。新产品 C 的单位售价为 60 元,单位变动成本为 45 元,单位机器工时为 5 小时;新产品 D 的单位售价为 55 元,单

位变动成本为 35 元,单位机器工时为 4 小时。

要求:

(1) 若企业只能开发一种新产品,不考虑专属成本等其他因素,做出应开发哪种新产品的决策。

(2) 若企业可以同时开发新产品,且 A、B 产品的市场需求无限制,C 产品市场最大需求为 800 件,D 产品市场最大需求为 1 000 件,求最优产品组合及最大利润。

2. 某企业生产能力为 80 000 机器小时,尚有 10% 的剩余生产能力,为充分利用剩余生产能力,准备开发新产品,有甲、乙、丙三种产品可供选择,资料如表 8-20 所示。

表 8-20　新产品开发资料

产品名称	甲	乙	丙
单价	50	30	15
单位变动成本	25	15	6
定额工时(小时))	40	20	10

要求:根据以上资料做出开发产品的决策,并填充以下表格。

表 8-21　新产品开发计算表

产品名称	甲	乙	丙
剩余生产能力	8 000	8 000	8 000
最大产量			
单位贡献毛益			
贡献毛益总额			
单位机时贡献毛益			

3. 乙企业所需用的某种零件的自制单位成本及外购单价资料如下:自制方式下,单位零件耗用直接材料 4 元,直接人工 2 元,变动性制造费用 2 元,固定成本总额 1 600 元;外购方式下,600 件以内单价为 12 元,600 件以上单价为 10 元。

要求:确定在生产能力不能转移时该零件全年需用量在何种情况下采用外购方式?何种情况下用自制方式?

4. 丙企业生产 C 产品 2 000 件,在完成第一道工序后即可销售,单价 30 元,单位变动成本 22 元,固定成本总额 40 000 元。如果继续加工再出售,单价为 38 元,单位变动成本为 29 元。

要求:

(1) 当剩余生产能力不能转移时,该产品是否要进一步加工?

(2) 假如半成品继续加工的话,需增加专属成本 8 000 元,问该产品是否要进一步加工?

(3) 如果剩余生产能力可以转移,可获得委托加工净收益 5 000 元,请问是否应该进一步深加工?

本章练习题

第 9 章　全面预算管理

学习目标

1. 掌握全面预算在企业经营管理中的意义和作用。
2. 明确全面预算体系的主要构成内容及其相互关系。
3. 掌握编制预算的各种方法。

第 1 节　全面预算概述

所有企业,特别是大型企业,都要编制预算。预算是依据企业的战略规划、经营指标及资源配置情况,精心策划的在生产运营、资本运营、财务管理等多个维度上的标准框架与行动蓝图。它清晰地界定了企业所要达成的目标以及通往这些目标的行动路径,是行动计划的数量化表述。预算不仅是计划控制的核心手段,更是决策意图的具体落实,体现了计划工作的成果,为实际执行提供了明确的标准,并成为指导生产经营活动的控制基准。无论是营利组织还是非营利组织,均可从预算管理的精密计划与严格控制中汲取益处,实现更加高效的运营。

9.1.1　全面预算的意义

企业遵循战略规划制定预算方案。战略规划界定了接下来三到五年企业的业务发展方向。企业将宏观战略细化为长期目标与短期目标,并据此构建预算体系,因而预算依据时间跨度被区分为长期预算与短期预算。长期预算涵盖一年以上期限,如大型设备采购、厂房扩建或新建的长期资本支出预算,按年度规划的长期资金流动预算以及科研长期投资预算等。而基于短期(一年)目标所制定的预算,则被称作全面预算或运营预算。一年期的预算之所以冠以"全面"之名,意在强调其编制过程需全员参与,全面覆盖企业运营的所有环节,并全面反映企业年度奋斗目标。全面预算是针对特定时段(通常是一年或一个经营周期)内,企业在生产运营、财务规划等方面的综合预算安排。全面预算管理作为一种精细化管理手段,促使财务工作深度融入企业的日常运营管理,确保预算管理既严格又细致。

9.1.2　全面预算的作用

全面预算管理为企业整体及其各组成部分设定了清晰、具体的目标与任务,同时是衡量企业生产经营各方面绩效的一把标尺。一个精心设计的预算体系在企业运营中扮演着计划与控制的双重角色,为日常运营监控提供了坚实的基准。简而言之,全面预算管理的作用主要体现在以下三个方面。

1. 确立目标,管控业务

全面预算是战略目标的详细分解与具体化。企业编制全面预算,不仅有助于全体成员清晰地认识到企业的整体奋斗目标,还能确保各部门经理及员工明确自己在完成企业总体任务中的具体职责与目标。预算所设定的标准成为企业资源分配与利用的指导原则,并激发员工为实现这些目标而努力。作为预算制度的核心环节,控制功能得以实现的关键在于将实际执行结果与预算数据进行对比分析。当实际数据与预算存在较大偏差时,这种差异反馈预示着相关环节可能已偏离控制轨道,此时需迅速采取行动,深入探究原因,并采取补救措施,以确保预定目标的顺利达成。

2. 促进部门间沟通协作

企业通过预算形式向每位员工传达企业规划,使员工明确自己在实现这些目标中的角色与责任。企业各部门及其各项活动预算需相互衔接、协同工作,才能发挥各自效能,共同推动企业整体目标的实现。因此,协调机制显得尤为重要。通过协调,企业各部门经理能深入了解其他部门的需求,并自觉将部门利益置于企业整体利益之下。随着企业规模的扩大,沟通与协调的作用愈发凸显。例如,在订单导向的生产模式下,生产预算需以销售预算为基础,而现金流量预算则需依据供、产、销流程中的现金流情况制定。

3. 评估业绩,反馈执行效果

编制全面预算的一个重要目的在于评估与考核预算执行情况。在执行过程中,定期将实际结果与预算进行对比分析,所揭示出的差异不仅能衡量各责任单位的业绩,还能检验预算编制的精准度。通过对差异进行深入分析,总结问题所在,为未来预算编制提供宝贵参考。这一过程不仅是对过去工作成效的回顾,更是对未来规划优化的前瞻。

9.1.3　全面预算的内容

全面预算是一个由多个相互关联、相互支持的预算组成的综合性体系。企业的全面预算框架通常涵盖经营预算、财务预算和当期的资本支出预算等多个组成部分。其中,经营预算与财务预算属于短期预算范畴,如年度、季度或月度预算;而资本支出预算(亦称长期预算)则针对预算期限超过一年的项目,且在执行长期预算时,每年度相关资本支出计划仍需纳入企业年度全面预算体系。

1. 经营预算

经营预算聚焦于企业日常运营活动的规划与预测,它广泛涉及供应链管理、生产制造、销售活动以及企业运营的其他各环节,构成了公司全面预算的基石。经营预算的具体内容详尽而全面,包括销售预算、生产预算、直接材料预算、直接人工预算、制造费用预算、单位产品成本与期末存货成本预算、销售及管理费用预算。这些预算共同构成了企业经营活动的全面规划,为企业日常运营提供了详尽的指导与依据。

2. 财务预算

财务预算是对企业在未来一年内的经营状况、经营成果和现金流量的全面预测与规划,它是企业综合预算的核心组成部分。财务预算的内容广泛,主要包括现金预算、利润预算和资产负债预算等关键方面。这些预算共同反映了企业现金的流入与流出情况以及整体的财务状况,为企业财务管理提供了重要的决策依据。

3. 资本支出预算

资本支出预算主要关注企业在预算期内对投资项目所需资金的规划与安排。这包括新产品研发、设备更新、产能扩张等长期投资决策所需的当期资金支出预算。在以销定产的生产经营模式下,资本支出预算的制定需紧密围绕企业的经营决策与目标利润,确保投资项目的经济效益与企业的整体战略目标相一致。

在全面预算体系中,各项预算相互关联、相互支持,构成了一个完整的预算网络。其中,销售预算作为主导,引领着生产预算、成本费用预算等后续预算的编制。现金收支预算则是对各项预算的汇总与平衡,而预计财务报表则作为全面预算体系的终结点,全面展示了企业在未来一年内的财务状况与经营成果。全面预算体系如图 9-1 所示。

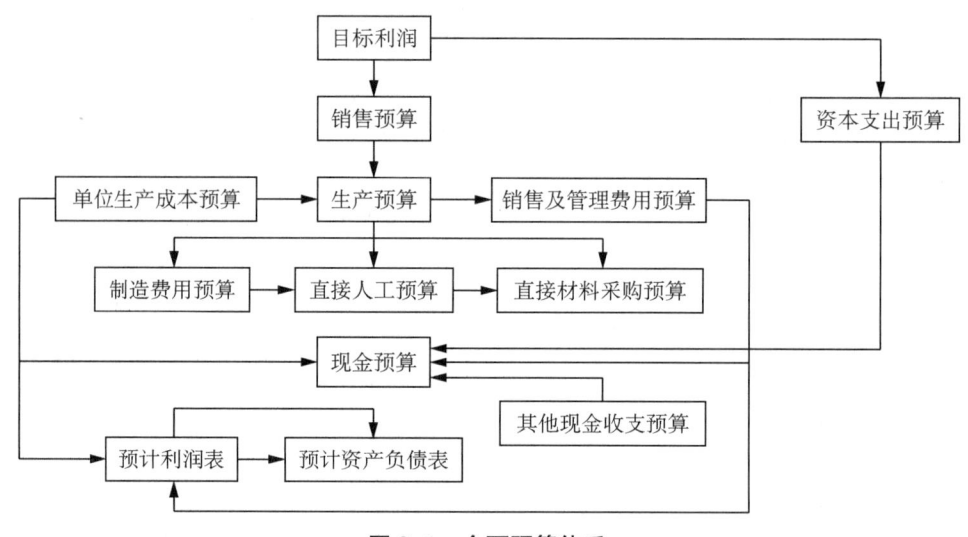

图 9-1　全面预算体系

9.1.4　预算编制的组织工作

全面预算的编制是一项庞大而复杂的任务,它要求高度的组织性和协调性。为了确保预算编制工作的顺利进行,企业应当构建一个有效的预算管理组织体系,其中,预算管理委员会(或预算小组)扮演着至关重要的角色。预算管理委员会是一个由企业高层管理人员组成的决策机构,其成员通常包括企业总经理,分管销售、生产、财务等职能部门的副总经理,财务总监等高级管理人员。

预算管理委员会的任务主要包括提供政策指导和预算目标,解决预算编制中的矛盾和争执,审阅批准最终的预算,并在年度结束时监督公司实际业绩。为了确保预算编制过程的顺利进行,企业还应指派一名专人(通常由财务总监或会计主管担任)负责指导和协调总体的预算编制过程。

通过预算编制,企业能够实现日常管控、业绩评估、信息交流与协调促进,这凸显了预算编制作为人为管理活动的核心价值。该过程涵盖了企业生产经营的各环节及各级责任实体,唯有让实际执行者参与到预算的编制中,并赢得他们的广泛支持,才能激发他们的主动性和积极性,确保预算充分发挥其应有的效能。因此,预算编制应遵循自上而下设定框架、自下而上反馈细节、再上下结合综合平衡的原则。具体流程如下:

第一,预算编制的领导机构(如委员会或专项小组)设定整体的预算目标及各部门的具体目标(如利润目标和成本控制目标),并将这些目标分配给相应的责任部门。

第二,各部门依据所分配的目标,着手编制本部门的预算初稿。在此过程中,鼓励部门内的基层员工参与预算编制,因为他们直接参与日常运营,对成本消耗和难以量化的因素有最直观的了解。这种全员参与的方式能够确保各级管理者和基层员工的专业知识被充分融入预算,从而更有效地完成上级下达的预算编制任务。

第三,预算机构的主管负责汇总并协调各部门提交的预算初稿。这些初稿需经过多次研讨、协商、修订和平衡,直至形成较为完善的预算方案,再逐级上报至预算管理委员会进行审批。

第四,预算管理委员会对上报的预算方案进行细致审议,并呈报给董事会及股东大会进行最终决策。经过这一系列的审议和批准流程,企业的全面预算方案得以最终确定。

第五,经过批准的预算将被下达至各级责任部门,作为其日常运营和管理的依据。

第 2 节 全面预算的编制程序和方法

企业在编制预算时,拥有多种选择,可以单独采用某一种方法,也可以根据实际需求,结合多种预算方法的特点进行综合运用。同时,企业在选择预算编制方法时,还需充分考虑自身的经营规模、管理模式以及市场环境等因素。

9.2.1 固定预算与弹性预算

按照预算能否根据业务量进行调整,预算可分为固定预算和弹性预算两大类。

1. 固定预算

1)固定预算的定义及特性

固定预算又称静态预算,是基于预算期内预期可实现的某一固定业务量水平而制定的预算。其特性主要体现在以下两点:

第一,在编制时,不考虑预算期间内业务量可能发生的变动,仅依据某一确定的业务量水平确定相应的预算数额。

第二，将预算的实际执行结果与按预算期内计划规定的某一业务量水平所确定的预算数进行比较，以此作为业绩评价和考核的依据。

2）固定预算的局限性

固定预算在考核非营利组织或业务量相对稳定的企业时表现良好。然而，对于业务量频繁变动的企业而言，固定预算的适用性则大打折扣。特别是当实际业务量与预算业务量相差较大时，固定预算难以准确反映预算的执行情况，从而降低了其控制和考核的有效性。因此，为了应对市场变化带来的挑战，弹性预算应运而生。

相比于固定预算，弹性预算则更加注重预算的灵活性和适应性，能够根据业务量的变化进行动态调整，从而更准确地反映企业的实际运营情况。这一特性使弹性预算在业务量波动较大的企业中具有更高的应用价值。

2. 弹性预算

1）弹性预算的概念

弹性预算是一种基于企业费用（或收入）与业务量之间存在的规律性数量关系而编制的预算。在编制时，企业会根据预算期内可预见的多种业务量水平，确定相应的预算数据。此外，该预算还能根据实际业务量水平进行灵活调整。因为弹性预算的数值不是固定不变的，而是具有一定的"弹性"或调整空间，所以它才得名"弹性预算"。

2）弹性预算的编制程序

由于未来业务量的不确定性会对企业的成本费用、利润乃至整体财务状况产生深远影响，弹性预算作为一种灵活的预算管理工具，在理论上能够广泛应用于全面预算体系中与业务量紧密相关的各类预算。然而，从实践操作层面来看，弹性预算更多地被用于编制弹性成本预算和弹性利润预算。这是因为这两类预算对业务量的变动尤为敏感，且通过弹性预算企业能够更有效地进行成本控制和利润管理。

编制弹性预算通常遵循先成本后利润的顺序。以制造费用的弹性预算为例，其编制过程大致可分为以下几个步骤：

首先，需要对费用进行成本性态分析，即根据费用与业务量之间的关联程度，将费用划分为固定成本和变动成本两大类。

其次，选择一个能够准确反映本部门生产经营活动水平的计量单位，如产量单位、直接人工小时或机器小时等。

再次，确定适用的业务量范围。这一步骤需根据企业或部门的实际运营情况和业务量变化的历史数据制定。为了确保预算的实用性和准确性，所确定的业务量范围应尽可能覆盖实际可能发生的业务量水平，但又不宜过于宽泛。一般来说，可以将正常生产能力的70%～110%作为业务量范围的参考依据，或者设定一个明确的最低业务量和最高业务量的上下限。同时，为了更细致地反映业务量变化对成本的影响，业务量之间的间隔可以设定为5%～10%。

最后，根据前面所确定的业务量范围和成本性态分类，计算预算期内各业务量水平下的预算额。

3）弹性预算的编制方法

（1）公式法。公式法是根据 $y = a + bx$ 的原理进行编制的。其计算公式如下：

制造费用弹性预算 $= \sum$（单位变动成本预算 × 实际业务量）＋固定制造费用预算

在控制制造费用时,针对不同成本类型可采取不同的策略:对于变动成本,侧重于单位业务量下的耗费标准进行控制;而对于固定制造费用,则主要着眼于对其总额的管控。为了有效实施这一策略,可采用公式法编制制造费用的弹性预算,并预先设定好单位变动成本和固定制造费用总额的耗费标准。预算周期结束后,将实际发生的业务量数据代入弹性预算公式,以计算在相应业务量下理应达到的费用水平,即预算额度。随后,将这一预算额度与实际发生的费用进行对比分析,从而精确揭示成本节约或超支的真正根源。

例 9-1

某公司单位变动制造成本预算 120 元,其中间接材料为 30 元、间接人工为 70 元、动力费为 20 元。固定制造费用预算为 320 000 元,其中办公费为 100 000 元、折旧费为 200 000 元、租赁费为 20 000 元。实际生产量为 2 000 件,实际发生的单位变动制造费用为 117 元,其中间接材料为 29 元、间接人工为 68 元、动力费为 20 元。实际发生的固定制造费用为 325 500 元,其中办公费为 105 000 元、折旧费为 200 000 元、租赁费为 20 500 元。用公式法确定制造费用弹性预算额及实际与弹性预算额的差额,如表 9-1 所示。

表 9-1　制造费用差额计算表

单位:元

项目	实际额	弹性预算额	差额
变动制造费用	117×2 000＝234 000	120×2 000＝240 000	−6 000(节约)
固定制造费用	325 500	320 000	5 500(超支)
制造费用总额	559 500	560 000	−500(节约)

从以上计算可知,本来变动制造费用节约了 6 000 元,但由于固定制造费用超支了 5 500 元,使制造费用实际比预算只节约了 500 元,应该重点查找和分析办公费和租赁费超支的原因所在,并追究责任和提出改进措施。

(2)多水平法(列表法)。多水平法又称列表法,是将确定的业务量变化划分为若干水平段,分别确定各段业务水平下的预算金额并在一张表中对比列示。

例 9-2

某企业预算业务量范围为正常生产能力的 $60\%\sim120\%$,其正常生产能力为 3 000 件,编制制造费用弹性预算,如表 9-2 所示。

表 9-2　制造费用弹性预算

金额单位:元

项目	单位变动成本	预计生产量(件)			
		1 800	2 400	3 000	3 600
变动制造费用					
间接材料	30	54 000	72 000	90 000	108 000

（续表）

项目	单位变动成本	预计生产量（件）			
		1 800	2 400	3 000	3 600
间接人工	70	126 000	168 000	210 000	252 000
动力费	20	36 000	48 000	60 000	72 000
小计	120	216 000	288 000	360 000	432 000
固定制造费用					
办公费		100 000	100 000	100 000	100 000
折旧费		200 000	200 000	200 000	200 000
租赁费		20 000	20 000	20 000	20 000
小计		320 000	320 000	320 000	320 000
制造费用合计		536 000	608 000	680 000	752 000

当采用多水平法编制预算时，若实际生产量达到 2 600 件，而这一数值并未涵盖在预算所预设的生产量范围内，那么分析同一业务量下制造费用的预算值与实际发生值的差额便显得尤为困难。相比之下，公式法在编制制造费用的弹性预算时展现出了其独特优势，它能够精确计算任意实际业务量下应有的制造费用。因此，公式法在弹性预算中的应用相较于多水平法（列表法）更为广泛。

4）弹性预算的特点与优势

弹性预算具备根据一系列预设或实际的业务量水平进行调整与编制的能力，这一特性极大地拓展了预算的应用范畴。此外，弹性预算还便于进行事后分析与日常控制。它要求按照成本性态进行分类展示，这有助于在计划期末准确计算出"实际业务量对应的预算成本"，并将其与实际发生的成本进行对比。通过这种方式，预算成本得以排除业务量变动的影响，从而使预算执行情况的评价与考核建立在更为现实且可比的基础之上。更重要的是，它能够清晰地揭示各项费用的增减变动及其背后的原因。

9.2.2 零基预算与增量预算

根据预算编制的基础，预算被划分为零基预算与增量预算两大类。

1. 零基预算

1）零基预算的概念

零基预算是区别于传统的增量（或减量）预算而设计的一种编制费用预算的方法，是指在编制预算时，对于预算支出均以零为基底，不考虑过去情况如何，对所有业务活动都重新进行评价，分析研究每项预算是否有支出的必要性和支出数额的大小，从而确定预算成本的一种方法。

2）零基预算的编制步骤

（1）编制费用计划。企业内部各相关部门需依据企业的总体战略规划及本部门的具体目标与需求，明确阐述每一项预算业务的性质、目的及其必要性，并针对每项业务从零起点出发,精确估算所需费用开支的具体数额。

（2）费用重要性分级。采用对比分析手段,对每一项活动、每一项工作任务均进行深入的成本效益评估,通过综合考量各项工作的战略价值、紧急程度及资源需求,依据所需经费的多少,科学地将各项活动划分为不同等级,并据此确定其优先排序。

（3）预算资金分配与落实。在确定了费用等级及优先顺序的基础上,结合企业可动用的资金总额(如 50 万元人民币),按照既定的等级次序与资金分配原则,逐一为各项目分配资金。具体而言,对于第一级项目,即那些经费必须得到充分保障的关键业务,应优先安排资金;对于第二级项目,其业务经费可按需满足 90%或 80%;而对于第三级或第四级项目,则根据其重要性逐级递减分配资金,直至 50 万元资金全部得到合理且有效的分配与落实。

例 9-3

假设某企业采用零基预算法编制销售与管理费用预算。该企业预算期用于销售和行政管理方面的资金总额为 550 000 元。

销售与管理费用预算应按以下步骤编制：

第一步,由企业销售部门和行政管理部门根据本部门的预算目标和具体任务,确定需要开支的费用项目及数额,如表 9-3 所示。

表 9-3　销售与管理费用预算

单位:元

项目	金额	项目	金额
（1）销售佣金	56 000	（6）办公费	23 000
（2）运输费	157 000	（7）职工教育经费	25 000
（3）广告费	85 000	（8）保险费	40 000
（4）管理人员工资	20 000	（9）税金	63 000
（5）差旅费	34 000	（10）业务招待费	80 000

第二步,经过分析研究,认为销售佣金、运输费、管理人员工资、差旅费、办公费、保险费和税金 7 项开支属于约束性费用性质,在预算期必须全额保证它们对资金的要求,而广告费、职工教育经费、业务招待费 3 项开支属于酌量性费用性质,可在满足约束性费用资金要求的前提下,将剩余的资金按照它们的重要程度分配。重要程度可通过 3 个项目的开支与其给企业带来的收益相对比确定。通过成本效益分析,确定资金的分配顺序为:广告费可满足 90%,职工教育经费可满足 85%,剩余的为业务招待费。

第三步,将预算期可动用的资金在各费用项目之间进行分配,编制预算如下：

其一,全额满足约束性费用的需求：

约束性费用所需资金总额＝56 000＋157 000＋20 000＋34 000＋23 000＋40 000＋63 000＝393 000（元）

其二,将剩余的资金在酌量性费用项目之间进行分配：

广告费分配资金数额＝85 000×90%＝76 500（元）

职工教育经费分配资金数额＝25 000×85%＝21 250（元）

业务招待费分配资金数额＝550 000－393 000－76 500－21 250＝59 250(元)

3）零基预算的优点

零基预算以其独特的编制方式展现出了在费用控制方面的显著效能,促使各预算部门秉持精打细算、量入为出的原则,合理规划与运用资金,进而提升资金的使用效率。其优势具体体现在以下几个方面:

(1) 目标导向明确,能够科学区分项目的优先级。通过零基预算的编制,企业能够清晰地识别并区分各项预算项目的轻重缓急,从而确保资源能够优先配置给最关键、最紧迫的项目。

(2) 深化投入产出理解,避免无效与盲目投入。零基预算要求对每个预算项目进行深入的成本效益分析,从而帮助企业避免不必要的投入,确保每一笔资金都能产生最大的经济效益。

(3) 优化资源配置,确保预算落实到位。通过零基预算,企业能够更加高效地利用有限的资源,确保资金被精准地投入到最需要的地方,从而保障预算目标的顺利实现。

4）零基预算的缺点

尽管零基预算具有诸多优势,但其编制过程相对复杂,工作量大,需要投入较多的时间和精力。然而,这并不意味着零基预算无法在实际应用中发挥作用。企业可以根据自身实际情况和需求,定期或不定期地采用零基预算进行预算编制,而在经济活动相对稳定的情况下,也可以采用增量预算进行适当的调整。总之,企业应结合实际情况,将零基预算的思想融入费用预算的编制,以实现更加科学、合理的预算管理。

2. 增量预算

传统的增量预算方法确实是以现有费用水平作为基准点,其编制主要依赖对预算期内相关业务量预期变化的预测,并据此对现有费用水平进行适度的调整,从而确定预算期内的预算数额。这种方法的基本假定是:①企业现有的每项活动都是企业不断发展所必需的;②在未来预算期内企业必须至少以现有费用水平继续存在;③现有费用已得到有效的利用。因此,增量预算方法在指导思想上的一个核心特征是,它默认并接受当前费用开支的基本合理性。这种出发点可能导致一个潜在的问题,即某些现有费用开支原本就不合理,可能因为增量预算的保守性调整策略而得以继续保留,甚至在某些情况下还可能因为业务量的增加而相应增长。这种情况不仅无助于优化企业的费用结构,反而可能造成资金的无效使用甚至浪费,从而影响企业的整体运营效率和财务健康。

3. 零基预算与增量预算的主要区别

零基预算与增量预算的核心差异体现在预算基础的设定上。具体而言,零基预算摒弃了以现有费用水平为编制依据的做法,转而采用一切从零开始的预算编制原则。在此框架下,针对每一项目的费用规模及其必要性,均需经过详尽、反复的分析与权衡,并辅之以系统的评定分析手段,据此判断费用开支的合理性及确定其优先次序。进一步地,结合生产经营的实际客观需求与特定时期内资金供应的实际可行性,零基预算在预算编制阶段对各项目进行优选排序,旨在提升资金使用的经济效益,实现费用开支的有效节约。

9.2.3 定期预算与滚动预算

按预算期的特征不同,预算编制方法可以分为定期预算与滚动预算。

1. 定期预算

定期预算是指在编制预算时以不变的会计年度(日历年度)作为预算期的一种编制预算的方法。定期预算虽然与会计年度相配合,但有以下三点缺陷:

(1)预测盲目性显著。定期预算通常在预算执行年度起始前的 2～3 个月内着手编制。在此过程中,由于对未来预算期内特定活动的预测难度较大,尤其是对预算执行后半阶段的生产经营活动难以作出精确预算,定期预算往往仅能提供一个相对宽泛的预算数值。这导致预算执行过程中,预算数额与实际数额之间容易产生较大偏差,进而增加预算执行的难度,不利于对生产经营活动的有效考核与评价。

(2)调整滞后性突出。定期预算缺乏随环境变化而及时调整的灵活性。当预算期内所规划的各项活动发生重大变化时(如预算期间内临时决定转产),定期预算往往无法迅速响应,导致预算滞后于实际情况,从而丧失了作为实际执行考核基准的意义。

(3)决策间断性明显。在预算执行期间,受预算周期的限制,管理人员的决策视野被局限于剩余的预算期活动范围内。这导致经营管理者在制定决策时,往往仅关注本期规划的经营活动,而忽视了对下期活动的考量。例如,部分企业一旦提前完成本期预算,便可能产生懈怠情绪,将其他事务推迟至下一年度处理,从而形成人为的预算间断现象。

因此,采用定期预算方法所编制的预算无法有效适应企业持续不断的经营流程,进而对企业的长远发展构成不利影响。在市场经济瞬息万变的背景下,企业为确保生存与持续发展,在制定规划时必须依据市场动态适时作出调整。滚动预算方法不仅有效规避了定期预算的诸多不足,还充分契合了市场变化对规划灵活性的需求。

2. 滚动预算的意义及其编制

1)滚动预算

滚动预算也称永续预算,其是依据企业上一期预算的实际执行状况及新近的预测成果,遵循既定的预算编制周期与滚动频率,对既有预算方案实施调整与增补,形成一种逐期递进、持续推动的预算编制模式。在此概念中,预算编制周期特指每次预算编制所覆盖的时间范围;而滚动频率则是指对预算进行调整与增补的时间间隔,可设定为月度、季度或年度。依据滚动频率的差异,滚动预算可细分为中期滚动预算与短期滚动预算两类。中期滚动预算的周期往往设定为 3 年或 5 年,其滚动频率则以年度为单位;短期滚动预算则通常以 1 年为周期,采用月度或季度作为滚动频率进行调整。值得注意的是,中期滚动预算多用于长期规划的预算编制,而本文则着重探讨短期滚动预算的编制方法。

2)短期滚动预算

短期滚动预算的核心特征在于其预算期的连续性,即在预算执行过程中自动延展,确保预算期恒定维持为 12 个月(1 年)。随着每一个月度或季度的流逝,企业需依据最新情况对后续月份或季度的预算进行必要的调整与修订,并在原预算期末即时增补相应时间段的预算。此过程将持续进行,形成逐期向后滚动、连续规划未来经营活动的预算编制模式。

3)短期滚动预算的编制

短期滚动预算的编制应遵循"长计划短安排、近细远粗"的原则。具体而言,在一年之中,前几个月的预算应详细且完整,而后几个月的预算则可适当简略。随着时间的推移,原先较为粗略的预算将逐渐细化,同时后续又会有新的、相对粗略的预算被补充进来,如此循环往复,形成持续滚动的预算编制流程,如表 9-4 所示。

表 9-4　滚动预算表

第一季度			第二季度	第三季度	第四季度	
1月	2月	3月	季度总数	总数	总数	
			第二季度	第三季度	第四季度	下年第一季度
			4月　5月　6月	总数	总数	总数

第一季度各月份的预算数据通常于上一年度的第四季度,即 12 月份着手编制,而第二季度的各月份预算则在当年的 3 月份进行编制。依据第一季度预算的实际执行情况,企业会及时对第二季度的预算总额进行必要的调整与修订。此外,根据实际需求,这种预算滚动的过程也可按月灵活进行。

3. 滚动预算的特性与优势

滚动预算充分适应了市场环境频繁变化及不确定性因素的要求。相较于传统的定期预算,滚动预算通过持续不断地对预算进行修订,确保了预算与实际状况的高度契合,实现了预算编制期与执行期的紧密衔接。这种动态的预算编制方式有效克服了静态定期预算一次性编制的盲目性,避免了预算与实际情况产生较大偏差,从而确保了预算的完整性和连续性。

在执行过程中,滚动预算赋予企业管理者更为清晰的未来视角,使他们能够全面把握企业的长远规划与近期目标。这种动态的预算模式使各级管理人员对完成近期预算充满信心,并激励他们积极为未来预算的制定提供有价值的信息与建议。滚动预算的实用性确保了预算的制定基于客观现实,从而真正发挥了预算对实际工作的指导与控制作用。

第 3 节　全面预算的编制

一般而言,预算编制的周期设定为一年或一个完整的经营循环,此举旨在确保预算年度与会计年度之间的协调一致,从而便于对预算执行结果进行深入的分析、考核及评价。年度预算可进一步细化为季度预算,而季度预算则可进一步分解为月度预算。较短的预算周期能够促使各级管理人员频繁地将实际执行情况与预算数据进行比对,以迅速识别并解决存在的问题。

在预算编制的具体时间安排上,多数企业倾向于在当前年度的最后三个月内着手编制下一年度的预算,在年底前完成预算的完整编制并发布执行。

全面预算的编制方法需根据企业的管理需求、经营特性及规模大小等因素,灵活结合多种方法加以应用,以此提升预算编制的科学性与合理性,进而显著增强预算管理的效能。为了更直观地阐述全面预算的编制过程,下面将以固定预算编制方法为例进行说明。

9.3.1　经营预算

经营预算是对未来一定期间的业务活动和管理活动的规划。企业通常是在销售预测的基础上编制销售预算,然后按以销定产的原则,逐步对生产、材料采购、存货和费用等方面制定预算。经营预算的期间通常为一年,并且与会计年度一致。在实际工作中,为便于考核与分析,经营预算一般按月编制。为方便介绍,本章预算按季编制。

1. 销售预算

在"以销定产"的经营模式下,销售预算构成了全面预算的起始点,其他预算均以销售预算为基础进行编制。而销售预算则是依据年度目标利润所确定的销售预测量(销售额)编制的。鉴于销售预算以销售预测为基石,因此销售预测的准确性对于全面预算的准确性具有至关重要的影响。

销售预测工作通常由企业营销部门负责实施。销售预算需要经过预算管理委员会的审核与批准,因此作为销售预算基础的销售预测报告应提交至预算管理委员会进行充分的讨论与修订。若预算委员会认为预测的销售结果低于企业发展的预期水平,则可能会建议采取相应措施以提高预计的销售量,如加大促销力度、增加销售人员数量等。

销售预算的编制需依据确定的预计销售量、销售单价、销售货款的回收情况和预计的现金收入等因素进行综合考量。

例 9-4

长江公司在计划年度(20×4 年)销售一种产品,销售单价为 75 元/件,每季销售额在当季收到货款 40%,其余部分在下季收讫。基期(20×3 年)末的应收账款余额为 24 000 元。长江公司计划年度的分季销售预算,如表 9-5 所示。

表 9-5　长江公司计划年度的分季销售预算

20×4 年　　　　　　　　　　　　　　　　　　　　　　　　金额单位:元

项目		第一季度	第二季度	第三季度	第四季度	全年
销售数量(件)		1 000	1 500	2 000	1 500	6 000
销售单价(元/件)		75	75	75	75	75
预计销售金额		75 000	112 500	150 000	112 500	450 000
预计现金收入计算表	期初应收账款	24 000				24 000
	第一季度销售收入	30 000	45 000			75 000
	第二季度销售收入		45 000	67 500		112 500
	第三季度销售收入			60 000	90 000	150 000
	第四季度销售收入				45 000	45 000
	现金收入合计	54 000	90 000	127 500	135 000	406 500

2. 生产预算

生产预算旨在阐述为达成销售目标及满足期末存货需求,企业所需生产的数量规划。在不存在期初、期末存货的情况下,生产数量与销售数量相等。举例来说,在采用适时生产制的企业中,生产活动严格依据客户订单进行调度,因此销售数量与生产数量直接对应相等。然而,在常规情境下,鉴于传统制造企业倾向于维持一定量的存货作为缓冲库存,以应对需求波动及生产过程中的不确定性,故在制定生产预算时,必须充分考量期初、期末存货因素。其计算公式如下：

$$预计生产量 = 预计销售量 + 预计期末存货数量 - 预计期初存货数量$$

例9-5

沿用例9-4的资料，假定长江公司各季度的期末存货按下一季度销售量的10%计算，各季期初存货与期末存货相等。现根据销售预算中的资料，结合期初、期末的存货水平，编制计划年度的分季生产预算。

长江公司计划年度的分季生产预算如表9-6所示。

表9-6　长江公司计划年度的分季生产预算

20×4年
单位：件

项目	第一季度	第二季度	第三季度	第四季度	全年
预计销售量（销售预算）①	1 000	1 500	2 000	1 500	6 000
加：预计期末存货量②＝下季度①×10%	150	200	150	110①	110①
减：期初存货量③＝上季度②	100	150	200	150	100
预计生产量④＝①+②-③	1 050	1 550	1 950	1 460	6 010

注：①表示估计数。

3. 直接材料采购预算

关于直接材料采购预算的编制，其基础在于对生产所需材料预计消耗量的精准估算和直接材料存货需求的合理设定，其中生产材料的预计耗用量直接关联产品的预计生产量。具体而言，该预算编制的主要依据如下：一是根据生产预算所确定的每季预计生产量；二是单位产品所设定的材料消耗定额；三是计划期间内期初与期末的存货量规划；四是材料的计划单价，即预期采购成本；五是采购材料的付款条件，包括信用期限、折扣政策等财务考量。这些因素共同构成了直接材料采购预算编制的全面框架，确保采购活动既能满足生产需求，又能有效控制成本并优化现金流管理。

直接材料采购预算应按材料类别分别编制，预计材料采购金额计算如下：

$$预计材料采购金额 = 预计采购量 × 计划单价$$
$$预计采购量 = 生产需要量 + 预算期末直接材料存量$$

在材料采购过程中，必然要发生现金支出，因此在编制直接材料采购预算的同时，还需编制现金支出预算表，为现金预算提供依据。

例9-6

沿用例9-4的资料，假定长江公司单位产品的材料消耗定额为2千克，计划单价为5元/千克。每季度的购料款当季付50%，其余在下季度付讫。各季度期末存货按下一季度生产需要量的20%计算，各季度期初存货与上季度期末存货相等，期初应付购料款为6 000元。编制计划年度的分季直接材料采购预算。

长江公司计划年度的分季直接材料采购预算如表9-7所示。

表 9-7　长江公司计划年度的分季直接材料采购预算

表 9-7　长江公司计划年度的分季直接材料采购预算

20×4 年　　　　　　　　　　　　　　　　　　　　　　　　金额单位：元

项目	第一季度	第二季度	第三季度	第四季度	全年
预计生产量(生产预算)(件)①	1 050	1 550	1 950	1 460	6 010
单位产品材料消耗定额(千克/件)②	2	2	2	2	2
预计生产需要量(千克)③＝①×②	2 100	3 100	3 900	2 920	12 020
加：期末存料量(千克)④＝下季度③×20%	620	780	584	460①	460①
减：期初存料量(千克)⑤＝上季度④	420	620	780	584	420
预计采购量(千克)⑥＝③＋④－⑤	2 300	3 260	3 704	2 796	12 060
材料计划单价(元/千克)⑦	5	5	5	5	5
预计采购金额⑧＝⑥×⑦	11 500	16 300	18 520	13 980	60 300
预计现金支出计算表 期初应付账款	6 000				6 000
第一季度购料	5 750	5 750			11 500
第二季度购料		8 150	8 150		16 300
第三季度购料			9 260	9 260	18 520
第四季度购料				6 990	6 990
现金支出合计	11 750	13 900	17 410	16 250	59 310

注：①表示估计数。

4. 直接人工预算

直接人工预算是为直接生产产品的人工耗费编制的预算，其编制的依据有预计生产量、单位产品的工时定额、小时工资率。在实际工作中，如果企业需要不同工种的工人，就应按不同工种的小时工资率分别计算，然后予以合计。其计算公式如下：

$$预计直接人工成本总额 ＝ 预计生产量×单位产品工时×定额小时工资单$$

例 9-7

沿用例 9-4 的资料，假设长江公司在计划期间内所需直接人工只有一个工种，单位产品工时定额为 5 小时，单位产品小时工资率为 4 元/小时。编制直接人工预算。

长江公司直接人工预算如表 9-8 所示。

表 9-8　长江公司直接人工预算

20×4 年

项目	第一季度	第二季度	第三季度	第四季度	全年
预计生产量(件)①	1 050	1 550	1 950	1 460	6 010
单位产品定额工时(小时)②	5	5	5	5	5
直接人工总工时(小时)③＝①×②	5 250	7 750	9 750	7 300	30 050

项目	第一季度	第二季度	第三季度	第四季度	全年
小时工资率(元/小时)④	4	4	4	4	4
直接人工成本总额(元)⑤＝③×④	21 000	31 000	39 000	29 200	120 200

5. 制造费用预算

制造费用预算详尽地展示了所有制造费用项目的预期成本构成,其编制需严格区分变动制造费用与固定制造费用两大类别,并按费用的具体明细项目进行细致规划。在制造费用项目中,大部分均需通过现金支付,然而,诸如固定资产折旧等特定项目则不涉及现金流出,因此在编制现金预算时,需将此类非现金支出从预算中剔除。

对于变动制造费用预算的编制,关键在于精确识别随相关因素变化的费用项目,并选定恰当的成本分配基准,如机器运行时长、人工工时、产品产量或作业量等,进而依据这些基准计算变动制造费用的分配比率。

至于固定制造费用各项目的预算金额确定,企业可依据自身管理需求,灵活采用零基预算法或固定预算法进行编制。为简化操作,企业在实践中往往对变动制造费用与固定制造费用均统一采用固定预算法进行编制。

$$预计制造费用＝预计变动制造费用＋预计固定制造费用$$
$$＝预计生产量×变动制造费用分配率＋预计固定制造费用$$
$$变动制造费用分配率＝\frac{变动制造费用}{预算期生产总量}$$

例 9-8

沿用例 9-4 的资料,长江公司在预算期内的变动制造费用为 60 100 元(其中间接人工 12 000 元,间接材料 18 000 元,维护费 8 000 元,水电费 15 000 元,润滑剂 7 100 元),固定制造费用为 60 000 元(其中维护费 14 000 元,折旧费 15 000 元,管理费 25 000 元,保险费 4 000 元,财产税 2 000 元)。要求编制长江公司计划期制造费用预算。

长江公司变动制造费用分配率＝60 100÷6 010＝10 元/件

长江公司计划期制造费用预算如表 9-9 所示。

表 9-9　长江公司计划期制造费用预算

20×4年度　　　　　　　　　　　　　　　　　　　　　　　　　　金额单位:元

项目	第一季度	第二季度	第三季度	第四季度	全年
预计生产量(件)①	1 050	1 550	1 950	1 460	6 010
变动制造费用现金支出②＝①×10	10 500	15 500	19 500	14 600	60 100
固定制造费用现金支出③＝60 000÷4	15 000	15 000	15 000	15 000	60 000
减:折旧费④＝15 000÷4	3 750	3 750	3 750	3 750	15 000
制造费用现金支出合计⑤＝②＋③－④	21 750	26 750	30 750	25 850	105 100

6. 单位产品成本和期末存货成本预算

关于单位产品成本预算的编制工作,其核心依据在于直接材料预算、直接人工预算和制造费用预算中所设定的价格标准与用量标准。期末存货成本预算则依据单位产品成本预算的结果与预算期末所预估的存货数量进行编制。若采用变动成本法进行计算,则产品成本与存货成本的构成将仅限于变动成本部分。

例 9-9

沿用例 9-4 的资料,长江公司采用变动成本计算法计算单位生产成本。根据前面预算中的资料,编制单位产品成本和期末存货成本预算。

长江公司单位产品成本和期末存货成本预算如表 9-10 所示。

表 9-10　长江公司单位产品成本和期末存货成本预算

2×24 年度　　　　　　　　　　　　　　　　　金额单位:元

成本项目	价格标准	用量标准	合计
直接材料	5 元/千克	2 千克	10
直接人工	4 元/小时	5 小时	20
变动制造费用	2 元/小时	5 小时	10
单位产品成本	—	—	40
期末存货预算	期末存货量(件)		110
	单位产品成本		40
	期末存货金额		4 400

7. 销售及管理费用预算

销售及管理费用预算是指针对预算期内产品销售活动及行政管理过程中所预期发生的各项费用所制定的预算规划。该预算需将销售及管理费用的具体项目,依据其成本性态细分为变动费用与固定费用两大类别,并分别予以列明展示。

例 9-10

沿用例 9-4 的资料,长江公司销售及管理部门根据计划期具体情况,编制销售及管理费用预算。

长江公司销售及管理费用预算如表 9-11 所示。

表 9-11　长江公司销售及管理费用预算

20×4 年度

费用项目	费用明细	金额(元)
变动费用	销货佣金	12 000
	办公费	2 500
	运输费	15 500
	合计	30 000

（续表）

费用项目	费用明细	金额（元）
固定费用	广告费	9 000
	管理人员薪金	25 000
	保险费	6 000
	财产税	2 000
	合计	42 000
预计现金支出计算表	销售及管理费用全年现金支出总额：30 000＋42 000＝72 000	
	销售及管理费用每季现金支出总额：72 000÷4＝18 000①	

注：①为简化，按季度分配现金支出数额。

9.3.2 资本支出预算

资本支出预算是依据经审核并获批准的长期投资决策项目而编制的预算文件，其中详尽地罗列了该投资项目在其整个生命周期内，各年度预计的现金流出量与现金流入量的明细数据。关于此预算的格式及内容的详尽程度，各企业间或有差异，可视实际需求自行设计与调整。

例 9-11

沿用例 9-4 的资料，假设长江公司董事会批准，在计划期间的第二季度以自有资金购置一台固定设备的投资项目，需支付 16 000 元，预计可使用 5 年，期满残值为 500 元。购入后每年可为公司增加净利 2 300 元，该设备按直线法计提折旧。编制设备投资预算。

长江公司资本支出预算（设备）如表 9-12 所示。

表 9-12　长江公司资本支出预算（设备）

20×4 年度　　　　　　　　　　　　　　　　　　　　　　金额单位：元

资本支出项目	购置期间	原始投资额	估计使用年限（年）	期满残值	资金来源	资金成本	购入后每年 NCF	回收期（pp）（年）
购置设备一台	第二季度	16 000	5	500	自有	16％	5 400	3

9.3.3 财务预算

财务预算是反映企业在预算期内有关现金收支、经营成果和财务状况的预算，是在上述经营预算和资本支出预算的基础上按照一般会计原则和方法编制的。可以说，财务预算是各项业务预算和资本支出预算在财务维度的总称，亦称总预算，主要包括现金预算、预计利润表、预计资产负债表。

1. 现金预算

现金预算是一种财务规划工具，旨在全面体现规划周期内由经营活动及资本性支出等因素引发的所有现金流入与流出及其最终结果的预期。就管理层而言,现金预算在洞察企业现金流量动态方面扮演着至关重要的角色。尽管企业可能成功实现产品的生产与市场推广,但现金流入与流出在时间维度上的不匹配常常成为企业运营失败的根源。若企业管理层能够精准预判现金短缺或盈余的潜在时点,便能够据此制定策略,适时筹措资金以应对现金短缺,并在现金盈余时合理安排偿还债务。鉴于现金流量对于维持企业持续运营具有决定性作用,现金预算因此成为全面预算体系中关键的组成部分之一。

现金流量,一般是由现金收入、现金支出、现金溢余与短缺、资金的筹集与运用四部分组成,其基本关系如下:

$$期初现金余额＋现金收入＝\frac{当前可动用现金合计}{当前可动用现金合计}－现金支出＝现金溢余或短缺$$

$$现金溢余或短缺＋资金的筹集与运用＝期末现金余额$$

预计现金收入是计划期间现金的所有来源,包括现销、应收账款收回、应收票据到期兑现、出售长期性资产、收回投资等产生现金的业务。

现金支出是指根据计划预先确定将发生的现金流出事项,涵盖材料采购款项的支付、应纳税金的缴纳、对投资者的利润分配和资本性支出等经济行为。在此定义范畴之外,不涉及现金实际支付的费用项目,如折旧费用,应被排除在外。短期借款的利息偿付则不属于此类支出范畴,而是归类于资金的筹集与运用。

现金盈余或短缺状态由当前可调配现金总额与预期现金支出总额的对比差异决定。若此差异值为正,则意味着现金存量过剩;反之,若此差异值为负,则表明现金资源匮乏。

至于资金的筹集与运用策略,则需依据规划周期内的现金差额状况及企业既定的资金管理政策综合确定所需筹集或运用的资金额度。在现金资源不足的情形下,企业可通过向银行申请贷款或采取其他融资手段弥补资金缺口,并预先规划还本付息的时间节点与具体金额。而当现金存量过剩时,现金资源除可用于偿还既有债务外,亦可用于购置短期投资性质的有价证券,以实现资金的优化配置。

例 9-12

沿用例 9-4 的资料,假设长江公司按年分季编制现金预算。该公司计划期间最低现金持有量为 10 000 元,不足部分向银行借款,多余部分偿还银行借款。假设期初借入,期末偿还。银行借款年利率为 10%,利随本清。计划预缴所得税 16 000 元,每个季度缴纳 4 000 元。预计分配现金股利 8 000 元,假设按四个季度平均分配。根据以上预算表中的有关资料编制现金预算表。该公司现金预算如表 9-13 所示。

表 9-13 长江公司现金预算表

20×4 年度 单位:元

摘要	资料来源	第一季度	第二季度	第三季度	第四季度	全年
期初现金余额	表 9-5	12 000	10 500	10 850	11 065	12 000
加:现金收入 应收账款收回及销售收入		54 000	90 000	127 500	135 000	406 500

（续表）

摘要	资料来源	第一季度	第二季度	第三季度	第四季度	全年
可用现金合计		66 000	100 500	138 350	146 065	418 500
减：现金支出						
采购直接材料	表9-7	11 750	13 900	17 140	16 250	59 310
支付直接人工	表9-8	21 000	31 000	39 000	29 200	120 200
制造费用	表9-9	21 750	26 750	30 750	25 850	105 100
销售及管理费用	表9-11	18 000	18 000	18 000	18 000	72 000
购置设备	表9-12	—	16 000	—	—	16 000
支付所得税		4 000	4 000	4 000	4 000	16 000
支付股利		2 000	2 000	2 000	2 000	8 000
现金支出合计		78 500	111 650	111 160	95 300	396 610
收支轧抵现金结余（或不足）		(12 500)	(11 150)	27 190	50 765	21 890
通融资金						
向银行借款（期初）①		23 000	22 000			45 000
归还借款（期末）		—	—	(15 000)	(30 000)	(45 000)
支付利息（年利率10%）②		—	—	(1 125)	(2 450)	(3 575)
期末现金余额		10 500	10 850	11 065	18 315	18 315

注：①表示向银行借款数除需抵补现金不足外，还要保证期末最低现金余额10 000元。

②归还15 000元借款9个月利息的计算：15 000×10%×9/12=1 125（元）。

归还30 000元借款利息的计算（其中8 000元是12个月的借款，22 000元是9个月的借款）：8 000×10%＋22 000×10%×9/12＝2 450（元）。

2. 预计利润表

预计利润表是一种专门设计的预算工具，旨在全面呈现企业在特定规划期间内所有经营活动及其最终财务成果的预期情况。该表的编制依托于多项基础预算资料，包括但不限于销售预算、销售及管理费用预算、单位产品成本预算、期末存货预算、专项预算以及现金预算等。

例9-13

沿用例9-4的资料，长江公司根据以上预算的有关资料编制预计利润表。

长江公司预计利润表如表9-14所示。

表9-14　长江公司预计利润表

20×4年度

单位：元

摘要	资料来源	金额
销售收入（75×6 000）	表9-5	450 000

（续表）

摘要	资料来源	金额
减:变动成本		
变动生产成本(40×6 000)	表 9-10	240 000
变动销售及管理费用	表 9-11	30 000
贡献毛益总额		180 000
减:期间成本		
固定制造费用	表 9-9	60 000
固定销售及管理费用	表 9-11	42 000
营业净利润		78 000
减:利息费用	表 9-13	3 575
税前净利润		74 425
减:所得税	表 9-13	16 000
税后净利润		58 425

3. 预计资产负债表

预计资产负债表是一种综合性预算工具,旨在反映企业在规划期末的财务状况概览。其编制过程基于当前实际资产负债表的数据,并结合全面预算体系中其他预算所提供的相关信息,经过适当调整而形成。

预计资产负债表能够向企业管理层提供关于会计期末预期财务状况的全面信息,进而协助管理层预测未来经营期间的企业状况,并据此采取针对性的改进措施,以促进企业的持续优化与发展。

例 9-14

沿用例 9-4 的资料,根据基期(20×3 年)期末的资产负债表及计划期间(20×4 年)各项预算中的有关资料编制计划期末的预计资产负债表。长江公司基期期末的资产负债表如表 9-15 所示,计划期末的预计资产负债表如表 9-16 所示。

表 9-15　长江公司资产负债表(基期)

20×3 年 12 月 31 日　　　　　　　　　　　　　　　　单位:元

项目	金额	项目	金额
流动资产		流动负债	
现金	12 000	应付购料款	6 000
应收账款	24 000	负债合计	6 000
材料存货(420 千克)	2 100	所有者权益	
产成品存货(100 件)	4 000	普通股股本	40 000
合计	42 100	留存收益	56 100

（续表）

项目	金额	项目	金额
固定资产		所有者权益合计	96 100
土地	40 000		
房屋及设备	60 000		
减:累计折旧	40 000		
合计	60 000		
资产总计	102 100	负债及所有者权益总计	102 100

表 9-16　长江公司预计资产负债表(计划期)

20×4 年 12 月 31 日　　　　　　　　　　　　　　　　单位:元

项目	金额	项目	金额
流动资产		流动负债	
现金①	18 315	应付购料款⑧	6 990
应收账款②	67 500	负债合计	6 990
材料存货③(460 千克)	2 300	所有者权益	
产成品存货④(110 件)	4 400	普通股股本⑨	40 000
合计	92 515	留存收益⑩	106 525
固定资产		所有者权益合计	146 525
土地⑤	40 000		
房屋及设备⑥	76 000		
减:累计折旧⑦	55 000		
合计	61 000		
资产总计	153 515	负债及所有者权益总计	153 515

注:表 9-16 中各项目数字来源说明:
①见表 9-13 的期末现金余额。
②见表 9-5,第四季度销售货款的 60%,即 112 500×60%=67 500(元)。
③见表 9-7,第四季度期末存料为 460 千克,即 5×460=2 300(元)。
④见表 9-10,期末存货金额=40×110=4 400(元)。
⑤见表 9-15,土地的原数字未动。
⑥见表 9-12,计划期购置新设备 16 000 元,此数加到表 9-14 中房屋及设备原金额 60 000 元上,合计为 76 000 元。
⑦见表 9-9,计划期内计提折旧 15 000 元,此数加到表 9-14 中累计折旧 40 000 元上,合计为 55 000 元。
⑧见表 9-7,第四季度购料款的 50%,即 13 980×50%=6 990 元。
⑨见表 9-15,普通股股本在计划期内原数字未变动。
⑩留存收益期初余额(见表 9-15)56 100 元。
加:税后净利(见表 9-14)58 425 元
小计 114 525 元
减:支付股利(见表 9-13)8 000 元
留存收益期末余额 106 525 元

思政小课堂

全面预算管理:点亮"小微星火",穿透融资成本壁垒

在 2024 年国家"普惠金融"战略中,全面预算管理成为中小微企业融资的"成本穿透器"。以浙江某精密机械厂为例,其预算管理团队构建了"成本—订单量—融资需求"联动模型,将预算资源归集为"原材料采购成本""人工成本""设备折旧成本"三类。在 2025 年 Q2 接单预算中,该团队发现若延续传统融资模式,需订单量增长 60% 才能覆盖成本;而通过引入"国家中小微企业专项再贷款+供应链票据贴现"组合策略,将财政贴息收入、风险补偿基金纳入弹性预算池,可使订单量增长临界点降至 40%,帮助企业提前 3 个月获得 2 000 万元低息贷款。这一案例证明,成本管理会计人需以共同富裕设计师为念,让全面预算管理成为中小微企业穿透融资成本迷雾的导航仪,助力中国 1.4 亿户市场主体突破"融资高山",为经济循环注入"毛细血管"活力。

思考题

1. 简述全面预算的内容及全面预算体系。
2. 全面预算有哪些作用?
3. 简述预算编制程序。
4. 固定预算、弹性预算分别有哪些特点?
5. 零基预算与增量预算有什么区别?
6. 简述滚动预算的特点,并说明滚动预算是如何编制的。
7. 全面预算编制是如何在企业管理中发挥作用的?

练习题

1. 某企业按照 8 000 直接人工小时编制的预算资料如表 9-17 所示。

表 9-17　预算资料

单位:元

变动成本	金额	固定成本	金额
直接材料	6 000	间接人工	11 700
直接人工	8 400	折旧	2 900
电力及照明	4 800	保险费	1 450
合计	19 200	电力及照明	1 075
		其他	875
		合计	18 000

要求:按公式法分别编制 9 000、10 000、11 000 直接人工小时的弹性预算。(该企业

的正常生产能量为 10 000 直接人工小时,假设直接人工小时超过正常生产能量时,固定成本将增加 6%)

2. 某企业拟采用零基预算法编制管理费用预算。管理部门根据下年度的企业经营目标和管理任务,在认真讨论的基础上,提出了预算期内将要发生的部分费用项目及其预计支出数额,如表 9-18 所示。

表 9-18　预算资料

单位:元

项　目	金　额
房屋租金	25 000
办公费	10 000
差旅费	5 000
广告费	30 000
职工培训费	20 000
研究人员顾问费	30 000
合计	120 000

另假设该公司可用于上述项目的资金来源是 80 000 元。依据历史资料,广告费和职工培训费可以根据计划年度企业资金供应情况酌情增减,职工培训费和研究人员顾问费的成本收益比分别为 1∶20 和 1∶30。

要求:确定该企业的管理费用预算。

本章练习题

第 10 章　责 任 会 计

学习目标

1. 了解企业组织结构与责任会计制度的密切联系。
2. 理解实施责任会计制度的基本原则。
3. 掌握责任会计的基本内容。
4. 理解责任会计是企业实施内部控制的主要内容和方法之一。
5. 理解收入中心、成本中心、利润中心和投资中心各自的特点、适用范围和考核指标。
6. 理解内部转移价格的制定及其选择。

第 1 节　分权管理与责任会计制度

10.1.1　组织结构与分权管理

1. 组织结构

组织结构是企业内部实现高效分工与紧密协作的基石,它构建了一个既促进专业细分又确保各环节无缝对接的基本框架。分工是协作的前提,两者相辅相成,缺一不可。因此,组织结构的核心作用在于为这种分工与协作的和谐共生提供一个稳固的支撑平台。

组织结构在企业内部管理中扮演着至关重要的角色,其核心任务在于解决两大问题:一是如何合理分工并明确每个人的职责,以确保高效协作;二是如何平衡集权与分权,以优化决策流程。

第一,组织结构需要全面权衡分工的利弊,以确定适度的分工程度。虽然分工是协作的前提,但分工过度可能导致沟通成本增加、协作难度加大,进而影响组织效率。因此,组织结构的设计需要精心规划,既要确保每个员工都能在其专业领域内发挥最大效能,又要促进部门间的紧密协作,以实现整体效益的最大化。在这一过程中,明确每一个人的职责是关键,它有助于员工了解自己的工作范围、责任边界以及与其他部门或同事的协作关系,从而增强组织的凝聚力和执行力。

第二,组织结构还需解决权限分配问题,即在集权与分权之间找到平衡点。集权式决策强调决策权的集中,由高层管理人员统一制定战略和政策,基层管理人员则负责执行。这种方式有助于确保战略方向的一致性,但可能降低组织的灵活性和响应速度。相反,分权式决策将决策权分散到基层管理人员手中,允许他们在其权责范围内自主决策。这有助于激发组织的创新能力和快速响应市场变化的能力,但也可能导致决策碎片化、战略方向偏离等问题。

因此,正确处理集权与分权的关系,需要遵循集权与分权相结合的原则。这意味着企业应根据实际情况,灵活调整决策权的集中与分散程度,既保持战略方向的一致性,又激发组织的灵活性和创新能力。关键在于精准把握集权与分权的适度,确保两者和谐共存。这要求企业高层管理人员具备高超的领导力和决策能力,能够根据实际情况灵活调整组织结构,以适应不断变化的市场环境和企业发展需求。

企业高层管理者应该怎样确定最合适的分权程度呢?这受制于许多具体因素,诸如企业的工作性质、组织战略、企业规模、市场环境变化等。随着全球经济的迅速发展和新经济时代的到来,企业内部的经营管理日趋复杂。为满足迅速变化的市场需求,许多企业实行了某种程度的分权管理制度(扁平组织结构)并确定相应的业绩评价考核指标和方法。

2. 分权管理

分权管理,作为一种先进的组织治理模式,其精髓在于将决策权力细化并下放到组织的各个层级与地域,构建一个既灵活又高效的决策网络。这一模式超越了传统集权框架的局限,不仅赋予了各级管理者适度的自主权,更激发了整个组织的活力与创造力。

1) 分权管理的原因

(1) 信息优势与快速响应。分权管理能更有效地收集并利用当地市场的信息,使决策更加贴近实际需求。随着企业地理和市场范围的扩大,高层管理者往往难以全面掌握各地细节,而低层管理者凭借对当地情况的深入了解,能更快速、准确地响应市场变化,从而提升决策质量和企业服务。对于跨国公司而言,分权管理更是适应不同法律和文化环境的必然选择。

(2) 战略聚焦。通过分散经营决策权,高层管理者得以从日常琐事中解脱,专注于战略性规划和长远发展目标的制定。这确保了企业始终保持明确且正确的发展方向,同时各层级管理者也能在授权范围内迅速应对市场机遇,实现灵活高效的运营。

(3) 人才培养与选拔。分权管理为管理人员提供了更多的责任和决策机会,成为管理人才库的开发平台。在这里,有潜力的管理者可以得到锻炼和展示,企业从中选拔优秀人才以填补更高层级的管理岗位。同时,这也是一个考核管理人员才能的有效途径,通过实际决策表现识别和提拔人才。

(4) 增强内部竞争与积极性。分权管理鼓励下属单位发挥个人创造力,增加积极性,同时在企业内部形成竞争环境。这种竞争不仅促使管理者为提升企业经济效益作出贡献,还体现了他们的自身价值,有助于激发整个团队的活力和创新精神。

2) 分权管理的主要表现形式——部门化

分权管理的实施方式,通常是设立被称为"分部"的经营单位。通过由企业管理中心向下或向外的层层授权,每个部门都拥有一定的积极性、权力和职责。部门划分的依据主要有以下几个方面:

第一,按产品品种或经营项目进行划分,即每一经营项目或每一产品(或每类产品)的生产单位均作为一个独立的部门。这种组织结构如图 10-1 所示。

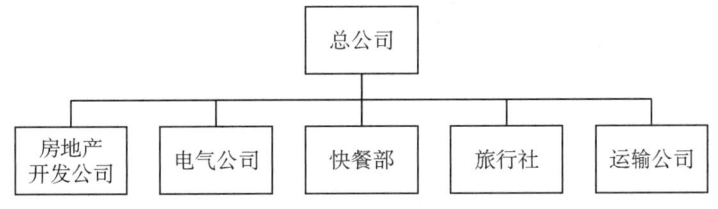

图 10-1　产品品种或经营项目组织结构图

第二,按地区划分,即以地区不同为依据,每一地区均为一个独立的部门,负责该地区的有关经营活动。其组织结构如图 10-2 所示。

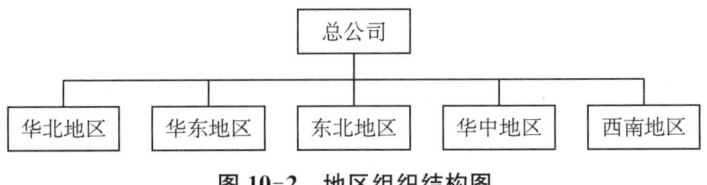

图 10-2　地区组织结构图

第三,按业务职能划分,即以不同的管理职能为依据,每一管理职能均为一个独立的部门,负责与该职能相关的一切经营活动。其组织结构如图 10-3 所示。

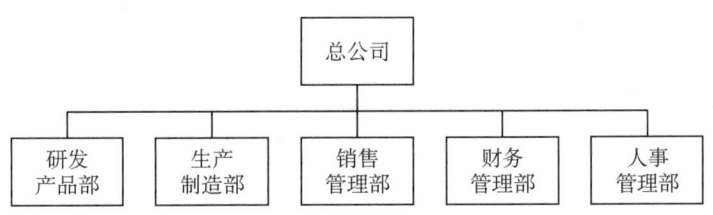

图 10-3　业务职能组织结构图

分权管理作为现代企业组织管理的基本趋势,确实在提高组织效率、激发内部活力方面展现出显著优势。而部门化作为分权管理的主要实现形式,其组织结构的设计并非一成不变的,而是需要根据企业的具体情况进行灵活调整。在实际工作中,企业的生产规模、生产经营特点和管理要求都是决定部门化组织结构的关键因素。例如,对于产品线丰富、市场多元化的企业,按产品品种或经营项目进行部门化可能更为合适,能够更好地集中资源和专业知识,提高产品质量和服务水平。而对于地域分布广泛的企业,按地区进行部门化则可能更有利于快速响应市场变化,提高市场竞争力。

此外,企业组织结构与责任会计制度之间存在密切的联系。责任会计制度是一种将企业的经济活动按照预定的责任中心进行划分,并对其进行核算、控制和考核的制度。理想的企业组织结构应能够清晰地反映各责任中心的职责和权限,为责任会计制度的实施提供有力支持。

综上所述,分权管理和部门化组织结构是现代企业组织管理的重要趋势和形式。但在实际应用中,需要根据企业的具体情况进行灵活调整,确保组织结构能够反映并支持责任会计制度的实施,以实现企业的持续发展和高效运营。

10.1.2 责任会计的基本原则和内容

在分权管理的背景下,企业为了最大化地发挥这一管理模式的优势,必须强化内部控制,确保各分公司、分部门之间的分工协作顺畅,且整个企业的目标保持一致。为实现这一目标,及时、准确地反映和监督企业各分部乃至每个生产经营者的经济责任变得尤为重要。责任会计正是在这种管理需求下应运而生的一种内部控制制度,它以其独特的优势,成为企业加强内部管理、明确经济责任、提升经营效率的重要工具。

责任会计是一种将会计核算与管理责任紧密结合的会计制度,它通过对各责任中心的业绩进行核算和考核,加强企业的内部管理责任。首先,责任会计需要将企业的整体经济活动划分为若干责任中心,这些责任中心可以是成本中心、利润中心或投资中心等。每个责任中心都承担特定的经济责任,并接受企业的考核和评价。其次,责任会计要求对每个责任中心的业绩进行准确的核算,包括收入、成本、利润等关键指标。这些核算结果将作为考核和评价责任中心负责人业绩的重要依据。最后,责任会计的核心在于对责任中心的业绩进行考核和评价。通过设定合理的考核指标和权重,企业可以客观地评价每个责任中心的业绩成果,并根据评价结果采取相应的奖惩措施。总之,责任会计的实质是企业为加强内部管理责任而实施的一种内部控制制度。它通过将会计资料与各级责任中心紧密联系起来,形成一个信息控制与业绩评价系统,从而确保企业的经济活动能够按照预定的目标和计划进行。

1. 建立责任会计制度的基本原则

不同类型的企业,因其内部条件与外部市场环境的差异,在建立责任会计制度时,具体做法会有所不同。即使是同一企业,在不同发展阶段,该制度的构建方式也不尽相同。但无论何种企业,要构建一套科学有效的责任会计制度,都需遵循以下五条基本原则。

1)目标一致性原则

目标一致性原则旨在确保各责任单位的具体目标与经营活动和企业整体目标保持高度一致。这一原则是构建责任会计制度的根本基础。它要求各责任单位将自身目标与经营策略紧密围绕企业总体目标展开,以实现企业整体利益的最大化。为了达成这一目标,企业需制定全面、详尽的预算目标,并将其细化、分解到各责任单位,使其具有明确的阶段性和可操作性;同时,建立一套合理的指标评价体系,对各级责任单位的业绩进行综合评估,以此保证上下目标的协调统一。

2)可控性原则

可控性原则规定,每个责任单位仅对其职责与权力范围内能够控制的成本、收入、利润及资金负责。在编制责任预算和业绩报告时,应只涵盖可控制的项目;对于不可控项目,要么予以排除,要么作为参考信息列出,以此保障责、权、利的紧密结合。明确各责任单位的可控内容与因素,是建立责任会计制度的必要前提。责任会计的显著特点在于将会计考核与业务责任紧密联系。例如,在成本中心中,受责任中心控制且受其工作成效影响的成本,属于可控成本;反之,责任中心无法控制、不受其工作影响的成本,则为不可控成本。对于成本中心,以可控成本作为考核评价其工作绩效的主要依据,更具说服力,不可控成本仅作参考。

要准确把握可控性原则,需关注以下三个构成条件:①责任中心能够清晰界定其费用、成本或收益的具体发生内容;②责任中心能够对其费用、成本或收益进行精确计量;③责任中心能够对其费用、成本或收益的发生实施有效控制与调节。

3) 反馈性原则

反馈性原则要求各责任单位在执行责任预算过程中,对各项经济活动所产生的信息,进行及时、准确、可靠的计量、记录、计算与反馈。管理者通过这一过程,及时发现问题,并迅速采取有效措施加以控制,从而实现强化企业管理的目的。责任预算执行情况的信息反馈,既是经济信息的运用过程,也是责任会计发挥基础管理作用的关键步骤,体现了责任会计的管理职能。

为贯彻反馈性原则,企业需做到以下几点:首先,基于各责任单位的特点,构建一套科学的信息跟踪与报告系统,确保输入信息的准确性;其次,按照责任层次,自下而上建立一套严密的信息控制系统,保证输出信息的及时性与有效性,使企业生产经营活动能够朝着预定目标顺利推进;最后,搭建一套反应迅速的决策系统,以便对生产经营活动中发现的问题,能够快速做出恰当决策,确保反馈信息得到及时有效的处理。

4) 及时性原则

反馈系统的作用效果在很大程度上依赖于信息反馈的及时性。因此,各责任单位在编制完成业绩报告后,应迅速将相关信息反馈给责任人,以便他们能够及时依据这些信息调整自身行为。同时,及时反馈信息有助于快速发现并调整业绩报告中出现的不可控因素,保证对责任人业绩综合考评的准确性。现代电子技术的发展,尤其是计算机在管理领域的广泛应用,为信息反馈的及时性提供了有力的技术支持。借助计算机联网实现的信息反馈,企业管理层能够实时掌握各责任单位的预算执行情况,一旦发现重大问题,可立即采取措施加以解决。

5) 例外管理原则

例外管理原则是一种突出重点的管理策略。在企业运营中,经济业务繁多,实际执行情况与预算难免存在差异。责任中心负责人不可能对所有差异都进行详细的分析评价,因此其应对差异较大或具有特殊性的项目进行重点管理。责任中心负责人通过深入分析这些差异产生的原因,并提出有效降低差异的建议,实现对责任履行情况的有效把控。实施例外管理,可使高层管理人员摆脱日常琐碎事务,将精力集中于处理重要问题,特别是关乎企业未来发展的战略问题,确保企业在激烈的市场竞争中能够持续发展。所以,在分析评价各责任中心的责任履行情况并编制责任报告时,企业应特别注重运用例外管理原则。

2. 责任会计的基本内容

责任会计作为企业管理会计的重要分支,其基本内容构成了企业建立与实施责任会计体系的基石与必要条件。一般而言,责任会计的基本内容可系统归纳为以下五个关键方面。

1) 合理设置责任中心

责任中心是企业内部具备特定管理权限,并需承担相应经济责任的组织单位。在现代企业管理中,随着分权管理理念的深入和部门化企业组织结构的不断演进,企业日常经营决策权力逐渐向基层部门或各地区经营管理机构下放。这种权力下放旨在让决策更贴近实际业务场景,从而实现决策的最大有效性。然而,为确保每个责任层级都能对自身工作成果负责,明确界定责任人能够有效控制的责任范围就显得尤为重要,这一责任范围便构成了责任中心。简单来说,责任中心是企业为了更好地履行特定责任而专门设立的部门,它与前文提及的"责任单位"概念等同。责任中心的设置并非随意为之,而是依据控制范围的宽窄、所承担经济责任的大小和上级赋予的管理权限合理规划。在企业实际运营中,责任中心主要呈现为以下四种基本形式:

(1) 收入中心。收入中心着重负责产品或服务的销售业务,其核心职责在于实现销售收入目标,通过拓展市场、优化销售策略等手段,提升企业的收入水平。

(2) 成本中心。成本中心主要聚焦于成本的控制与管理,致力于在保证产品或服务质量的前提下,最大限度地降低成本消耗,对生产过程中的各项成本要素进行严格把控。

(3) 利润中心。利润中心不仅要关注成本控制,还要负责产品销售与收入获取,通过对成本与收入的综合管理,实现利润最大化目标,对企业的盈利状况有着直接影响。

(4) 投资中心。投资中心除了具备利润中心的职能,还需对投资决策负责,对企业资金的投放与运用进行规划,以实现资产的增值与投资回报率的提升。

2) 正确编制责任预算

把全面预算所确定的企业生产经营总目标和任务,按责任中心进行层层分解、落实,并为每个责任中心编制具体的责任预算,使各责任中心明确本中心的目标和任务。所以,责任预算就是为各责任中心确定一个可以衡量的目标,同时也是上级评价各责任中心业绩的标准。例如,成本中心的责任预算是责任成本指标,利润中心的责任预算是目标利润指标。各责任中心负责人对预算执行中出现的问题要有解决和控制能力,以达到预期目标的实现。

3) 建立和健全信息跟踪报告系统,加强日常控制

全面预算确立了企业生产经营的总体目标与任务,而责任预算则是将这一宏观目标按照责任中心进行层层细化、分解与落实。为每个责任中心量身定制具体的责任预算,使各责任中心清晰明确自身的工作目标与任务。简而言之,责任预算为各责任中心设定了一个可量化、可衡量的目标,同时也为上级部门评价各责任中心的工作业绩提供了客观标准。例如,成本中心的责任预算主要围绕责任成本指标展开,该指标要求成本中心在一定时期内将成本控制在规定范围内;利润中心的责任预算则以目标利润指标为核心,激励利润中心通过合理的经营策略实现预期利润。

4) 评价和考核业绩

通过将各责任中心实际完成数据与预先设定的预算数据进行细致对比,并深入分析其中的差异,企业能够全面、客观地评价和考核各责任中心的工作业绩与经营成效。为确保考核结果的公正性与激励性,企业需要事先制定一套严密、周全且科学合理的奖惩制度。依据各责任中心完成业绩的优劣程度,企业应严格执行奖优罚劣、奖勤罚懒的原则,做到赏罚分明、有据可依。只有这样,才能充分调动各责任中心的工作积极性与主动性,切实保证责任制在企业内部得到有效贯彻与执行。

5) 制定内部转移价格

在企业运营过程中,各责任中心之间时常存在相互提供产品或劳务的业务往来。为了准确、公正地评价各责任中心的工作业绩,清晰明确各责任中心之间的经济责任界限,并且使各责任中心工作成果的评价建立在客观、可比的基础之上,必须针对这些内部交易活动,进行合理计价并完成转账处理。这就要求企业审慎、科学地制定出一套符合自身特点的内部转移价格体系。内部转移价格的制定至关重要,它既要充分考虑如何激发各有关责任中心开展生产经营活动的主动性与积极性,又要确保各责任中心的经营目标与整个企业的战

略目标高度一致。一个合理的内部转移价格体系,能够促进企业内部资源的优化配置,提升各责任中心之间的协作效率,进而推动企业整体效益的提升。

第2节　责任中心与业绩考核

10.2.1　责任中心的基本特征

责任会计以各责任中心为核心,将用于衡量工作成果的会计手段与企业生产经营过程中的责任制深度融合,从而成为企业内部控制体系不可或缺的关键构成要素。责任中心作为责任会计体系的基础单元,其最显著的基本特征在于实现了权利、责任与利益三者的有机结合。具体而言,其通常涵盖以下四个方面的内容。

1. 拥有与企业总体管理相协调、与自身管理职能相适应的经营决策权

责任中心需拥有与企业总体管理协调一致、与自身管理职能适配的经营决策权。这一权力赋予责任中心在面对企业各类问题时,能够在最佳时机做出最适宜的决策。在现代企业管理中,分权管理模式备受推崇,其核心目的在于提升管理效率。为切实达成这一目标,企业应在系统管理思想的指引下,将部分日常经营决策权直接下放至负责具体经营活动的责任中心。如此一来,责任中心便可依据实际情况,迅速做出处理决策,有效避免因决策时机延误而导致的损失。例如,销售部门在面对突发的市场需求变化时,若拥有相应的定价决策权,便能及时调整产品价格,抓住市场机遇,提高销售额。这种经营决策权的合理配置,使企业能够更加灵活地应对复杂多变的市场环境,提升整体运营效率。

2. 承担与自身经营权相适应的经济责任

权利与责任相互依存,即有何种决策权利,便应承担相应的经济责任。某个部门被授予经营决策权后,就必须对其决策的恰当性负责,这是对权利有效行使的必要制约。每一个责任中心都必须依据所获经营决策权的范围,承担与之匹配的经济责任。例如,投资中心在做出投资决策时,若因决策失误而导致资金损失,就需对这一后果负责,可能体现在绩效评估受影响、资源分配减少等方面。这种责任的明确界定,促使责任中心在行使权利时更加谨慎,充分考量决策的可行性与后果,确保企业资源的合理运用与有效配置。

3. 建立与责任相配套的利益机制

为确保企业各部门管理人员能够切实有效地行使权利,并积极承担相应责任,必须构建一套与责任紧密配套的利益机制。这一机制将每个管理人员的个人利益与管理业绩紧密相连,从而充分调动全体管理人员和所有职工的工作积极性与责任心。例如,当成本中心成功降低成本且达到预定目标时,可给予该中心管理人员及员工一定比例的成本节约奖励,如奖金、晋升机会等;反之,若成本中心未能完成成本控制任务,则相应减少奖励或采取惩罚措施。这种利益驱动机制能够激发员工的内在动力,促使他们积极主动地为实现责任中心的目标而努力工作,进而推动企业整体目标的实现。

4. 便于进行责任会计核算或单独核算

责任中心不仅要清晰划分责任界限,还需具备单独核算的条件。划清责任是实施有效

管理的前提,而单独核算则是确保责任落实的关键保障。只有既能够明确界定责任范围,又能够进行独立核算的企业内部组织,才有资格成为一级责任中心。例如,利润中心需要单独核算其收入、成本与利润,以便准确评估其经营业绩;成本中心则需对自身可控成本进行单独核算,清晰反映成本控制情况。单独核算能够为责任中心的业绩评价提供准确的数据支持,使企业能够更加客观、公正地评估各责任中心的工作成效,从而实施更具针对性的管理与激励措施。

10.2.2　收入中心

1. 收入中心的意义及其适用范围

收入中心(earnings center),作为企业责任中心的一种重要类型,是指仅对产品或劳务的销售收入承担责任的特定组织单元。在企业的整体运营架构中,市场营销工作占据举足轻重的地位,它犹如连接企业与市场的桥梁,直接关乎产品价值的顺利实现和利润目标的达成。

销售部门作为企业面向市场的前沿阵地,其核心职能聚焦于产品的销售推广和收入的获取。相较于以利润衡量其责任,以销售收入作为关键指标界定该部门的责任显得更为贴切。这是因为在实际运营过程中,销售部门往往难以直接掌控产品的生产成本,生产成本更多地受到生产环节诸多因素的影响。而销售部门能够充分发挥主观能动性的领域,主要在于产品的市场推广与销售策略的制定。

在收入中心的运营模式下,其主要目标明确指向扩大产品或劳务的销售收入。这意味着收入中心无须过度关注产品的生产成本,而应将工作重心置于如何在企业既定的售价浮动区间内,运用各种有效的营销手段,如精准的市场定位、多样化的促销活动、优质的客户服务等,实现产品的大量销售,进而抢占更大的市场份额。这是因为产品销售数量越多,所带来的销售收入就越高,企业在市场中的地位也就越稳固,对企业整体发展的贡献自然也就越大。

收入中心所产生的费用虽然同样需要进行考核,但在考核的侧重点上,相较于扩大销售收入这一主要目标,费用的节约则处于相对次要的地位。这并不意味着费用控制不重要,而是在收入中心的整体责任考核体系中,销售收入的增长对企业的战略意义更为关键。例如,为了拓展市场、增加销售,收入中心可能需要投入一定的营销费用用于广告宣传、市场调研等活动。在这种情况下,只要这些费用的投入能够带来销售收入的显著增长,且符合企业的整体营销战略规划,那么在一定程度上适当放宽对费用的控制是合理且必要的。

2. 收入中心的控制要求

对收入中心的控制,主要包括以下三个方面的内容。

1)控制销售目标的实现

各收入中心目标销售额的实现情况与企业目标利润的达成息息相关。为切实把控这一关键环节,需从以下两方面着手:

(1)目标一致性审查。首要任务是细致核查各收入中心的分目标与企业销售收入总目标之间的契合度。只有分目标在数量规模和质量标准上与总目标高度一致,才能为企业基于整体目标利润所设定的销售目标提供坚实保障。例如,企业年度总销售收入目标为1亿元,若各区域收入中心的分目标之和低于该数值,或各分目标在产品销售结构、客户类型拓展等质量维度上与总目标存在偏差,则将直接影响企业整体销售目标的实现。

(2) 有效推销策略制定与执行监督。需进一步检查各收入中心是否为实现自身目标制定了切实可行且行之有效的推销措施。无论是针对新产品的市场开拓,还是老产品的持续推广,收入中心都应全方位考量,制定涵盖销售策略、理念、手段、技术等销售专业层面,以及人员调配、市场行情调研等方面的综合性推销方案。以某电子产品销售公司为例,其收入中心为推广一款新型智能手机,制定了线上线下结合的营销方案:线上通过社交媒体广告投放、网络直播带货等手段吸引年轻消费群体;线下则举办新品体验活动、与各大零售商合作开展促销活动,同时加强销售人员培训,提升销售技巧,密切关注市场动态,及时调整销售策略,通过一系列举措确保销售目标的达成。

2) 控制销售收入的资金回收

销售过程本质上是企业成品资金向货币资金转化的关键环节。在此过程中,销售收入资金能否及时、足额收回,对企业资金的正常周转起着决定性作用。资金犹如企业的"血液",是企业经营顺利开展与持续发展的核心要素。因此,确保销货款的及时回收成为收入中心的又一重要职责。为实现这一目标,需重点关注以下两个要点:

(1) 完善收款制度建设。各收入中心需建立一套完备的货款回收控制制度。这包括为销售人员制定明确的收款责任制度,明确规定每位销售人员在完成销售任务的同时,对所负责客户的货款回收承担相应责任,将收款情况与个人绩效考核挂钩,以增强销售人员的收款积极性;同时,针对已过付款期限的客户,制定详细的催款制度,明确催款流程、时间节点和催款方式,确保及时有效地追回逾期款项。

(2) 将货款回收纳入考核体系。把销货款的回收情况全面纳入各收入中心的考核范畴,并将收入中心各推销人员的个人利益与销货款回收状况紧密结合。例如,可设置一定比例的销售提成与货款回收情况挂钩,只有在货款按时足额收回的情况下,销售人员才能获得全额提成,以此激励销售人员不仅关注销售业绩,更注重货款的及时回笼,保障企业资金链的稳定。

3) 控制坏账的发生

在复杂多变的市场经济环境下,企业难免会面临坏账风险。通过有效措施尽量降低坏账发生率,对于企业避免经济损失至关重要。因此,控制坏账发生成为收入中心的一项重要职责。具体而言,需从以下两个方面着力:

(1) 明确销售合同付款条款。在签订销售合同时,必须高度重视对付款相关条款的明确陈述。签订销售合同是商品交易的基本规范,但由于各种原因,合同缺失或条款模糊不清的情况时有发生,这往往成为引发坏账的潜在因素。为有效控制坏账,企业必须严格要求每一项签订销售合同的业务,对付款条件进行清晰、准确的界定,包括付款方式、付款时间节点、逾期付款的违约责任等内容,从源头上降低坏账风险。

(2) 深入开展客户信用评估。在发生销售业务,尤其是与新客户或不熟悉的客户初次进行重要交易时,企业务必对客户的信用状况、财务状况、付款能力和经营情况等进行全面、详细的调查了解。通过多种渠道收集客户信息,如查阅客户的财务报表、向第三方信用评级机构咨询、了解其在行业内的口碑等,综合评估销货款的安全性和及时回收的可能性。例如,某企业在与一家新成立的贸易公司进行大额交易前,通过深入调查发现该公司虽然业务前景良好,但近期资金周转存在一定困难,于是在交易中采取了更为谨慎的付款方式,如要求对方提供部分预付款或引入第三方担保,从而有效降低了坏账发生的概率,避免了可能遭受的经济损失。

3. 收入中心的考核指标

鉴于收入中心的核心职责在于达成销售收入,其业绩考核指标自然应紧密围绕销售收入的实现情况构建。具体而言,收入中心的考核指标主要包括销售收入预算完成率、应收账款周转率和坏账发生率这三项关键指标。

1) 销售收入预算完成率

销售收入预算完成率,旨在将实际达成的销售收入与预先设定的预算数值进行对比,从而精准考核销售收入在预算执行方面的完成状况。其计算公式如下:

$$销售收入预算完成率 = \frac{实际销售收入}{预算销售收入} \times 100\%$$

该指标直接反映了收入中心在特定时期内的实际销售业绩与预期目标的契合程度。例如,若某收入中心的销售收入预算完成率为 110%,则表明其实际销售收入超出预算 10%,出色完成了销售任务;若该收入中心的销售收入预算完成率仅为 90%,则意味着未达到预期销售目标,需深入分析原因,找出销售过程中存在的问题并加以解决。

2) 应收账款周转率

应收账款周转率,作为衡量应收账款周转速度的重要指标,同时也是评估收入中心销售收入实现质量的关键要素。它体现了在一定时期内,赊销收入净额与应收账款平均余额之间的比率关系。应收账款周转率主要有两种表达形式:一种是应收账款在特定时期(通常以一年为周期)内的周转次数;另一种则是应收账款周转一次所需要的天数,即周转天数。其中,应收账款周转次数的计算公式如下:

$$应收账款周转次数 = \frac{赊销收入净额}{应收账款平均余额}$$

一般情况下,在既定的时间段内,应收账款周转次数越多,意味着应收账款转化为现金的速度越快,企业资金被外部单位占用的时长越短,企业在应收账款管理工作上的效率越高。这不仅体现了收入中心销售收入实现质量的提升,更表明企业整体营运能力的增强。由于应收账款源于赊销业务,其周转速度直接关乎收入中心的收入质量。具体而言,收入质量不仅取决于销售收入实现的数量规模,更重要的是货款回收的速度。若收账速度迟缓,那么形成坏账的风险便会增大,企业资金周转也会随之减缓,进而导致收入实现质量降低;反之,收账速度越快,坏账风险越小,资金周转速度加快,收入实现质量也就越高。例如,某收入中心通过优化客户信用管理和收款政策,使应收账款周转次数从每年 4 次提升至 6 次,这不仅有效降低了坏账风险,还加速了资金回笼,显著提升了销售收入的实现质量。

3) 坏账发生率

坏账发生率同样是用于考核收入中心销售收入实现质量的重要指标。该指标主要用于衡量收入中心在履行销售职责过程中出现失误的程度。尽管在商业活动中,坏账的发生难以杜绝,但对于收入中心而言,准确判断客户的付款能力和灵活运用付款结算方式,是销售人员应尽的基本职责。其计算公式如下:

$$坏账发生率 = \frac{同期的坏账发生额}{同期的全部销售收入额} \times 100\%$$

例如,若某收入中心在某一时期内的全部销售收入额为 1 000 万元,同期坏账发生额为 10 万元,则该时期的坏账发生率为 1%。较低的坏账发生率,表明收入中心在销售过程中对客户信用风险把控较严格,销售收入实现质量较高;反之,较高的坏账发生率则提示收入中心可能在客户筛选、信用评估或收款管理等方面存在不足,需要及时调整销售策略和管理措施,以降低坏账风险,提升销售收入的质量。通过对坏账发生率的持续监控与分析,企业能够及时发现销售环节中的潜在问题,采取针对性措施加以改进,确保收入中心的稳健运营。

4. 责任报告

责任中心的责任业绩考核依托于责任报告的编制得以实现。责任报告是基于会计记录所编制的,用于呈现责任预算实际执行状况的业绩文件。它如同企业运营的“体检报告”,清晰展示各责任中心在既定时期内对责任目标的完成进度与成效。

责任报告的形式丰富多样,主要涵盖报表、数据分析和文字说明等。其中,以报表形式列示责任预算(目标)、实际执行情况及其产生的差异,是责任报告的基本呈现方式。报表凭借其简洁明了、条理清晰的特点,能够直观地展示各项关键数据的对比情况,让阅读者迅速把握责任中心的整体运营态势。然而,责任报告作为各责任中心责任履行情况的专项报告,在揭示差异的同时,不能仅停留在数据表面,还必须对重大差异进行深入的定量分析与定性分析。定量分析着重确定差异的具体发生程度,精确计算差异在数值上的大小以及与目标值的偏离幅度,为后续决策提供准确的数据支撑。定性分析则聚焦于剖析差异产生的内在原因,从市场环境变化、内部管理漏洞、人员执行偏差等多个角度进行深入探究,挖掘问题的根源所在。

基于上述分析结果,提出切实可行的改进建议至关重要。这既有助于各责任中心明确自身的改进方向,采取针对性措施优化运营管理,提升责任履行效果,同时又为企业最高管理部门提供了全面、深入的决策依据,以便其对企业整体运营进行更有效的调控。因此,责任报告的形式除了基础的报表,还必须借助数据分析和文字说明等方式进行补充完善。数据分析能够以图表、模型等形式,对数据进行深度挖掘和可视化展示,使数据背后的规律和趋势更加清晰易懂;文字说明则能够以生动、具体的语言,对数据和分析结果进行解释说明,阐述差异产生的背景、影响和相应的改进建议,让责任报告更具可读性和实用性。

责任报告通常按照固定的周期定期编制。然而,考虑到各责任中心在生产经营特点及管理需求上存在差异,各责任中心的报告期并非完全一致。例如,对于最基层的责任中心而言,其上级责任中心需要实时掌握和控制其责任目标的完成进度,以便及时做出调整和决策,因此往往期望基层责任中心能够经常性、随时地进行报告。这种灵活性能够确保企业管理层及时获取关键信息,对生产经营过程中的各种变化做出快速响应,有效避免因信息滞后而导致的决策失误。

责任中心在企业内部是按照层级逐级设置的,相应地,责任报告也应遵循自下而上的顺序逐级编制。处在中层和上层的责任中心,其责任报告的编制过程常常是对下属责任中心责任报告的汇总与整合。基层责任中心负责收集和整理本部门的详细数据信息,并编制初步的责任报告向上级汇报。中层责任中心在收到多个下属基层责任中心的报告后,对相关数据进行汇总、分析和提炼,形成涵盖多个基层部门的综合性责任报告,再上报给上层责任中心。而上层责任中心则在整合中层责任报告的基础上，进一步宏观把控，编制能够反映整个企业运营情况的高层责任报告。这种自下而上的编制流程，不仅保证了信息的完整性和准确性，还使各级管理层能够清晰了解自身及下属部门的责任履行情况，从而实现对企业整体运营的有效监控与管理。

5. 收入中心责任报告的编制

收入中心的责任报告主要反映收入中心考核指标的预算与实际执行情况。其格式如表 10-1 所示。

表 10-1　三元公司收入中心责任报告

20×4 年 10 月 31 日

产品名称	销售量（件）		单位价格（元/件）		预算销售收入（元）⑤=①×③	实际销售收入		销售数量预算完成率⑧=②÷①	销售收入预算完成率⑨=⑦÷⑤
	预算①	实际②	预算③	实际④		按预算价格计算⑥=②×③	按实际价格计算⑦=②×④		
甲	104	140	250	250	26 000	35 000	35 000	134.62%	134.62%
乙	165	160	200	200	33 000	32 000	32 000	96.97%	96.97%
丙	200	200	205	190	41 000	41 000	38 000	100.00%	92.68%
合计					100 000	108 000	105 000	—	105.00%
应收账款周转天数	预算				坏账发生率		预算		
	实际						实际		

10.2.3　成本中心

1. 成本中心的意义及其适用范围

成本中心（cost center），作为企业责任会计体系的重要组成部分，是指仅对成本或费用承担责任的责任中心。具体而言，凡是只专注于考核自身所发生的成本或费用，而不涉及收入考核，或者本身并不直接形成收入的责任单位，均有条件被设立为成本中心。

成本中心与费用中心存在一定区别。成本中心通常是能够为企业提供具体物质成果的部门，如生产车间通过生产活动产出产品，这些产品便是成本中心工作的物质体现。而费用中心主要是为企业提供专业性、职能管理性服务的部门，如会计部门负责财务管理、人事部门专注于人力资源管理等，它们并不直接产出物质成果。

成本中心在企业内部的应用范围极为广泛。只要企业内部存在成本发生的环节，并且该环节需要对成本负责，同时具备对成本进行有效控制的能力，那么这个单位就可以被设定为成本中心。从企业的高层架构——工厂，到中层的车间、工段，再到基层的班组，甚至细化到个人，都有成为成本中心的可能。可以说，只要是有成本或费用支出的地方，便具备建立成本中心的基础。

由于不同成本中心的规模大小差异明显，其控制与考核的具体内容也不尽相同。对于规模较大的成本中心,考核指标通常涵盖材料、人工、费用等所有成本项目,全面反映该中心的成本状况。而对于规模较小的成本中心,考核指标可能仅涉及少数几个成本项目,甚至某个单项成本项目,抑或是某成本项目下的几个明细项目。总体而言,成本中心的控制与考核重点聚焦于责任成本,通过明确各中心的责任成本范围,精准衡量其成本管理绩效。

2. 可控成本与不可控成本

在企业的成本管理体系中,为了精准地核算责任成本,需要将成本依据其可控性,细致地划分为可控成本与不可控成本两大类别。需要明确的是,成本的可控与不可控并非绝对概念,而是相对而言的。这一特性与责任中心在企业管理架构中所处层次的高低、被赋予管理权限的大小,以及能够施加控制的范围大小,都存在直接且紧密的联系。

从企业整体角度来看,几乎所有成本项目都能够被视作可控成本,极少存在真正意义上无法控制的成本。然而,当将视角聚焦于车间、工段、班组乃至个人等企业内部具体责任主体时,情况将变得更为复杂。对于每个层级的责任中心而言,既存在其能够控制的成本,也有超出其控制能力范围的不可控成本。

例如,在成本的层级传递关系方面,一项成本对于处于较高管理层次的责任中心而言属于可控成本,但当向下传递到其下属的较低层次责任中心时,极有可能就变成了不可控成本。反之,较低层次责任中心能够有效控制的成本,必然也属于其所属较高层次责任中心的可控范畴。以生产车间所产生的折旧费用为例,对于生产车间这一成本中心来说,因其对车间的整体运营和资产使用具有一定的决策权和管理权,所以该项折旧费用属于可控成本。然而,车间下属各班组通常并不具备对车间固定资产购置、折旧政策制定等方面的权力,因此这部分折旧费用对于班组这一层次的成本中心来说,无疑属于不可控成本。

此外,成本的可控性在同一管理层次的不同责任中心之间也存在差异。某些成本项目对处于同一层次的某一责任中心是可控的,而对另一责任中心则可能是不可控的。以材料价格为例,供应部门主要负责原材料的采购工作,其在选择供应商、谈判采购价格等方面拥有直接的决策权和操作权,所以材料价格对于供应部门来说是可控成本。但生产部门的核心职责在于组织产品的生产制造,其并不直接参与材料采购环节,对于材料价格的变动缺乏直接的影响力,因此材料价格对于生产部门来说就是不可控成本。

3. 产品成本与责任成本

在企业的成本管理架构中,成本中心的核心工作便是对责任成本进行有效控制与精准考核。责任成本,指的是成本中心在特定时期内所发生的全部可控成本之和。而针对成本中心工作业绩的把控与评估,主要依靠将该成本中心实际产生的责任成本与预先制定的责任成本预算进行细致对比来达成。

产品成本与责任成本是既相互区别又紧密关联的概念。从归集对象和原则来看,产品成本是以产品作为归集对象,遵循"谁受益谁承担"的准则,将产品生产过程中的各项耗费进行汇总。例如,在生产一款智能手机时,将直接用于该手机生产的原材料、零部件采购费用,以及生产线上工人为制造该手机所付出的人工成本等,都归集到这款手机的产品成本中。而责任成本则是以责任中心为归集对象,按照"谁负责谁承担"的原则,对生产或者经营管理过程中的耗费予以汇总。例如,某车间作为一个责任中心,所发生的可控的设备维护费、水电费等都归属于其责任成本范畴。

之所以会产生这样的差异,是因为两种成本计算的目的与用途截然不同。产品成本计算的着眼点在于将生产耗费按照产品进行对象化处理,这主要是为了能够分别考核不同产品的盈利状况,为企业产品定价、产品组合决策等提供客观且可靠的依据。假设企业同时生产高端和中低端两款手机,通过准确计算各自的产品成本,就能清晰了解哪款产品的利润空间更大,进而合理调整生产和销售策略。责任成本的计算,其重点在于反映责任预算的实际执行情况,这是企业贯彻内部经济责任制的关键一环,也是有效控制生产耗费的重要手段。明确各责任中心的责任成本,能够促使各责任中心积极主动地采取措施降低成本,提升企业整体效益。

尽管产品成本与责任成本存在上述诸多区别,但不可忽视的是,它们在经济内容方面是一致的。从一个特定期间来观察,整个企业的产品总成本与所有责任中心的责任成本总和是相等的。这是因为无论是产品成本还是责任成本,本质上都是企业在生产经营过程中所产生的资金耗费,只不过是从不同角度进行了归集与核算。

4. 业绩考评指标及责任报告

各级责任中心所包含的考评范围根据其控制范围大小而不同。从控制范围和考评指标的角度来看,上级责任中心所处管理层次较高,所拥有的控制范围更为广泛,涵盖了下级责任中心的控制范围。这就决定了上级在计算和考评成本责任指标时,涉及该责任中心所包含的所有可控成本。与之相对,下级责任中心的控制范围只是上级的一部分,这使得下级在进行计算和考评时,只能涉及部分成本项目,甚至可能仅针对几个子项目。例如,在一家大型制造企业中,生产车间作为上级成本中心,其控制范围包括了车间内所有生产设备的维护成本、各类原材料的消耗成本和车间管理人员的薪酬成本等。而车间内的某条生产线作为下级成本中心,它的控制范围可能仅局限于该生产线所使用的原材料特定部分的消耗成本和该生产线工人的薪酬成本等部分子项目。

成本中心业绩考评的核心内容,是将实际发生的成本与预先设定的责任成本进行细致对比。通过这一对比过程,精准确定两者之间差异的性质,即判断是有利差异(实际成本低于责任成本)还是不利差异(实际成本高于责任成本);明确差异的具体数额大小;深入剖析形成差异的原因,这可能涉及原材料采购价格的波动、生产工艺的改进程度、人工效率的高低等多种因素。基于差异分析所得到的结果,企业对各责任中心实施相应的奖惩措施:对于成本控制良好、产生有利差异的责任中心给予奖励,激励其继续保持;而对于出现不利差异的责任中心,则进行惩罚,促使其调整自身行为误差,确保能够完成既定的责任目标。

责任中心的考核指标主要围绕责任成本展开,具体包括成本(费用)降低额和降低率这两个关键指标。成本(费用)降低额的计算公式为:成本(费用)降低额=预算成本(费用)-实际成本(费用)。这一指标直观地反映了责任中心在成本控制方面所取得的绝对成效。例如,某责任中心的预算成本为100万元,而实际成本为90万元,那么其成本降低额为10万元(100-90)。成本(费用)降低率的计算公式为:成本(费用)降低率=成本(费用)降低额÷目标(预算)成本×100%。该指标以相对数的形式,更清晰地展示了成本降低的幅度,便于不同责任中心之间以及同一责任中心不同时期的成本控制效果对比。例如,上述责任中心的成本降低率为10%(10÷100×100%)。

在对成本中心进行考核的实际操作过程中,需要特别留意一个关键问题:当预算产量与实际产量不一致时,不能直接按照原有的预算指标进行考核,而应采用弹性预算的方法,首先对预算指标进行合理调整。这是因为产量的变化会直接影响成本的发生情况,如果不考虑产量变动因素而直接对比,则会导致考核结果出现偏差。只有在对预算指标进行科学调整后,再按照上述公式计算成本(费用)降低额和降低率等指标,才能确保考核结果真实、准确地反映成本中心的业绩,从而为企业的管理决策提供可靠依据。

例 10-1

某成本中心生产甲产品,计划产量为 400 件,单位变动成本为 100 元,固定成本预算为 6 000 元。实际产量为 500 件,单位变动成本为 90 元,实际固定成本发生额为 5 600 元。计算和分析该成本中心成本预算完成情况。

变动成本降低额＝500×100－500×90＝5 000(元)
固定成本降低额＝6 000－5 600＝400(元)
变动成本降低率＝5 000÷(500×100)＝10%
固定成本降低率＝400÷6 000≈6.67%

由于单位变动成本每件降低 10 元,实际产量 500 件,共降低 5 000 元,再加上固定成本的节约,该成本中心共降低费用 5 400 元;其生产量也完成得很好,实际产量超过计划产量 100 件。

成本中心的责任报告自下而上编制。最基层如班组或工段的责任报告,仅列自身可控成本,其他层次都应包括下属单位转来的责任成本和本层次可控成本。各项数据环环相扣、逐期汇总,形成责任链锁。

报表形式的责任报告,一般包含预算数、实际数、差异数。成本中心主要考核可控成本,不可控成本一般不予反映或分别列示以供参考。假设某机械厂车间成本中心责任报告如表 10-2 所示。

表 10-2 机械厂车间成本中心责任报告

20×4 年 10 月 31 日　　　　　　　　　　　　　　　单位:元

项目	预算数	实际数	差异数
下属单位转来的责任成本			
甲工段	13 000	12 900	－100
乙工段	28 000	28 700	700
本车间可控成本			
直接成本	1 900	1 920	20
管理人员工资	2 100	2 200	100
设备维修费	1 600	1 770	170
物料费	910	1 000	90
小计	6 510	6 890	380
本车间责任成本	47 510	48 490	980

10.2.4 利润中心

1. 利润中心的意义及其适用范围

利润中心（profit center），作为企业管理架构中极为关键的一环，是指对利润承担责任的责任中心。利润这一重要指标，由收入与成本这两个核心因素共同决定。因此，利润中心在实际运营过程中，既要对收入的实现负责，也要对成本的控制负责。这意味着利润中心需全面统筹运营过程中的各项活动，从市场拓展获取收入，到内部管理降低成本，全方位把控以达成利润目标。

利润中心通常适用于企业组织内具有独立收入来源的较高责任层次。例如，企业中的分厂、分公司凭借自身独立的生产经营体系，面向市场开展业务，从而拥有独立的收入渠道。此外，拥有独立经营权的部门，如具备自主决策权的营销部门、研发部门，甚至包括辅助生产部门或封闭式生产车间等，在特定的业务范围内，能够相对独立地开展经营活动并获取收入，也可被视为利润中心。

相较于成本中心，利润中心所拥有的权力更为广泛，所承担的责任也更为重大。成本中心主要聚焦于成本控制，责任范围相对较窄，权力也多集中在成本管理相关方面。而利润中心由于要对利润负责，除了成本控制，还需主导产品定价、市场拓展、销售策略制定等一系列与收入相关的决策，这要求其具备更全面的经营管理能力，在企业运营中发挥更为关键的作用。

2. 利润中心的类型

1）自然利润中心

自然利润中心在企业内部作为一个相对独立的责任单位，具备独特的运营模式与显著的自主性。它如同独立于企业之外的实体，不仅能够向企业内部其他责任单位供应产品或提供劳务，还能够直接面向外部市场开展产品销售或劳务输出活动，进而获取收入并实现利润的创造。典型的自然利润中心包括分公司、分厂及事业部等。

自然利润中心之所以能够像独立企业一样运营，是因为它被赋予了一系列关键权力。其中，产品销售权使其能够自由地决定产品的销售对象、销售渠道和销售规模，从而更好地适应市场需求；价格制定权让其可以根据市场竞争状况、产品成本和目标利润等因素，自主确定产品或劳务的价格，以实现利润最大化；生产决策权则保证了其能够依据市场反馈和自身资源状况，灵活调整生产计划、选择生产工艺以及确定产品组合等。这些权力的集合使得自然利润中心在企业内部拥有较高的自主性和灵活性，能够迅速对市场变化做出反应，为企业创造直接的经济效益。

2）人为利润中心

人为利润中心与自然利润中心有所不同。它一般并不直接面向外部市场进行销售活动，其主要业务是为本企业内部各责任单位提供产品或劳务。尽管不直接与外部市场发生交易，但为了准确核算其运营成果，需要按照预先设定的"内部转移价格"进行内部结算。通过这种内部结算方式，人为利润中心能够确认自身的成本、收入和利润。

这种内部结算机制的设立，旨在模拟外部市场交易，使人为利润中心在企业内部也能形成相对独立的成本收益核算体系。通过对成本、收入和利润的确认，企业可以更清晰地了解各责任单位的运营效率和贡献,从而合理分配资源,激励各责任单位提高运营效益。例如,企业内部辅助生产部门为其他生产部门提供零部件或辅助服务,按照内部转移价格进行结算,就可以将其视为一个人的利润中心,方便对其进行绩效评估和管理。

3. 业绩考评指标及责任报告

利润中心的责任主要是采取各种有效措施完成和超额完成预定的目标利润,因此对利润中心的评价与考核应以销售收入、贡献毛益和税前利润为重点。具体考核指标是可控贡献毛益和部门税前利润。其计算公式如下:

$$可控贡献毛益 = 销售收入 - 可控变动成本 - 直接可控固定成本$$
$$税前利润 = 可控贡献毛益 - 间接固定成本 - 分配的管理费用$$

间接固定成本和管理费用一般是由上级责任中心分配而来的。其通常由上级按以下两种方法分配给各利润中心:一是按各利润中心的受益比例分配;二是按各利润中心签订合约的责任分配。有时这两种方法都难以依据,也可按各利润中心的销售比例硬性分配。无论采用哪种间接费用的分配方法,都不能改变间接固定成本的性质,所以,可把间接固定成本留在上级责任中心(如分公司、分厂),不往下分配。这样,利润中心的主要考核指标就是可控贡献毛益了。采用哪项主要考核指标,应视企业管理上的具体需要而定。某纺织总公司第一分公司的责任报告如表 10-3 所示。

表 10-3　某纺织总公司第一分公司的责任报告

20×4 年 10 月 31 日　　　　　　　　　　　　　　　　　　　单位:元

摘要	预算数	实际数	差异数
销售收入	136 000	137 000	1 000
可控变动成本			
变动生产成本	41 000	40 000	−1 000
变动销售及管理费用	30 000	28 000	−2 000
小计	71 000	68 000	−3 000
贡献毛益	65 000	69 000	4 000
减:直接可控固定成本	7 000	6 500	−500
可控贡献毛益	58 000	62 500	4 500
间接固定成本	6 000	5 500	−500
税前利润	52 000	57 000	5 000

10.2.5　投资中心

1. 投资中心的意义及其适用范围

投资中心(investment center)在企业的责任中心体系中占据独特而重要的地位。它不仅需要对成本、收入和利润负责,还需要对投入的全部资产(涵盖流动资产与固定资产)的使用效果进行有效管理。投资的本质目的在于获取利润,基于此,投资中心必然也是利润中心。然而,投资中心与普通利润中心存在显著区别。利润中心通常是在企业既定投资方向下,专注于具体的经营活动,并不具备投资决策权。而投资中心则拥有至关重要的投资决策权。当企业总部将特定数额的资本交付给投资中心后,投资中心便有权自主决策投资的行业领域、选择生产的产品种类等关键事项,企业总部一般不会过多干涉。但作为回报,投资中心必须对其投资所产生的收益承担责任。这就意味着投资中心不仅具备利润中心的特性,而且在管理范畴和战略考量上更为广泛和长远,尤其注重追求长期效益。

投资中心堪称分权管理模式的典型代表。在全球范围内,大型集团公司旗下的分公司、子公司常常被设立为投资中心,这种现象在跨国集团公司中尤为普遍。从组织形式来看,收入中心和成本中心大多并非独立法人实体,它们主要围绕企业内部特定的业务环节或成本控制目标开展工作,其运营决策相对受限。利润中心的情况则较为灵活,可以是独立法人,也可能并非独立法人,这取决于企业的具体组织架构和管理需求。而投资中心一般都是独立法人,这赋予了它在法律层面更大的自主性和决策权力,使其能够以独立的主体身份参与市场竞争,进行投资决策和资源配置,从而更好地实现企业的战略目标和长期发展规划。

2. 业绩考评指标

投资中心在企业运营中承担全面且关键的责任,不仅要把控成本、推动收入增长、实现利润目标,还需对其所占用全部资产负责。基于此,对投资中心进行行业绩评价时,不能仅依赖利润指标(如税前净利),还必须深入计算、分析利润与投资额之间的关系。同时,对投资中心的考核涵盖两个重要方面:一是对投资项目本身效果的评价,这有助于判断投资决策的准确性;二是对投资中心经营业绩的评价,以此衡量投资中心在运营过程中的实际成效。

对于新投资项目或新设立的投资中心,首要任务通常是对投资项目本身的投资效果展开评价分析,从而清晰地反映投资决策的正确与否。在这方面,常用的评价指标一般是基于现值法计算得出的,包括投资回收期、净现值、内含报酬率和净现值指数等。这些指标从不同角度对投资项目的潜在收益和风险进行评估,为投资决策提供了多维度的参考依据。例如,投资回收期能够直观地展示收回初始投资所需时间,帮助投资者快速了解项目资金回笼的速度;净现值通过将未来现金流量折现到当前,综合考虑了资金的时间价值和项目的风险,反映出项目在整个生命周期内为企业创造的净价值;内含报酬率是使得项目净现值为零的折现率,它代表了项目本身的实际盈利能力;净现值指数是净现值与初始投资现值的比率,用于衡量单位投资所创造的净现值,便于在不同投资规模的项目之间进行比较。

而对于投资中心的经营业绩评价,主要借助投资利润率和剩余收益这两个关键指标。

1) 投资利润率

投资利润率(return on investment)也称投资报酬率,它清晰地反映了投资中心所获取的利润与所占用资产之间的比例关系。其计算公式如下:

$$投资利润率 = \frac{营业利润}{经营资产} \times 100\%$$

这里的经营资产存在两种计算口径,既可以按经营总资产计算,也能够按经营净资产计算。经营总资产指的是投资中心在生产经营过程中所占用的全部资产,不考虑其资金来源渠道。例如,无论是通过自有资金购置的资产,还是通过负债融资获得的资产,都被纳入经营总资产的范畴。而经营净资产则是在经营总资产的基础上,扣减对外负债后的余额,也就是说,它仅包含以公司产权作为资金来源的那部分总资产。

当投资利润率按经营总资产计算时,主要用于评估和考核投资中心所掌控、使用的全部资产的总体盈利能力时,借入资金的使用成本即利息费用,不应作为确定经营净利润的扣减项目。这是因为该指标旨在衡量投资中心运用全部资产创造利润的能力,而不考虑资金的具体来源结构。反之,当投资利润率按经营净资产计算时,其目的在于说明投资中心运用"公司产权"所供应的每一元资金对企业整体利润的贡献。此时,利息费用应作为确定经营净利润的扣减项目,因为这种计算方式聚焦于企业自有产权资金的收益情况。

投资利润率指标具有很强的综合性,全面涵盖了影响投资中心经营成果的关键方面,包括经营收入、成本以及资金占用量。通过将投资利润率的计划(预定)目标与实际完成情况进行对比和深入分析,能够全面、概括地评价投资中心的工作质量和实际效果。例如,投资利润率的实际值高于计划值,可能意味着投资中心在成本控制、市场拓展或资产运营效率等方面表现出色;反之,投资利润率实际值低于计划值,则需要深入剖析成本过高、销售收入未达预期或资产闲置等问题,以便采取针对性的改进措施。

此外,需要注意的是,公式中的营业利润是一个期间性指标,为了确保分子、分母的计算口径一致,作为分母的经营资产通常应采用平均数来计算,一般使用资产总额年初和年末的平均数。这样处理可以避免因资产总额在年度内的波动而导致的计算偏差,使投资利润率指标更能准确地反映投资中心在该期间内的资产盈利能力。

例 10-2

设某一财团投资中心,使用的经营资产年初为 1 000 000 元,年末为 1 200 000 元。负债为 500 000 元,相应的利息费用为 40 000 元。年税前利润为 160 000 元。计算该投资中心的投资利润率。

$$投资利润率 = \frac{160\ 000 + 40\ 000}{(1\ 000\ 000 + 1\ 200\ 000) \div 2} \times 100\% \approx 18.18\%$$

投资利润率指标还可按下式展开:

$$投资利润率 = 销售利润率 \times 资产周转率 = \frac{营业利润}{销售收入} \times \frac{销售收入}{经营资产}$$

从上述投资利润率的计算公式不难看出,若要提高投资报酬率,企业需从多个维度发力。一方面,企业要竭尽全力降低成本并增加销售,以此提升销售利润率;另一方面,企业要注重经济高效地运用经营资产,致力于提高资产周转率。

提高投资利润率可以通过以下途径来实施:

(1) 扩大销售量。扩大销售量可以通过以下两种途径来实施。

其一,使销售增长率高于成本增长率(成本水平不变时)。当企业销售量跨越保本点后,若能进一步提升销售量,营业利润的增长速率将超越成本的增长速率。这是因为在固定成本既定的情况下,每增加一单位销售量所带来的边际贡献,将直接转化为利润的增长。例如,某企业生产一种产品,固定成本为 10 万元,单位变动成本为 50 元,产品售价为 100 元。当销售量达到 2 000 件时,刚好保本。若销售量提升至 2 500 件,成本增长了 2.5 万元(50×500),利润增长了 2.5 万元(100×500 - 50×500)。

其二,在资产相对稳定时增加销售量。在维持资产规模相对稳定的前提下,积极拓展销售,能够充分挖掘现有资产的生产潜力,提高资产的利用效率,进而提升投资利润率。例如,企业通过优化营销策略、拓展销售渠道等方式,在不增加生产设备等固定资产的情况下,实现销售量的增长,从而增加利润。

(2)降低成本数额。降低成本数额可以通过以下两种途径来实施。

其一,降低或削减酌量性固定成本。诸如研究与开发费、职工培训费、广告费等酌量性固定成本,虽然对企业的长期发展具有重要意义,但在一定程度上可进行调整。不过,由于这些费用关乎企业未来的竞争力和发展潜力,企业在削减时需秉持谨慎态度。例如,企业可以通过优化研发项目管理,提高研发资金的使用效率,在不影响研发效果的前提下,适当降低研发费用;对广告投放策略进行精准分析,减少无效广告支出。

其二,降低单位变动成本。在确保产品质量不受影响的前提下,企业可通过选用价廉质好的材料、优化生产工艺流程、减少不必要的增值作业费用支出、合理降低单位产品人工成本等方式,降低单位变动成本。例如,企业通过与优质供应商建立长期合作关系,争取更优惠的原材料采购价格;采用先进的生产技术,提高生产自动化程度,降低人工成本。

(3)减少经营资产。减少经营资产可以通过以下两种途径来实施。

其一,减少流动资产占用额。企业可通过有效控制存货数量,避免库存积压,及时清理滞销商品,同时加强应收账款的回收管理,缩短收款周期,以此加速流动资金的周转。例如,企业运用科学的库存管理方法,如经济订货量(EOQ)模型,合理确定存货水平;对应收账款建立完善的信用评估体系和催收机制,提高资金回笼速度。

其二,减少固定资产占用额。对于企业中不再需要的固定资产,应及时进行处置,如出售、租赁等,以提高固定资产的使用效率,减少闲置资产对资金的占用。例如,企业因业务调整,部分生产设备不再使用,可将其出售给有需求的其他企业,实现资产的合理流动和优化配置。

在运用投资利润率对各投资中心的业绩进行准确评价与考核时,务必关注以下两点:

一是数据的可比性。各投资中心所涉及的营业资产、各项收入和成本数据,都应建立在可比的基础之上。具体而言,营业资产、销售收入和成本的范畴,应严格限定在各投资中心实际占用和能够有效控制的区域内,同时要将各类不可控制的因素(如各投资中心共同使用的资产以及不可控的成本等)予以排除。只有这样,才能确保各投资中心之间的业绩比较具有实际意义,避免因数据口径不一致而导致的评价偏差。例如,若干投资中心共同使用一项大型设备,在计算各投资中心的营业资产时,应按照合理的分摊方法,将该设备的价值准确分配到各投资中心,而不能重复计算或随意分摊。

二是经营资产计价的一致性。经营资产的计价必须保持可比,特别是固定资产,必须按照原价进行计算。若采用账面折余价值,随着时间推移,固定资产的账面价值会因折旧而逐渐降低,这将导致投资利润率出现虚增现象,无法真实反映投资中心的经营业绩。例如,某投资中心拥有一台价值100万元的设备,预计使用年限10年,无残值。若按直线法折旧,每年折旧10万元。在使用5年后,设备账面折余价值为50万元。若以折余价值计算投资利润率,会使分母变小,投资利润率虚高,不能准确体现该投资中心运用资产创造利润的实际能力。

投资利润率能够全面综合地反映一个投资中心各方面的经营成果,因此深受众多公司青睐,成为评价投资中心业绩的常用指标。其优点主要体现在以下三个方面:

一是具有可比性。作为一项重要的效益指标,投资利润率充分体现了资本的获利能力,有效剔除了因投资额不同而致使利润差异不可比的因素,使得各投资中心经营业绩的优劣判断更为客观、准确。例如,A 投资中心投资额为 100 万元,利润为 20 万元;B 投资中心投资额为 200 万元,利润为 30 万元。仅从利润额看,B 投资中心利润更高,但通过计算投资利润率,A 投资中心为 20%(20÷100×100%),B 投资中心为 15%(30÷200×100%),可清晰判断 A 投资中心经营业绩更优。

二是可作为投资决策依据。投资利润率能够为企业选择投资机会提供重要参考,有助于企业合理调整资本的流量与存量,实现资源的优化配置。企业可以根据不同投资项目的投资利润率高低,优先选择利润率较高的项目进行投资,提高资金使用效率。例如,企业在面临多个投资项目选择时,通过比较各项目的投资利润率,将资金投向利润率最高的项目,以获取最大收益。

三是引导正确管理行为。以投资利润率作为评价投资中心经营业绩的标准,能够有效引导投资中心的管理行为,避免短期行为。这一指标反映了投资中心运用资产实现增值的能力,任何不当的资产运用行为都会导致投资利润率下降。因此,以此为尺度,将促使各投资中心合理调配闲置资金,科学确定存货水平,强化对应收账款及固定资产的管理,及时处理积压变质、陈旧过时的库存商品等,从而实现资产的高效利用和企业的长期稳定发展。

然而,投资利润率作为评价指标也存在一定的局限性,即缺乏全局观念。各投资公司为追求较高的投资利润率,可能会采取减少投资的方式。例如,某总公司平均投资利润率为 12%,其所属的 A 投资中心实际利润率为 18%,现 A 投资中心面临一个投资机会,投资利润率为 15%。从 A 投资中心自身角度看,若接受该投资,会拉低其整体投资利润率,因此,A 投资中心很可能放弃这一投资机会。但从总公司全局利益考虑,该投资机会的利润率高于总公司平均水平,接受投资对总公司有利。这就导致 A 投资中心目标与总公司目标不一致。

2) 剩余收益

剩余收益(residual income)也称剩余利润或剩余所得,它是衡量投资中心经营成果的一项关键指标。具体而言,剩余收益指的是投资中心的营业利润在扣除经营资产按照规定的最低报酬率所计算得出的投资报酬之后的余额。其计算公式如下:

$$剩余收益 = 营业利润 - (经营资产 × 规定的最低利润率)$$

下面详细阐述剩余收益的优点:

(1) 鼓励投资有利项目。把剩余收益作为考核投资中心经营业绩的重要指标,能够极大地激励投资中心负责人积极接纳比较有利的投资项目。这是因为只要该投资项目的投资利润率高于预期设定的最低报酬率,那么从剩余收益的角度来看,实施该项投资就能够为投资中心带来额外的收益,进而提升剩余收益的数值。例如,A 投资中心的经营资产为 100 万元,规定的最低利润率为 10%,当前营业利润为 20 万元,此时剩余收益为 10 万元[20-(100×10%)]。若该投资中心面临一个新的投资项目,投资金额为 50 万元,预计投资利润率为 15%,那么该项目带来的利润为 7.5 万元(50×15%),新增投资后经营资产变为 150 万元,剩余收益变为 12.5 万元[(20+7.5)-(150×10%)]。可见,尽管新投资项目可能会拉低整体投资利润率,但其能增加剩余收益,所以投资中心负责人更愿意接受此类项目。

（2）目标一致性。剩余收益可有效避免投资利润率的缺陷，能够使部门目标与企业整体目标趋于一致。在投资利润率下，各投资中心为追求自身利润率最大化，可能放弃对企业整体有利但会降低自身利润率的项目。而剩余收益则以企业规定的最低报酬率为基准，只要投资项目能为企业带来超出最低报酬率的回报，就会增加剩余收益，促使各投资中心从企业整体利益出发进行决策。例如，在上述 A 投资中心的例子中，若以剩余收益为考核指标，A 投资中心考虑到新投资项目虽然会使自身投资利润率 20%（20÷100×100%）降至 18.33%[（20＋15%×50）÷（100＋50）×100%]，只要能增加剩余收益，就会选择该项目，从而与总公司目标保持一致。

（3）优化资金结构与使用。在以剩余收益为考核指标的情况下，各投资中心为了实现剩余收益的最大化，会在努力增加收益的同时，注重优化资金结构，合理使用资金。投资中心会更加谨慎地评估每一项资产的投入和使用效率，避免盲目追求资产规模的扩张，而是致力于提高资产的回报率，使资金能够流向最具价值创造潜力的项目和领域。例如，投资中心会积极清理闲置资产、合理控制存货水平、加速应收账款的回收等，以减少经营资产的占用，同时提高营业利润，进而提升剩余收益。下面以表 10-4 的资料予以说明。

表 10-4　A、B 部门剩余收益比较

金额单位：元

项目	A 部门	B 部门
营业利润①	100 000	16 000
经营资产平均占用额②	500 000	100 000
投资利润率③＝①÷②	20%	16%
经营资产最低投资报酬（按 12% 计算）④＝②×12%	60 000	12 000
剩余收益⑤＝①－④	40 000	4 000

在表 10-4 中，假如投资于一项新项目可获得 18% 的投资报酬，它高于经营资产规定的最低利润率 12%，用剩余收益考核的 B 部门乐于采用这一新项目，因为这样做的结果，可以进一步提高其剩余收益，对整个企业也有好处。用投资利润率考核的 A 部门则与此相反，因为在它看来，其目前的投资利润率已达到 20%，而新的项目只能得到 18% 的投资报酬，采取新项目会使其现有的投资利润率有所降低，因此 A 部门不愿意接受。这样做，从 A 部门这一局部来看有可能是有利的，但从整个企业来看，会因此而损害企业的整体利益。因此，不能仅以投资利润单一个指标考核投资中心的业绩。

需要指出两点：第一，以剩余收益作为评价指标，所采用的最低利润率的高低对剩余收益的影响较大，通常应以整个企业加权平均投资报酬率作为最低投资利润率；第二，剩余收益是一个绝对数指标，如果用来直接比较两个规模不同的投资中心的业绩就较为困难，以例 10-3 加以说明。

例 10-3

某集团公司有甲、乙两家分公司，该集团公司要求的最低投资报酬率为 8%，其他相关资料及比较甲、乙两家公司的剩余收益情况如表 10-5 所示。

表 10-5 甲、乙公司剩余收益比较情况

金额单位:元

摘要	甲公司	乙公司
平均经营净资产	15 000 000	2 500 000
营业收益	1 500 000	300 000
最低投资报酬	1 200 000	200 000
剩余收益	300 000	100 000
剩余收益率	2%	4%

人们一般会认为甲公司的业绩比乙公司的要好,因为前者的剩余收益高出后者 2 倍,但是该差异是甲公司使用了 6 倍于乙公司的资产造成的。

纠正这种偏差的一种方法是,计算剩余收益率,即将剩余收益除以平均经营资产。如表 10-5 所示,乙公司的剩余收益率为 4%,而甲公司的剩余收益率仅为 2%。另一种方法是同时计算投资利润率和剩余收益来评价经营业绩,使剩余收益和投资利润率两个指标各自发挥特长,起到互补的作用。

另外,还应重视业绩评价指标的多元化。投资利润率和剩余收益是评价管理业绩的重要指标,但这两个指标的共同特点是注重短期业绩的考核评价。投资中心经理仍然会以公司的长远利益为代价换取短期效益。为抑制这种短期行为,公司可采用与投资中心长期健康发展更为相关的辅助性指标,如考核市场占有份额、客户意见、新产品开发、员工流动率以及员工能力的发展情况等。在一些领先的制造企业,经理特别喜欢采用多元化的业绩评价指标,包括财务性指标和非财务性指标。例如,软件公司发现新产品,越早上市,其盈利性越强。因此,这类软件公司业绩评价的一个关键指标应该包括新产品的设计进程是否严格地遵照预定时间。

10.2.6 业绩考核

业绩考核,究其本质,并非单纯聚焦于最终结果的评定,而是涵盖整个过程的系统性管理。这是因为业绩计量与评价方法会对员工行为产生深远影响,它如同企业运营的指挥棒,引导员工朝着企业期望的方向努力。众多企业深谙此道,故而十分注重对非财务业绩指标的考核,明白只有扎实推进企业各项业务工作,良好的财务业绩才会水到渠成。

以货币计量的财务业绩指标,无疑为企业的价值管理提供了丰富且关键的信息支撑。正如前文所述,成本中心、利润中心、投资中心等责任中心的业绩考核,主要侧重于财务指标的考量。然而,财务指标虽能直观反映企业经营成果的某些量化方面,但在呈现工作业绩中的一些软性部分时力不从心。例如,员工的工作态度,是积极主动还是消极怠工;工作能力,如专业技能、沟通协调能力等;个人适应性和潜能,即能否快速适应新环境、新任务,是否具备未来发展的潜力;技术管理水平,如对新技术的引入与应用、技术团队的管理效能;产品研发成果,如新产品的创新性、研发周期等。这些重要方面在财务指标中难以得到全面、准确的体现。

值得关注的是,平衡记分卡、准时制和全面质量管理等基于战略高度的企业业绩考核评价制度,在很大程度上凸显了非财务指标的重要性。平衡记分卡从财务、客户、内部流程、学习与成长四个维度全面评估企业业绩,后三个维度均涉及大量非财务指标,如客户满意度、产品交付周期、员工培训参与度等,帮助企业跳出单一财务视角,更全面地审视自身运营状况。准时制强调通过消除浪费、优化流程,实现生产和交付的及时性,其中涉及生产效率、库存周转率等非财务指标,引导企业关注运营流程的优化。全面质量管理致力于持续改进产品和服务质量,诸如产品缺陷率、客户投诉率等非财务指标,成为衡量质量管理成效的关键。这些制度表明有些工作业绩需要借助各种制度的具体要求以及非货币计量方式来展现。接下来,将对责任中心的非财务指标进行简要阐述。

1. 收入中心

在企业运营中,销售收入的顺利实现,是企业获取利润以及收回产品前期垫支资金的关键保障。收入中心承担对外销售产品或提供劳务的重任,同时也是企业收集各方面信息的主要渠道。基于此,在设计收入中心的非财务指标时,可重点从以下几个方面着手:

(1)市场份额占有率。这一指标反映了企业产品或服务在特定市场中的竞争地位。较高的市场份额占有率意味着企业在市场中具有更强的竞争力和影响力,能够吸引更多的客户资源,为销售收入的持续增长奠定基础。例如,定期统计和分析本企业产品在同类产品市场中的销售占比,可直观了解企业在市场中的位置变动情况。

(2)广告等推销方案、推销方法的制定和选择。有效的推销方案和方法是提升产品或服务知名度、促进销售的重要手段。企业需要评估广告投放的效果、推销活动的创新性和推销方法的适用性等。例如,分析不同广告渠道(如电视广告、网络广告等)所带来的销售增长幅度,以此判断广告方案的有效性;比较不同推销方法(如促销活动、人员推销等)对不同客户群体的吸引力,从而优化推销策略。

(3)对不同信用级别客户采用相应的结算方式。合理的结算方式能够在保证销售收入实现的同时,有效控制企业的财务风险。对于信用级别较高的客户,可适当放宽结算条件,以增强客户满意度和忠诚度;而对于信用级别较低的客户,则应采取更为谨慎的结算方式。例如,统计因不同结算方式而导致的应收账款回收周期和坏账率,以此评估结算方式的合理性和风险控制效果。

(4)销售合同的签约率。该指标体现了企业销售团队的业务能力和市场拓展效果。较高的签约率表明企业在市场竞争中能够成功赢得客户,达成销售意向。对不同销售区域、不同产品或服务类别的签约率进行分析,可找出销售工作中的优势和不足,为进一步提升销售业绩提供参考。

(5)建立销售人员的信息反馈制度。通过该制度,客户对产品质量、价格、售后服务等的意见能得到及时收集。销售人员直接与客户接触,能够获取客户对企业产品和服务最真实的反馈。及时收集这些信息有助于企业及时发现问题、改进产品和服务,从而提升客户满意度和市场竞争力。例如,设立专门的客户反馈表单,要求销售人员定期提交客户的意见和建议,并对反馈信息进行分类整理和分析。

2. 成本中心

对成本和费用的有效控制,是企业提升差异化竞争优势的重要手段。一般情况下,成本中心的财务指标主要聚焦于成本降低额和降低率。然而,如果仅依赖这些财务指标进行考核,往往会导致责任者过度关注短期效益和行为,忽视企业的长期发展。因此,有必要引入非财务业绩指标进行全面考核。

生产领域的成本中心主要体现在以下几个方面:

(1)在产品资金占有率。该指标反映了企业在生产过程中,资金在在产品上的占用情况。过高的在产品资金占有率会增加企业的资金成本和库存风险,合理控制该指标有助于提高资金使用效率。例如,通过优化生产流程、加强生产计划管理等方式,减少在产品的积压,降低在产品资金占有率。

(2)产品质量合格率。该指标直接关系到企业产品的市场竞争力和声誉。高质量的产品能够减少次品率和售后成本,提高客户满意度和忠诚度。企业应建立严格的质量检测体系,加强生产过程中的质量控制,确保产品质量合格率达到较高水平。

(3)各生产环节的交货率。该指标体现了企业生产流程的协同性和效率。按时完成各生产环节的交货任务,有助于保证整个生产链条的顺畅运行,避免生产延误导致的成本增加。例如,通过加强生产调度、优化供应链管理等措施,提高各生产环节的交货率。

(4)一线员工"金点子"(如技术改革的建议)激励。一线员工在实际生产过程中,往往能够发现一些潜在的改进空间和问题。鼓励员工提出技术改革建议等"金点子",并给予相应的激励,有助于激发员工的创新积极性,推动企业进行技术创新和成本降低。例如,设立"金点子"奖励制度,对提出有效建议的员工给予物质和精神奖励。

费用中心的职能管理部门的工作具有无形和不易量化的特点,除对本部门相关费用指标进行考核外,其非财务指标的考核应体现在各种制度的约束之中。以财务部门为例,非财务考核指标可以体现为:

(1)资金筹集是否到位。充足的资金是企业正常运营和发展的基础。财务部门需要确保企业在不同发展阶段能够及时筹集到所需资金,满足企业的生产、投资等需求。例如,评估财务部门在项目融资过程中的效率和效果,是否能够以合理的成本筹集到足够的资金。

(2)预算管理工作是否起到了协调与整合作用。有效的预算管理能够协调企业各部门之间的资源分配和工作安排,实现企业整体资源的优化配置。财务部门应制定科学合理的预算方案,并在执行过程中进行有效的监控和调整,确保预算管理发挥应有的作用。例如,分析预算执行情况与实际业务的契合度,评估预算管理对企业资源协调和整合的效果。

(3)成本控制制度是否先进、合理。先进合理的成本控制制度有助于企业降低成本,提高经济效益。财务部门应不断完善成本控制制度,结合企业实际情况,制定切实可行的成本控制措施。例如,审查成本控制制度是否涵盖了企业各业务环节,是否能够有效识别和控制成本动因。

这些职能部门虽然通常被设为费用中心,但其作用却涉及整个企业。因此,对这些部门不易量化的制度化工作进行科学的考核评价,对于企业的整体运营和发展至关重要。

3. 利润中心

利润中心的业绩考核是站在经营者的角度进行的。利润中心的业绩受到收入和成本两大关键因素的综合影响,所以其非财务指标的考核,在涵盖收入中心和成本中心非财务指标的基础上,还可以进一步拓展和深化。

(1)新客户渠道的开发。开发新的客户渠道能够为企业带来新的收入增长点,扩大市场份额。利润中心应积极探索和开发新的客户群体和市场领域,评估新客户渠道开发的效果和潜力。例如,统计新客户渠道所带来的销售收入增长情况,以及新客户的忠诚度和复购率等指标,以衡量新客户渠道开发的成效。

(2)设备或技术改造的申请。适时进行设备或技术改造,有助于提高生产效率、降低成本、提升产品质量,从而增强企业的竞争力。利润中心应根据市场需求和企业发展战略,合理评估设备或技术改造的必要性和可行性,并及时提出申请。例如,对设备或技术改造前后的生产效率、产品质量、成本变化等进行对比分析,评估改造对利润提升的贡献。

4. 投资中心

从投资中心的财务考核指标——投资利润率和剩余收益来看,对投资中心的考核评价实质上是站在投资者的视角进行的。作为责任中心的最高层级,投资中心所处的行业环境和地位较为复杂,需要从自身战略管理的角度进行全方位的考核评价。这不仅涉及财务和非财务指标,还涵盖了有形和无形的所有价值因素,以及企业整体的可持续发展。其主要体现在以下几个方面:

(1)企业文化的塑造。优秀的企业文化能够增强企业内部的凝聚力和员工的归属感,提高企业的创新能力和竞争力。投资中心应注重企业文化的建设和传承,通过营造积极向上的企业文化氛围,为企业的长期发展奠定坚实的基础。例如,评估企业文化对员工满意度、员工流失率和企业创新能力等方面的影响。

(2)品牌建设。强大的品牌能够提升企业产品或服务的附加值,增强市场竞争力。投资中心需要制定并执行有效的品牌战略,加大品牌推广和维护力度。例如,通过品牌知名度、美誉度、忠诚度等指标,评估品牌建设的效果和对企业市场份额、利润的贡献。

(3)客户关系。良好的客户关系是企业持续发展的重要保障。投资中心应关注客户需求的变化,不断优化客户服务,提高客户满意度和忠诚度。例如,通过客户满意度调查、客户投诉处理情况等指标,衡量客户关系管理的成效。

(4)多元化经营战略的制定与选择。合理的多元化经营战略能够分散企业风险,寻找新的利润增长点。投资中心需要根据企业的资源和能力,科学评估多元化经营的可行性和风险,制定并选择合适的多元化经营战略。例如,分析多元化经营业务对企业整体业绩和风险的影响,评估多元化经营战略的实施效果。

(5)产品结构的调整。随着市场需求的变化和技术的发展,企业需要及时调整产品结构,以适应市场竞争。投资中心应密切关注市场动态,合理规划产品结构,提高产品的市场适应性和竞争力。例如,统计不同产品的销售增长率、利润率等指标,评估产品结构调整对企业利润的影响。

(6)并购或重组。并购或重组是企业实现快速扩张和战略转型的重要手段。投资中心需要对并购或重组的目标企业进行深入调研和评估,制定合理的并购或重组方案,并确保整合后的协同效应得以实现。例如,分析并购或重组前后企业的财务指标、市场份额、业务协同等方面的变化,评估并购或重组的效果。

(7)对国内和国际环境的预测。准确把握国内和国际环境的变化趋势,有助于企业提前制定应对策略,降低外部环境变化带来的风险。投资中心应建立完善的市场监测和分析体系,加强对宏观经济、政策法规、行业竞争等方面的研究和预测。例如,通过对宏观经济数据的分析、政策解读等方式,评估国内和国际环境对企业发展的影响,并制定相应的应对措施。

第3节 内部转移价格

许多分权管理的公司中,一个分部的产品是另一分部的投入品,这就产生了一个会计问题,即应如何确定转移产品的价格。为了正确评价企业内部各责任中心经营业绩,明确区分各自的经济责任,使各责仕中心的业绩评价与考核建立在客观可比的基础上,调动各责任中心的积极性,应根据各责任中心业务活动的具体特点,制定具有经济依据的内部转移价格。

10.3.1 内部转移价格的意义和制定原则

内部转移价格作为企业内部管理的关键要素,指的是企业内各责任中心(分部)之间在相互提供产品或劳务时所采用的一种计价标准。这一价格体系有着独特的双重属性:对于出售产品的分部来说,它是收入的重要构成;而对于购买产品的分部,它则转化为成本的一部分。然而,确定转移产品的价格并非易事,而是一个极为复杂的问题。

为了深入理解其复杂性并探寻合理的定价方式,我们首先探讨转移价格的制定对分部及公司整体的影响,进而从中提炼出制定转移价格应当遵循的原则。

1. 转移价格的制定对分部及公司整体的影响

转移产品价格的制定在企业运营中扮演着举足轻重的角色,对有关分部和公司整体均会产生多方面的影响,主要体现在以下几个方面。

1) 对分部业绩评价的影响

转移产品的价格犹如一把双刃剑,对购买分部的成本与售出分部的收入均产生直接影响,进而左右双方的利润状况。

内部转移价格使得两个责任中心(分部)分别处于交易的"买""卖"两端,它自然具备与外部市场价格相似的功能。对于"卖方"而言,内部转移价格提供了一个衡量标准,以此表明在当前经营水平下,"卖方"所能获取的内部利润空间。鉴于此标准的存在,"卖方"会不断致力于改善经营管理,从各层面降低产品成本,进而获取更为丰厚的内部利润。例如,"卖方"可能会通过优化生产流程、加强原材料采购管理等方式,降低生产成本,以在既定的转移价格下实现利润最大化。与此同时,内部转移价格也为"买方"提供了一个重要尺度。因为"买方"在利用中间产品加工自身产品(无论是中间产品还是最终产品)时,购买中间产品的支出构成了其成本开支的一部分。为了以既定收入抵偿支出并获取更多内部利润,"买方"就需要在降低物料消耗、减少人工及机器工时支出等诸多方面下功夫。例如,"买方"可能会通过改进生产工艺、提高员工工作效率等方式,降低生产成本,从而提高自身利润。

而且,两个分部的经理都清楚地意识到,从公司整体利益出发,由售出分部制造这些转移产品是最为有利的选择。这对两个分部同样有益,原因在于这样做能够节省销售费用,减少坏账损失,并且可以充分利用多余的生产能力。例如,产品在企业内部转移,无须投入额外的市场推广费用,也能避免因向外部客户销售而可能产生的坏账风险。然而,这并不意味着两个分部的负责人会就转移价格达成一致。由于各分部考虑问题的出发点和目的各异,他们在转移价格的设定上存在分歧:首先,购买分部负责人主要从本单位利润及外部市场情况进行考量。以购买甲产品为例,他们希望将甲产品的成本降至最低,从而使本分部的利润实现最大化。在采购渠道的选择上,他们既可以向本公司的售出分部购买甲产品,同时也有权从外部供应商处购进。如果外部供应商提供的甲产品价格更低,购买分部负责人很可能会选择从外部采购,以降低成本。其次,售出分部负责人同样致力于使本分部产生最大程度的贡献毛益,进而实现分部利润的最大化。以售出甲产品为例,在努力将甲产品销售给购买分部的同时,他们也不会放弃向其他外部顾客销售的机会。他们力求在尽可能高的销售价格下,售出尽可能多的甲产品。因此,售出分部希望转移价格能够维持在较高水平,以增加自身利润。这种双方利益诉求的差异,使得转移价格的确定成为一个复杂且需要谨慎权衡的问题。

2)对公司整体利润的影响

从公司整体的视角审视转移价格的制定,它主要从以下两个关键方面对公司的利润水平产生影响。

(1)影响分部的行为。在企业的运营过程中,各分部往往拥有一定的自主决策权。然而,分部在独立做出决策时,有可能制定出仅利于自身利润最大化,却对公司整体利润水平不利的转移价格。这是因为每个分部都更关注自身的业绩表现和经济利益。

以一个具体的场景为例,如果转移价格大幅高于实际生产成本,就会出现问题。假设售出分部制定的转移价格为 30 元,而该产品的实际成本仅为 24 元。此时,购买分部在进行成本效益分析时,如果发现能够以 28 元的价格从公司外部购入相同产品,出于降低成本、提高本分部利润的考虑,它必然不会选择向售出分部购买。这样一来,购买分部每个零部件看似节约了 2 元(内部转移价格 30 元减去外部市场价格 28 元)。但从公司整体的角度深入分析,情况却不容乐观。假设售出分部由于购买分部的这一决策,无法将该零件出售给其他外部客户,那么公司整体在每个零部件上就会遭受 4 元的损失(外部采购成本 28 元减去内部生产成本 24 元)。这无疑导致公司整体成本的提高,进而降低了公司的整体利润水平。这清晰地表明,不合理的转移价格可能引发分部的决策与公司整体利益相悖,损害公司的盈利能力。

(2)影响所得税。转移价格对公司整体所得税的影响不容忽视,特别是对于跨国公司而言,这一影响更为显著。跨国公司在全球范围内开展业务,不同国家和地区的税率存在差异。

通常情况下,为了实现公司整体税负的优化,跨国公司会精心制定适当的内部转移价格。其策略是尽可能将更多的收入转移到低税率国家或地区,同时把成本转移到高税率国家或地区。通过这种方式,公司可以在合法合规的前提下,利用不同地区税率的差异,减少应缴纳的所得税总额,从而提高公司的整体利润。例如,将高附加值的生产环节或销售业务安排在低税率地区,通过内部转移价格的设定,使得这些地区的分部获得更多收入,相应降低高税率地区分部的利润,最终实现公司整体税负的降低和利润的增加。然而,这种操作需要严格遵守各国和地区的税收法规,避免因税务筹划不当而引发税务风险。

3)对分部经营自主权的影响

转移价格的制定与公司整体利润紧密相连,这使得公司高层有时会下意识地参与其中。倘若这种参与成为一种常规现象,公司实际上就偏离了分权管理的初衷,分权管理的优势自然也难以发挥。公司之所以推行分权管理模式,是因为其带来的总体效益高于总体成本。而总体成本之一便是分部经理偶尔会做出并非最优的决策。所以,从长远视角来看,公司高层为降低这一成本而插手转移价格的制定,或许并非明智之举。

在未出现需要公司仲裁的正常情形下,公司管理者通常不会干预转移价格的制定过程。不过,公司并不希望分部负责人在价格协议的拟定上耗费过多时间。公司期望分部经理能够将时间投入到改进产品推销策略、优化组织生产流程或其他关键工作领域。这是因为公司深知,售出分部产品或零部件所涉及的成本,通常要低于从外部供应厂家采购的成本,促成两个分部之间的交易对公司整体有益。

2. 内部转移价格的制定原则

经上述分析可知,确定内部转移价格时,公司应着重考虑以下三项原则。

1) 转移价格必须为转让各方自愿接受

以市场价格为基础制定转移价格时,购买分部与售出分部应拥有大致对等的议价权,并且在产品选择、价格确定、供应商挑选和客户选择等方面具备充分的自由。只要其中一方对拟定价格持有异议,该转移价格便无法确立。因此,确立分部在转移价格制定过程中的自主性是关键前提。上级公司应当赋予各分部这一自由权利,同时特别强调各分部负责人需对其经营成果切实负责。

2) 转移价格必须使转让双方都有利

转移价格无论是以市场价格还是标准成本作为基础,都必须遵循这一原则。在某些特定情形下,如纺织产品缺乏可供参考的市场价格、内部销售条件与外部销售条件相近,或者公司要求购买分部和售出分部在内部开展交易时,各分部确定转移价格往往会从自身利益出发。只有所确定的价格对双方均有利,或者能够准确反映双方的业绩考核情况,交易才能够达成。所以,对双方有利是确定转移价格的重要基础。

3) 转移价格不能影响企业(公司)整体利益

转让产品的双方同属一个企业,对转让双方都有利的价格,必须同时也对整个企业有利,否则该转移价格便不具备成立的条件。因此,确保转移价格在上下级之间的一致性,是确定转移价格必不可少的条件。

10.3.2 制定内部转移价格的基础工作及其他条件

内部转移价格的制定与运用并非毫无前提,它需要企业具备一定条件,扎实做好相关基础工作,妥善落实经济责任制的其他方面事务。

1. 制定和使用内部转移价格的基础工作

1) 会计核算的基础工作

数据,作为企业与各分部深入剖析生产技术、精准调控经营管理的核心依据,其重要性不言而喻。欲实现科学管理,打造合理且高效的内部转移价格体系,精准、可靠且实时的数据供给是不可或缺的前提条件。因此,企业必须着力强化计量工作,夯实原始记录的完整性,全面推行目标管理理念,并构建一套与经济责任制深度契合的内部检查及考核报表机制。同时,针对各业务流程,制定详尽且规范的规章制度,确保各项工作有序开展。尤其在当下数字化浪潮席卷的网络时代,经济业务原始凭证的"无纸化"趋势愈发显著,在此背景下,企业建立健全电子原始凭证管理制度,无疑成为强化会计核算基础工作的核心任务之一。

2) 企业的成本核算工作

内部转移价格的制定方法与成本资料之间存在千丝万缕的紧密联系。倘若成本核算工作存在漏洞,成本数据无法真实反映产品的实际成本,那么基于此所制定的内部转移价格,将难以精确划分各部门之间的经济责任边界。更为关键的是,内部转移价格仅仅是计价对比的一个维度,只有与产品实际发生的成本进行深度比对,才能全面且准确地揭示该分部最终的经营成果全貌。一旦成本数据出现偏差,基于此所进行的经营成果考核以及与之紧密相连的奖惩机制,都将失去客观公正性,进而导致经济责任制在企业内部无法得到有效贯彻与执行。

3) 全面预算和预算工作

企业犹如精密运转的有机整体,制定内部转移价格需在全面、可靠的预算框架指引下,才能实现最优的合理性与有效性。而内部转移价格要充分释放其最大效能,也必须紧密围绕协助企业达成整体计划这一核心目标。

内部转移价格应具备前瞻性与稳定性,能够在较长时间内适应企业内外部环境的动态变化。这就要求在制定过程中,对各类相关资料进行严谨且科学的预测分析。其中,销售、生产和成本等关键领域的预测尤为重要。由于这些预测工作涉及范围广泛、时间跨度较大,会计部门需要与其他各职能部门以及各分部之间展开深度协作,充分汇聚各方智慧与经验,形成合力,确保此项工作的高质量完成。

2. 有关企业内部经济责任制的其他方面工作

内部转移价格作为企业内部经济责任制的重要构成部分,与其他方面紧密相连、不可分割。这些其他方面的工作同样是顺利推行内部转移价格的必要条件。

1) 分部一级的自主权

企业中的分部,如利润中心和投资中心,作为责任中心,在企业集中计划的引领下,应被赋予相对独立的经营决策权,涵盖生产规划、技术把控、人事调配和投资理财等多个方面。如此一来,各层级的责任中心能够充分激发自身的积极性与主动性,为企业创造更大的效益。

2) 合理的激励制度

内部转移价格为考核与激励提供了基础框架,但要切实发挥激励作用,还需一套完备且合理的激励制度。若制度不合理,奖惩措施失当,极易打击员工的积极性,进而削弱经济责任制的实施成效。

3) 明确产品质量和转交期限的经济责任

产品质量与交付期限的达成情况,对后续加工分部的工作及其经济效益影响显著。若这方面的经济责任界定模糊,就可能将本分部经营管理不善的后果转嫁给后续加工分部。部分产品质量指标,如等级品率、返修率等,虽有时能在本分部的成本或利润指标中有所体现,但一些深层次的质量隐患往往需经过后续加工阶段才会暴露。这些质量问题,轻微的会导致后续加工分部耗费更多的人力、物力,严重的则可能致使大量原材料和工时报废,造成巨大的经济损失。例如,铸件出现气孔和内部裂缝便是典型实例。

产品内部交付延迟,轻微情况会使后续加工分部不得不建立更多的缓冲库存,增加资金占用与仓储管理成本;严重时会导致其停工待料、延误产品最终交付期限,给后续加工分部带来经济损失。企业可针对各分部建立合同式的质量与交货逾期索赔制度,明确相关经济责任。这种制度既能够减少内部纠纷,又能促使各分部高度重视产品质量与交付期限,全面提升企业经营管理水平。

4) 有效的内部结算制度

内部转移价格旨在服务企业与各分部之间的经济业务结算,而实现这些内部结算,需要设立专门的结算中心,并构建一套完善的结算制度。企业内部结算的核心目的在于准确、及时地明晰经济责任,并非所有权转移结算。因此,企业内部结算方法应遵循简便、易行的原则,尽可能依托原有凭证、单据传递流程,降低额外费用与工作量。在当下互联网时代,企业内部结算制度的执行更具便捷性与可操作性。

10.3.3 制定转移价格的方法

为实现分部利益最大化,并推动公司整体效益达到最优,公司可构建一套制定转移价格的方针策略。该方针旨在明确分部负责人制定转移价格时应采用的具体方法。通常而言,制定转移价格主要有以下三种常用方式。

1. 以市场价格为基础制定的转移价格

在西方国家,普遍观点认为,当转移产品存在可对比的市场价格时,市场价格是制定内部转移价格的最佳参照。这是因为市场价格具有客观性,对买卖双方一视同仁,不存在偏袒,同时还能激励售出方积极优化经营管理,持续降低成本。不过,市场情况复杂多变,在转移产品面临市场供需平衡与不平衡这两种不同情形时,该如何确定转移价格呢?下面将针对这两种情况展开详细说明。

1) 市场供需基本平衡时转移价格的确定

此处所提及的供需平衡,是指购买方与售出方能够在市场上自由地进行产品的买入与卖出操作,且这种交易行为不会对市场价格产生影响。在此情形下,唯有转移价格对售出方、购买方以及上级公司均有益处,该价格才能够成立。下面通过一个具体例子来进行计算与分析:假设售出分部的产品市场价格为 10 元,变动制造成本为 5 元,变动销售费用为 2 元,以 9 元的转移价格售卖给购买分部,购买分部对该产品加工后售价为 20 元,变动加工费为 6 元。接下来,分别从三个角度进行计算与分析,具体结果如表 10-6 所示。

表 10-6 三个角度计算分析表

单位:元

摘要	上市公司角度	售出分部角度	购买分部角度
转移产品可获得贡献毛益	20−5−6=9	9−5=4	20−9−6=5
不转移产品可获得贡献毛益	(10−5−2)+(20−6−10)=7	10−5−2=3	20−10−6=4
转移和不转移比较	9>7	4>3	5>4

由表 10-6 可知,该情形对三者都有利,按 9 元转移价格转让可以成立。

2) 市场价格不平衡时转移价格的确定

当市场呈现出需求相对高于供应的态势时,转移价格原则上应与市场价格基本持平。

在这种情况下,无论是售出分部还是购买分部,都会倾向于追求较高的价格。对于售出部门而言,其在向外销售产品时,自然希望尽可能以高价售出;而购买部门由于面临供货量稀缺的局面,难以低价购入产品。所以,此时将转移价格设定为基本等同于市场价格是较为合理的选择。

反之,当市场需求相对小于供应时,转移价格则应设定在低于市场价格但高于售出分部变动成本的区间内。其原因在于,若转移价格过高,可能会导致购买分部因成本过高而减少购买量,不利于内部交易的达成;而若低于售出分部的变动成本,售出分部可能会因无法覆盖成本而遭受损失,影响其生产积极性。

需要明确的是,市场供需平衡只是相对的状态,而供需不平衡才是市场的常态。尽管市场行情与供需关系可能极为复杂,但以市场价格为基础,并适当进行调整(如减去部分销售费用、运输费等)来制定转移价格,基本上能够满足前文所提及的三项原则,即转移价格必须为转让各方自愿接受、必须使转让双方都有利、不能影响企业(公司)整体利益。

2. 协商价格

协商价格是指买卖双方以正常市场价格为基准,通过定期共同磋商,确定出一个双方均乐意接受的价格,并以此作为计价标准。通常情况下,协商价格会略低于市场价格,这主要基于以下三方面原因:

其一,内部转移价格所涵盖的推销与管理费用,相较于外部供应的市场价格,一般处于较低水平。这是因为企业内部交易在销售环节可省去诸多面向外部市场的营销成本,如大规模的广告宣传费用、复杂的渠道拓展费用等;管理方面也无须像应对外部客户那样投入大量资源用于信用评估、账款催收等工作。

其二,内部转移的中间产品通常交易数量较大。依据规模经济原理,随着生产数量的增加,单位产品所分摊的固定成本会逐渐降低,进而使得单位成本整体下降。

其三,多数情况下,售出单位存在剩余生产能力。这意味着在不额外增加固定成本的前提下,只要议价略高于单位变动成本,售出单位就能够通过增加产量并内部转移销售获取额外收益,所以其在协商时的价格底线相对较低。

由此可见,协商价格的上限为市场价格,下限则是单位变动成本。具体价格需由买卖双方在这一上下限范围内通过协商确定。在协商过程中,既可以由售出分部率先提出报价及相关资料与条件,也可以先由购买分部提出转移价格及有关条件。双方都拥有充分的议价权利,最终根据协商结果做出接受或拒绝转让的决定。

然而,协商价格也存在一定缺陷。在双方协商过程中,不可避免地会耗费大量的人力、物力和时间。此外,买卖双方负责人在协商时,常常会因立场和利益诉求不同而僵持不下,需要企业高层领导进行裁定。这不仅背离了分权管理赋予各部门自主决策的初衷,而且难以充分发挥激励责任单位积极提升经营效益的作用。

3. 以成本为基础制定的转移价格

以产品成本作为内部转移价格,是一种较为简便的制定转移价格的方式。下面详细介绍基于成本制定转移价格的几种常见方法。

1)实际成本法

实际成本法是指将中间产品生产过程中实际发生的生产成本直接作为其内部转移价格的方法。这种方法操作简便。然而,严格来讲,它仅仅是对实际成本进行计算与转让的过程,并不能真正作为一种内部"价格",发挥在各部门之间明确经济责任、调节企业内部利润的作用。在该方法下,提供产品或劳务的部门会将自身工作成绩与缺陷全部传递给使用部门,而使用部门对于这些并非由自身控制导致的情况需承担责任。这意味着接受产品或劳务的部门要背负因其他部门工作效率问题而产生的责任,却无法对其加以控制。因此,这种方法难以激励产品或劳务提供部门主动降低成本。

2) 实际成本加成法

实际成本法通常适用于各成本中心之间产品(半成品)或劳务转移时价格的确定。若产品(半成品)或劳务的转移涉及利润中心或投资中心,为确保提供部门能够获取一定利润,可在实际成本的基础上,加上一定比例的利润,以此作为内部转移价格,这便是实际成本加成法。不过,由于这种转移价格包含了实际成本,成绩与缺陷转嫁的问题依然存在,无法有效激发卖方部门降低成本、增加利润的积极性。此外,所添加利润的比例带有一定的主观随意性,利润设定过高或过低,都会对双方经营业绩的准确评价产生不利影响。

3) 标准成本法

标准成本法是以各中间产品预先设定的标准成本作为内部转移价格的方法,此方法适用于成本中心产品(半成品)的转移。标准成本法的显著优势在于,它将管理与核算工作有机结合,能够避免责任转嫁的问题,实现责任清晰划分,从而有效激励双方积极降低成本。

4) 标准成本加成法

当产品(半成品)的转移涉及利润中心或投资中心时,可以采用标准成本加利润的方式作为转移价格,以此明确双方责任。但在这种情况下,管理者需谨慎考虑确定利润的高低,因为利润的设定会直接影响各部门的利益分配与业绩评价。

📋 思政小课堂

责任会计:从"企业微观管理"到"国家治理高度"

责任会计不仅是企业价值管理的"神经中枢",更是透视国家治理现代化、社会公平与经济韧性的"三维坐标"。从 2024 年《中华人民共和国会计法》的修订到 2025 年《会计奖惩信息归集管理办法(试行)》的实施,从《关于进一步加强财会监督工作的意见》到《中央企业责任会计应用指引》,成本管理会计人需以"战略价值架构师"的担当,将责任会计的技术逻辑升华为服务国家战略、守护社会公共利益、彰显人文关怀的"价值罗盘"。

2024 年修订的《中华人民共和国会计法》在第二条中明确规定:"会计工作应当贯彻落实党和国家路线方针政策、决策部署,维护社会公共利益,为国民经济和社会发展服务。"这一条款将责任会计的使命从企业微观管理提升至国家宏观治理高度。新法对财务造假行为的罚款上限提高至违法所得的十倍,并首次将"授意、指使、强令财务造假"的罚款金额上限提升至五百万元,同时明确"因违反本法规定受到处罚的,按照国家有关规定记入信用记录"。这意味着责任会计不仅需承担技术责任,更需成为"财经纪律的哨兵"。例如,在责任预算的编制中,若发现管理层为完成业绩指标而授意虚增收入,会计人员需依据新法第四十二条拒绝执行,并启动会计人员依法履职保护机制,确保责任会计成为国家财经纪律的"防火墙"。

思考题

1. 阐述分权管理的原因。

2. 部门化组织结构主要有哪几种形式？请举例说明实践中企业多种组织形式的结合方式。

3. 设置责任中心应依据什么原则？请说明各种责任中心的特征、适用范围及考核指标的应用。

练习题

1. 某企业下设甲、乙两个成本中心。甲成本中心生产 A 产品,预算产量为 1 000 件,单位预算成本为 100 元;实际产量为 1 200 件,单位实际成本为 90 元。乙成本中心生产 B 产品,预算产量为 800 件,单位预算成本为 50 元;实际产量为 1 000 件,单位实际成本为 48 元。

要求:

(1) 计算甲成本中心的成本变动额和成本变动率。

(2) 计算乙成本中心的成本变动额和成本变动率。

(3) 对甲、乙两个成本中心的成本控制业绩进行评价。

2. 某企业的一个利润中心,本期实现销售收入 50 000 元,变动成本为 30 000 元,该中心负责人可控固定成本为 8 000 元,该中心负责人不可控但应由该中心负担的固定成本为 2 000 元。

要求:

(1) 计算该利润中心的贡献毛益。

(2) 计算该利润中心的可控贡献毛益。

(3) 计算该利润中心的部门营业利润。

本章练习题